위대한
철학 고전
30권을 1권으로
읽는 책

● **일러두기**

이 책에 등장하는 주요 인명은 국립국어원 외래어표기법을 따르되 일부는 관례에 따라 표기
했다.

30 Great
Philosophy Classics

위대한
철학 고전
30권을 1권으로
읽는 책

이준형 지음

빅피시
BIG FISH

서문

진정한 '나'로 살기 위해
각자 삶에서 '짜라'를 찾는 여정

여기 소개된 서른 권의 책은 길고 긴 철학의 역사에서도 가장 중요하다고 평가받는 '위대한 고전'에 속하는 작품들이다. 물론 그렇다고 철학사(史)적 관점에서 높은 평가를 받는 작품만 포함된 것은 아니다. 일부는 우리가 지금 시대를 살아가며 반드시 필요한 '덕목'이 담긴 책이며, 또 일부는 읽는 이의 삶을 바꿀 만한 조언이 담긴 책이다. 그러니까 이 책은 '위대한 철학 고전을 1권으로 읽는 책'인 동시에 '우리의 삶을 바꿀지도 모를 철학 고전을 1권으로 읽는 책'이기도 한 셈이다.

모든 분야가 마찬가지겠지만, 철학의 고전을 혼자 읽기란 분명 쉬운 일이 아니다. 이유는 다양하다. 지금 우리가 살아가는 시대와는 완전히 다른 사고방식으로 쓰인 내용이 담겨 있기 때문이기도 하며, 치밀하고 엄격한 논리 체계를 가진 탓에 아무런 배경지식 없이 내용을 이해하기 어려운 경우도 많다. 물론 어느 경우든 철학 읽기를 포기하고 싶게 만든다는 점에서는 동일하지만 말이다.

이러한 난점을 다소나마 해소하기 위해 이 책은 각각의 고전을 크게 세 부분으로 나눠 설명하는 구성을 취했다. 첫 번째 부분에는 저자의 삶과 그 책을 쓴 배경을 적었고, 두 번째 부분에는 책의 요약을 담아두었다. 마지막 세 번째 부분에는 해당 고전이 철학사 혹은 인류사에 미친 영향을 설명해두었다. 세 부분은 소제목으로 구분되어 있으니 독자 여러분께서 이를 참고하여 읽는다면 각각의 고전을 보다 쉽게 이해하는 데 도움이 되리라 믿는다.

아울러 내가 철학을 공부하고, 또 철학을 좋아하게 된 이유를 조금만 덧붙여볼까 한다. 고등학교 시절, 내가 가장 최선을 다한 일은 엉뚱하게도 연극을 하는 일이었다. 그때 나는 우연한 기회로 '광대'란 이름의 연극 동아리에 들어가게 되었는데, 각기 다른 이유로 모여 광대가 된 친구들과 매번 진심으로 무대를 준비했다.

동아리에는 담당 선생님이 한 분 있었다. 국어 선생님이자 시인이었던 그는 우리가 해야 할 일과 자신이 해주어야 할 일을 명확히 구분할 줄 아는 어른이었다. 그는 연습 기간에는 우리 앞에 잘 나타나지 않았는데, 그저 공연이 끝나고 나서야 슬쩍 맨 뒷자리에서 일어나 늘상 하던 이야기를 반복할 뿐이었다. 그가 매번 하던 이야기란 이러했다. 광대의 일이란 그저 광대처럼 노는 것이니 결과에 연연하지 말 것이며, 매 순간 최선을 다하고 열심을 다하면 될 뿐이다.

어찌 됐든 3년여에 걸친 광대 짓 끝에 나는 나의 재능 없음을 확인하게 되었다. 동시에 입시라는 일생일대의 이벤트가 코앞으로 다가와 내 삶의 방향을 정해야 하는 위기를 맞이했다. PD나 기자가 되어볼까 하며 신문방송학 전공을 고민하기도 했고, 배우가 못 될 바에는 차라리 연출가에 도전해보면 어떨까 하는 생각으로 연극영화과 주변을 기웃거리기도 했다. 그렇지만 어디에도 명확한 내 길은 보이지 않았다. 방황의 시기를 만난 것이다.

그즈음, 그와 깊이 이야기를 나눌 기회를 얻었다. 이야기하게 된 경위는 잘 기억나지 않지만, 그날 그는 꽤 오랜 시간을 들여 내 이야기를 들어주었다. 그리고 묘한 미소를 짓더니 내게 단 한 마디만을 남겼다.

"너는 당장 짜라를 읽어봐야겠다."

그가 말한 '짜라'의 정체는 이 책에도 소개된 고전인 니체의 《차라투스트라는 이렇게 말했다》였다. 그때의 나는 그 책의 내용을 백 퍼센트 이해할 수는 없었지만, 그가 내게 하고 싶은 말이 무엇인지는 대강 짐작할 수 있었다. 내가 연극을 하며 배운 것이 그저 대본의 내용을 숙지하는 방법이나 연기를 하는 기술이 아님을 말해주려 했다는 사실을 말이다.

"너는 너로 살아야 한다."

이 탐색의 과정은 결코 하루아침에 끝날 일이 아니다. 대학에 가도, 사회에 나가도 고민은 계속될 것이다. 그러니 나는 그저 그 순간마다 내가 옳다고 믿는 방향으로 힘껏 나아갈 수밖에 없다.

나는 그의 조언을 나침반 삼아 철학과에 입학했고, 철학을 공부했다. 그리고 대학 시절 내가 읽은 철학 고전들은 내가 인생을 살아가는 데 있어 가장 소중한 지침이 되어주었다. 부족한 점, 아쉬운 점 많은 이 책이 그때 나의 선생님처럼 독자 여러분으로 하여금 철학의 재미를 조금이나마 느끼도록 하는 기회가 되길, 나아가 각자 삶의 '짜라'를 만나는 계기가 되길 바라는 마음이다.

마지막으로 이 책의 기획을 제안하고 출간의 전 과정을 함께해주신 빅피시 출판사에 깊은 감사를 전한다. 출판사의 헌신적인 도움과 조언이 없었다면, 나는 이 책을 결코 온전한 형태로 마무리하지

못했을 것이다. 아울러 책을 쓰는 내내 힘이 되어준 유지, 느리지만
한 발씩 함께 나아가는 동료 재원, 히라 님께도 고마움을 전한다.

2022년 이준형

차
례

삶의 올바른 방향을 잡아주는
의미 있는 철학 명저

2장

더 나은 세상을 위해 변화를 시도한
용기 있는 철학 명저

3장

지금 우리 사회 문제에 답을 주는
통찰력 있는 철학 명저

4장

후대 철학자에게 큰 영향을 미친
가치 있는 철학 명저

5장

철학의 역사에 길이길이 남을
불멸의 철학 명저

1장

삶의 올바른
방향을 잡아주는
의미 있는
철학 명저

01

한나 아렌트
《예루살렘의 아이히만》
1963

사유하기를 멈추면
누구나 악인이 될 수 있다

한나 아렌트(Hannah Arendt, 1906~1975)

독일 출신의 작가이자 평론가, 정치이론가. 홀로코스트의 생존자이다. 유년 시절의 대부분을 쾨니히스베르크에서 보냈으며, 대학 시절 마르틴 하이데거의 강의에 참여한 뒤로 철학에 관심을 갖게 되었다. 나치 체제가 등장한 1933년에 파리로 망명했고, 1941년에 미국으로 이주하여 강의와 집필 활동을 이어갔다. 여러 해 동안 뉴스쿨 대학원의 정치철학 교수로 재직했으며, 시카고 대학 사회사상위원회 방문연구원으로 활동했다.

※주요 저서: 《전체주의의 기원》《인간의 조건》《어두운 시대의 사람들》《라헬 파른하겐》

《예루살렘의 아이히만》은 예루살렘에서 열린 아돌프 아이히만의 재판을 일종의 리포트 형식으로 정리한 책이다. 이 책이 쓰인 경위를 살펴보기 전, 이 책의 주인공이라고도 할 수 있는 아이히만의 삶을 되짚어보자. 1906년 독일에서 태어난 아이히만은 1932년 나치의 등장 후 나치당에 가입하여 친위대로 활동했다. 말단 신세를 벗어난 뒤 그가 하게 된 일은 유대인에 관련된 것이었고, 특히 1938년부터는 유대인 강제 이주 정책의 책임자로 일하게 되었다. 유대인 강제 이주 정책은 유대인에 대한 차별과 학살 정책의 첫 번째 단계라고 할 수 있다. 나치는 우선 이들을 강제 이주하려고 했으나, 해당 정책의 성과가 여의치 않자 유대인 거주 지역인 게토(ghetto)를 만들어 사람들을 몰아넣는 강제 격리, 유대인을 죽음의 수용소로 보내 말살시키는 집단 학살 정책을 차례대로 펼쳤다. 이 과정에서 아이히만은 매사 최선을 다했다. 심지어 그의 상관이 '50명의 아이히만이 있었다면 우리는 전쟁에서 이겼을 것'이라고 회고했을 정도로 말이다.

하지만 이들의 악행이 영원할 수는 없는 법이었다. 1945년 5월 독일이 패망한 것이다. 이후 전범들은 곳곳으로 흩어져 자신의 신분을 숨긴 채 살아가기 시작했다. 아이히만도 마찬가지였다. 초기에는 독일의 산골 마을에 들어가 벌목공 행세를 하며 지냈고, 포위망이 점점 좁혀오자 이탈리아를 거쳐 아르헨티나로 도망갔다. 그는 그곳에서 자리를 잡았고, 이후 자신의 가족들을 아르헨티나로 불러들였다. 그리고 10년 뒤 결국 신분을 들키는 사건이 발생했다. 자신을 둘러싼 위협이 모두 사라졌다고 판단해 아르헨티나로 도망온 나치 잔당들과 어울리다가 결국 꼬리를 밟힌 것이다. 그를 죽음에 이르게 한 것은 '오만'과 '안심'이었다. 아이히만은 1960년 5월 11일, 이스라엘 정보 기관인 모사드에 체포되어 압송되었다.

그렇다면 저자인 한나 아렌트의 삶은 어땠을까? 그 또한 아이히만과 마찬가지로 1906년 독일에서 태어났다. 하지만 이후의 삶은 아이히만과 크게 달랐다. 그가 '유대인'으로 태어났기 때문이다. 아렌트는 반항적인 청소년 시절을 거쳐 마르부르크 대학에 진학했고, 이곳에서 스승이자 연인인 마르틴 하이데거를 만나 사상적으로 짙은 영향을 받았다. 고통은 1933년 히틀러가 권력을 잡은 뒤 본격적으로 시작되었다. 게슈타포에 체포되어 일주일 동안 감금되었다가 가까스로 풀려났고, 프랑스로 망명하여 반나치 운동에 참여하던 중 이곳에 나치 독일의 괴뢰 정부가 들어서는 바람에 강제 수용소로 보내지기도 했다. 그는 필사의 탈출을 감행해, 마침내 미국으로 망명하게 된다.

아렌트는 아이히만의 재판 소식을 듣게 된 직후 이 문제에 관심을 가졌다. 재판의 직접 참관을 원했던 그는 예정되어 있던 강의를 모두 취소하고, 〈더 뉴요커〉의 특별 취재원으로 예루살렘으로 떠나게 된다. 취재 결과는 '전반적인 보고: 예루살렘의 아이히만'이라는 제목으로 총 다섯 차례에 걸쳐 기고되었으며, 이후 후기와 '악의 평범성에 관한 보고서'라는 부제가 더해져 도서로 발간되기에 이른다.

◆ 악은 '무사유'에서 시작한다

이 책은 예루살렘에서 언론에 배부한 아이히만의 재판 속기록을 기반으로 작성되었다. 검찰이 제출한 기록과 피고인 아이히만 측이 소환한 증인들의 서약 진술서, 아이히만 자신이 작성한 원고 등이 참고자료로 활용되었다. 아이히만의 재판 내용을 담은 《예루살렘의 아이히만》을 과연 철학서라 부를 수 있는지에 대해서는 이견이 있을 수 있다. 하지만 이 책이 20세기를 살아간 철학자와 사상가들에게 가장 많은 영향을 미친 책 중 하나라는 점은 부정할 수 없다.

책의 내용을 구체적으로 살펴보기에 앞서 재판에 관한 이야기를 조금 더 나눠보자. 아이히만의 재판 과정은 전 세계에 실시간으로 공개되었다. 이 재판이 전 세계 유대인 청소년들에게 하나의 교육의 장이 될 수 있으리라 판단한 이스라엘 정부와 재판 관계자들의 결정 때문이었다. 검찰은 아이히만의 재판을 가능한 한 공정하게 진행하려고 노력했고, 재판 전 정신 감정을 진행하거나 독일인 변호사를 구할 수 있도록 배려하는 등 절차적 하자를 막기 위해 노력했다. 재판의 결론은 사형. 죄목은 '인류와 유대 민족에 대한 씻을 수 없는 범죄를 저질렀다'는 것이었다.

그렇다면 씻을 수 없는 죄를 저지른 중범죄자의 재판에 어떤 특이점이 있었기에 아렌트를 비롯한 수많은 사상가가 이 재판에 주목했던 것일까? 그것은 아이히만이 너무나도 '평범한' 사람이었기 때문이다. 그는 일면 지극히 일반적인 삶을 살아온 것처럼 보였다. 그는 가족을 사랑하는 좋은 가장이었으며, 탁월한 행정 능력을 보여준 공무원이었다. 그는 재판 내내 자신에게 잘못이 있다면 그건 그저 공무원으로서 주어진 업무에 최선을 다한 것뿐이라고 강변했다. 물론 그 '업무'의 결과가 수백만 명의 죄 없는 목숨을 죽음으로 내몬 것이었지만 말이다.

아렌트는 이런 일이 벌어진 이유에 대해 아이히만이 스스로 '자신이 대체 무슨 일을 하고 있는지 그 의미를 전혀 고민하지 않았기 때문'이라고 지적했다. 아이히만의 주장을 곧이곧대로 받아들인다면, 그는 기계나 다름없는 삶을 살았다. 나치가 정한 법과 명령을 아무런 문제의식 없이 받아들이고 수행하는 '살인 기계' 말이다. 그는 정부의 명령을 받들어 수많은 유대인을 강제 수용소로 보냈으며, 가장 효과적인 수용과 학살을 위해 유럽 전역을 돌아다녔다.

그는 그저 자신이 우리와 같은 입장이라고 여겼다. 뛰어난 성과를 거둬서 업무를 지시한 상관과 자신이 속한 조직에 인정받고 싶었고, 그 성과를 통해 더 높은 자리에 오르고 싶었다. 그는 희생자들의 상황과 처지를 생각하지 않았고, 자신에게 주어진 일의 잘잘못도 따지지 않았다. 개인의 '무사유'에서 우리가 이전에는 상상할 수조차 없던 절대악이 출현한 것이다.

우리는 '악'을 때때로 '선과 대치되는 것' 혹은 '비정상적이며 비상식적인 행동을 일삼는 소수의 전유물'이라고 생각하곤 한다. 다시 말해, 악은 나와 관계없는 것이라 여긴다는 이야기다. 하지만 아렌트는 이 책을 통해 악이 누구에게서든 자행될 수 있는 지극히 평범한 일이라고 설명한다. 그저 사유하지 않은 채 행동하는 것만으로도 말이다. 타인의 관점에서 생각하지 않고, 오로지 자신들의 안녕과 지위만을 생각하는 자. 그가 바로 아이히만이었으며, 아렌트가 경계한 수많은 인간의 모습이었다. 우리는 누구나 아이히만이 될 수 있다.

◆ 격동하는 세계, 아렌트를 다시 읽다

《예루살렘의 아이히만》은 정식 출간 이전 〈더 뉴요커〉에 연재될 때부터 수많은 논란에 휩싸였다. 이 책에 가장 분노한 것은 사건의 피해 당사자라고 할 수 있는 유대인들이었다. 유대인 역사학자 게르숌 숄렘은 아렌트를 향해 "당신이 과연 유대인의 딸이라 할 수 있는가"라며 격분했고, 친분을 쌓고 있던 유대인 동료들은 그와 연을 끊겠다고 선언했다. "고문을 경험한 자에게 이 세상은 더 이상 편하지 않다"라고 말한 아우슈비츠 생존자 장 아메리는 자신의 1966년작 《죄와 속죄의 저편》을 통해 아렌트의 주장을 다음과 같이 평했다. "인류의 적에 대해 들어서만 알 뿐이고 오로지 유리로 된 새장을 통해서만 그를 보았을 뿐이다."

이 책이 담고 있는 사례, 즉 '아이히만'의 본모습이 무엇이었는가에 대한 논란은 여전히 현재 진행형이다. 가장 최근에 논쟁이 일어난 시점은 2014년이다. 논쟁에 불을 지핀 건 독일 철학자 베티나 슈탄네트의 저서 《예루살렘 이전의 아이히만》이었다. 슈탄네트는 나치 패전 뒤 10년간 신분을 속이며 아르헨티나에서 살았던 아이히만이 쓴 메모와 글 수만 건을 분석했다. 그리고 다음과 같이 결론내린다. 아이히만은 철저히 광신적인 반유대주의자로 자신이 하는 행동이 어떤 결과를 불러오는지 명확히 알고 있었으며, 아이히만이 재판 당시 아둔한 하급 공무원처럼 굴었던 것은 형을 낮추기 위한 법정 전략에 불과했다고 말이다. 심지어 슈탄네트는 아렌트가 법정 전략에 대한 이해가 부족한 탓에 아이히만에 대해 잘못된 해석을 낳았다는 다소 모욕 섞인 설명까지 덧붙여가며 자신의 입장을 서술했다.

그렇다면 아렌트는 정말 이 왜소하며 소심하게 생긴 범죄자, 그러니까 아이히만에게 속았던 것일까? 아렌트의 진심은 알 수 없지만, 아렌트가 생전에 진행한 인터뷰에서 그 단초를 찾아볼 수 있다. 그는 다음과 같이 말했다.

"나는 우리 모두의 내면에 아이히만이 있고, 우리 각자는 아이히만과 같은 측면을 갖고 있다는 말을 하려던 게 절대 아니에요. 내가 하려던 말은 오히려 그 반대예요! 나는 내가 누군가를 꾸짖으면 그들이 내가 들어본 적도 없는, 그래서 전혀 흔하지 않은 말을 하는 모습을 완벽하게 상상할 수 있어요. 그러면 나는 "너무 평범해" 하고 말해요. 아니면 "별로 안 좋아" 하고 말하거나요. 그게 내가 말하려던 뜻이에요."

아렌트가 이야기하고자 했던 것은 '우리 안에 아이히만이 있으니 모두 참회하자'는 식의 맥락이 아니었다. 실제로 그는 당시 일부 유대인 지식인들이 재판의 국제법적 문제 등을 근거로 아이히만의 사형 집행에 유보적인 태도를 취한 것과 달리, 전범의 책임을 엄중하게 물어야 한다며 사형 집행을 확고하게 찬성하기도 했다.

더불어 만약 아렌트가 아이히만에게 속았다고 하더라도《예루살렘의 아이히만》의 가치가 모두 사라지는 것은 아니다. 그의 책이 여전히 전체주의 체제하의 순응과 억압, 동참 과정에 대한 유의미한 시각을 제공하기 때문이다. 아렌트에 따르면 전체주의 체제의 악은 개인의 자유를 압도한다. 그리고 이로 인해 이들 집단 안에 속한 개인은 보편적인 판단 능력을 빼앗기고, 인류에 대한 불법적 또는 비인도적인 행위를 비판적으로 인식하거나 사유하지 못하게 된다. 전체주의 체제에서 사람은 극도의 체제 순응성과 평범성을 지니게 되며, 이는 결국 각종 폭력과 전쟁, 학살에 대한 동참과 인간 윤리 전반에 대한 무관심으로 나타나게 된다는 것이 아렌트의 설명이다.

제1차, 2차세계대전 이후 잠시나마 이성을 회복한 것처럼 보였던 세계는 다시 한 번 수렁으로 빠져드는 모양새다. 상대방에 대한 무차별적인 비난과 혐오의 말은 하루가 다르게 늘어나고, 이를 당당하게 드러낸 정치인과 인플루언서는 부끄러움을 모른 채 활개를 친다. 오만해진 정치인은 상대방에 대한 혐오 발언과 테러, 나아가 전쟁을 일삼는다. 이런 세상 속에서 우리는 어떻게 살아야 하는가. 그리고 무엇을 중심에 두어야 흔들리지 않고 '사유'할 수 있는가. 어쩌면 그 답을 우리는 한나 아렌트의 책 속에서 발견할 수 있을지도 모른다.

함께 읽으면 좋은 책

- 《**전체주의의 기원**》 한나 아렌트, 한길사, 2006
- 《**인간의 조건**》 한나 아렌트, 한길사, 2019
- 《**죄와 속죄의 저편**》 장 아메리, 길, 2012

02

프리드리히 니체
《차라투스트라는 이렇게 말했다》
1883

삶의 가치를 정하는 것은
나 자신일 뿐이다

프리드리히 니체(Friedrich Nietzsche, 1844~1900)

독일의 문헌학자이자 철학자. 오랜 기간 이어진 서구의 전통과 규범, 사상을 깨고자 하여 '망치를 든 철학자'라고도 불린다. 신학과 고전문헌학을 공부하다가 쇼펜하우어의 철학에 깊은 감명을 받아 철학을 시작했다. 28세에 철학서 《비극의 탄생》을 펴낸 이후 꾸준한 집필 활동을 이어갔다. 생전에는 온당한 평가를 받지 못했으나, 사후에 철학은 물론 문학, 예술, 사회학, 심리학 등 수많은 분야에 영향을 미쳤다.

※주요 저서: 《비극의 탄생》《인간적인, 너무나 인간적인》《아침놀》《즐거운 학문》《도덕의 계보》

1889년 1월 3일 카를로 알베르토 광장, 프리드리히 니체가 쓰러졌다. 산책 중에 광장에서 매를 맞는 말을 발견하고는 느닷없이 달려가 말을 끌어안고 흐느끼던 중 일어난 사건이었다. 그날부터 니체는 기나긴 투병 생활을 시작했다. 오랫동안 병상 신세를 벗어나지 못했으며, 4년 뒤부터는 사람도 전혀 알아보지 못하게 되어버렸다. 그리고 1900년 8월 25일, 56세의 나이로 세상을 떠나고 만다.

니체의 삶이 어린 시절부터 불행했던 건 아니었다. 오히려 그 반대에 가까웠다. 주변 사람들로부터 늘 신동 소리를 듣고 자랐으며, 청년이 되어서는 늘 학계를 이끌 재목으로 주목받았다. 처음부터 철학자의 삶을 살았던 것도 아니었다. 대학 시절에는 신학과 고전문헌학을 공부했고, 전공을 살려 스위스 바젤 대학의 고전문헌학 교수로 부임했기 때문이다. 심지어 그가 교수가 된 나이는 고작 24세였다. 뛰어난 강의력으로 학생들이 몰려들었고, 주변의 많은 대학이 그를 모셔가기 위해 호시탐탐 기회를 노렸다. 명예와 성공이 보장된 삶이 그를 기다리고 있었다.

하지만 삶은 한순간에 뒤바뀌고 말았다. 비극의 시작은 교수로 부임한 다음 해인 1870년의 프로이센-프랑스 전쟁이었다. 위생병으

로 자원해 전쟁에 나섰지만, 얼마 안 되어 건강만 해친 채 돌아오고
만 것이다. 그는 이후 평생을 심한 편두통과 눈병으로 고생하게 된다.

야심 차게 내놓은 자신의 첫 번째 작품《비극의 탄생》도 그리 좋
은 평가를 받지 못했다. 기존의 서양 주류 철학이 강조해온 가치를 정
면으로 부정한 작품이었기 때문이다. 그와 친해지지 못해 안달이던
동료 문헌학자들은 180도 돌변해 니체에게 비난의 화살을 날렸고,
심지어는 그를 자리에서 쫓아내야 한다는 이야기까지 서슴지 않았
다. 훗날 니체는 이때를 두고 '24세에 대학 교수가 되어서는 안 되는
거였다'고 회상하기도 한다.

결국 그는 1879년 건강상의 이유를 들어 교수직에서 물러나게
되었다. 이때부터 그의 다양한 작품들이 쏟아져 나오기 시작했다. 도
덕에 객관적인 기초가 존재한다는 사고방식을 비판한《아침놀》, 신
의 죽음을 처음으로 선언한《즐거운 학문》등을 연달아 선보였다. 그
의 대표작인《차라투스트라는 이렇게 말했다》도 이즈음 출간되었다.
참고로 이 책은 5년여에 걸쳐 완성된 작품이다. 니체는 1881년 8월
이 책의 기본 구상인 '영원회귀 사상'을 착안했고, 1883년 2월 제네
바 근교에서 제1부를 집필해 6월에 간행했다. 제2부는 9월, 제3부는
이듬해 3월에 완성되었으며, 마지막 장인 제4부 원고는 1885년 2월
에 마무리되었다. 니체는 같은 해 4월에 제4부를 40부가량 자가 출판
하여 7명의 친구에게 보냈다. 각 권이 채 100부도 팔리지 않았지만,
니체는 그저 자신의 때가 아직은 오지 않았을 뿐이라고 여겼다. 언젠
가는 자신의 철학을 가르치거나 자신의 책을 해석하는 교수직이 만
들어질 거라고도 예언했다. 니체 철학의 정수를 담은 것으로 평가받

는 책 《차라투스트라는 이렇게 말했다》는 이렇듯 조용하지만 강렬하게 세상 밖으로 나왔다.

◆ 너 자신으로 살라

'모든 사람을 위한, 그러나 누구를 위한 것도 아닌'이라는 부제가 달린 책 《차라투스트라는 이렇게 말했다》는 깨달음을 얻은 차라투스트라가 사람들에게 설교하는 형식으로 이루어져 있다. 이 책의 주인공인 차라투스트라는 고대 페르시아의 예언자인 조로아스터의 또 다른 이름이다. 차라투스트라는 30세에 고향을 떠나 산으로 들어갔다. 깨달음을 얻은 그는 10년 동안 그곳에 머물며 기쁨을 누렸지만, 어느 날 아침 자신이 깨우친 지혜를 사람들과 나누기로 마음먹고 하산하게 된다.

산에서 내려오던 중 그는 나이 많은 은둔자를 만난다. 은둔자는 차라투스트라가 왜 굳이 스스로 얻은 지혜를 공유하려 하는지 궁금해한다. 사람들은 어차피 차라투스트라의 말을 이해하지 못할 테고, 결국 그의 노력은 헛수고가 될 것이 뻔하기 때문이다. 은둔자의 질문에 차라투스트라는 "인간들을 사랑하기 때문"이라고 답한다. 그리고 되묻는다. 은둔자 당신이 산에서 하는 일은 무엇이냐고 말이다. 은둔자는 노래를 짓고 웃고 울고 중얼거리며 신을 찬양한다고 대답한다. 차라투스트라는 그 말을 듣곤 크게 웃으며 산에서 내려온다. 저 늙은

성자는 숲속에만 오래 살아서 신이 죽었다는 소문을 듣지 못한 것 같다고 되뇌며 말이다.

그렇다면 신이 죽은 세상에서 우리는 어떤 삶을 살아야 할까? 차라투스트라는 마을에 도착해 막 줄타기를 시작하려는 곡예사의 구경꾼 대열에 합류한다. 그리고 곡예사가 곡예를 시작하기도 전에 자리를 박차고 일어나 새로운 인간상인 초인(Übermensch, 원문 그대로 '위버멘쉬'라 표기하기도 한다)을 제시한다.

초인이란 대체 무엇인가? 초인을 뜻하는 '위비멘쉬'는 '위' 또는 '너머'를 뜻하는 위버(Über)와 '인간'을 뜻하는 멘쉬(mensch)가 결합되어 만들어졌다. 즉 초인이란 인간 위의, 인간을 넘어선 인간이라는 뜻의 단어다. 따라서 이 단어는 영어로는 'overman(오버맨)' 또는 'superman(슈퍼맨)'으로 번역된다. 하지만 니체가 말하는 초인은 초능력을 쓰고 하늘을 날 줄 아는 슈퍼맨 같은 사람이 아니다. 그가 말하는 초인은 자신을 초월한 자이며, 스스로를 자기 안에 가두지 않고 자신의 밖에서 바라볼 줄 아는 자이다. 또한 기존의 해로운 전통과 가치를 뛰어넘어 새로운 가치관을 만들어내는 인물이기도 하다. 하지만 사람들은 차라투스트라가 곡예사의 줄타기에 앞서 흥을 돋우는 광대에 불과하다고 여길 뿐이다. 그들은 차라투스트라를 보며 웃고, 심지어 증오한다.

그렇다면 우리는 왜 초인이 되어야 하는 걸까? 그 이유는 차라투스트라의 "신은 죽었다"라는 말에서 단서를 얻을 수 있다. 그가 죽음을 선언한 '신'은 그리스 로마 신화에 나오는 신 또는 중세 유럽을 지배한 기독교의 하나님만을 뜻하는 것이 아니다. 니체는 인류가 오랜 세월 맹목적으로 믿어온 절대 가치를 모두 '신'이라 칭했다. 낡은 도덕과 이성에 대한 믿음, 플라톤의 이데아 사상처럼 낡고 오래된 사상 등이 여기에 포함된다. 니체가 보기에 영원한 존재인 신도 죽었고, 우리가 믿어온 낡은 가치도 무너졌으며, 불변하는 이데아와 천국도 사라졌다. 이제 남은 건 우리가 발 딛고 살아가는 이 세계뿐이다.

이런 세계에서 니체는 "자기 자신을 극복하며 살아야 한다"라고 말한다. 자기 자신을 극복한다는 것은 결국 '나답게' 산다는 것을 의미한다. 나답게 살려면 우리는 어떻게 해야 할까? 니체는 '창조하는 자'가 되라고 조언한다. 니체가 보기에 내가 원하는 나로 산다는 건 결국 창조자의 삶을 사는 것이다. 우린 창조자가 되기 위해 기존의 가치 목록을 뒤집고 이를 새로운 가치 목록으로 채워나가야 한다. 익숙한 것을 버리고 새로운 것을 경험할 때, 우리는 비로소 내면에서 우러나오는 목소리에 귀 기울이게 되기 때문이다.

더불어 니체는 지금 당신이 살아가는 인생이 다시 반복될 것처럼 살라고 조언한다. 똑같은 삶을 살더라도 후회하지 않을 만큼 지금의 삶을 살라는 이야기다. 이는 이 세계의 '영원회귀함'을 받아들이는 자세이며, 영원회귀를 받아들이는 초인의 자세를 니체는 아모르 파티(amor fati), 즉 '운명에 대한 사랑'이라고 말했다.

《차라투스트라는 이렇게 말했다》를 관통하는 니체 사상의 핵심은 결국 '발 딛고 살아가는 현실 속에서 스스로의 가치를 발견하라'는 것이다. 우리는 무의미한 삶의 의미를 찾겠다며 늘 저 아득한 곳을 바라본다. 존재하지 않는 이상과 진리를 말하고, 있지도 않은 또 다른 세계를 그리는 것이다. 니체는 다른 곳이 아닌 현실 속에서 삶의 의미를 찾아야 한다고 말한다. 죽어버린 신을 붙잡고 이 세상이 알아서 바꾸어주기를 더는 기대할 수 없는 것이 지금의 시대이자 우리의 삶이기 때문이다.

◆ 비난과 오해를 넘어 초인이 된 철학자

니체는 1869년부터 1888년까지 약 20여 년에 걸쳐 집필 활동을 했다. 후대 학자들은 이 시기를 크게 셋으로 나누어 구분한다. 집필 초기부터 1876년까지를 낭만적 시기, 1881년까지를 실증주의적 시기, 1888년까지를 새로운 철학의 시기로 나눈다.

낭만적 시기는 《비극의 탄생》으로 대표되는 기간이다. 이는 니체가 그리스 로마 문화 일반에 관한 연구를 심화하는 한편, 자신이 살던 시기의 시대정신에 비판을 가하던 시기였다. 실증주의적 시기는 《인간적인 너무나 인간적인》을 기점으로 시작되었다. 이 시기의 니체는 학문의 실증적 성격을 강조하고 자연과학적 연구 성과를 폭넓게 수용함으로써 이를 인간과 세계 이해의 발판으로 삼고자 했다. 마지막 새로운 철학의 시기는 니체 자신의 독자적인 철학을 완성해나간 시기라고 할 수 있다. 그리고 이 시기의 문을 연 것이 바로 우리가 앞서 살펴본 책 《차라투스트라는 이렇게 말했다》이다.

물론 그렇다고 이 작품이 출간 초기부터 사람들의 열광적인 지지를 받았던 건 아니다. 아니, 오히려 무시를 당하는 쪽에 더 가까웠다.

종교계의 인사들은 그의 철학이 이단에 불과하다고 비방했으며, 도덕주의자들은 그가 사회를 타락시킨다며 손가락질했다.

니체에 대한 오해도 극심했다. 나치의 추종자였던 니체의 여동생 엘리자베스가 그의 저서를 짜깁기해 나치의 입맛에 맞는 내용으로 바꾸어버렸기 때문이다. 당시 엘리자베스는 광적인 국가주의자이며 반유대주의자였던 베른하르트 푀르스터와 결혼했다. 푀르스터는 유대인을 '독일이라는 몸에 붙은 기생충'이라 표현할 정도로 극단적인 반유대정서를 지닌 인물이었다. 하지만 그가 1889년 자살로 생을 마감하게 되었고, 이후 엘리자베스는 니체에 푀르스터의 이미지를 덮어씌우고자 했다. 엘리자베스는 흩어졌던 그의 저서를 모아 니체 문서보관소를 열었으며, 정신이 나가 아무것도 할 수 없는 니체를 보관소 한쪽에 '전시'하기도 했다. 심지어 나치 정권의 수장이었던 히틀러에게도 '니체의 위버멘쉬란 당신을 염두에 둔 것'이라는 말을 서슴지 않았다. 물론 생전에 민족주의와 전체주의, 국가주의를 강하게 비판한 니체를 두고 이런 해석을 덧붙이는 것은 결코 온당치 않았지만 말이다.

하지만 니체의 철학은 이후 출현한 수많은 사상에 영향을 미쳤다. 특히 실존주의와 포스트모더니즘의 형성과 발전에 지대한 영향을 주었다. 마르틴 하이데거, 칼 야스퍼스 등의 실존주의 철학자들은 니체를 통해 인간 실존의 의미를 파악할 수 있는 이론적 단서를 발견했으며, 미셸 푸코와 질 들뢰즈, 자크 데리다 등 포스트모더니즘 경향의 사상가들은 탈근대를 위한 사유와 문법을 니체 사상을 토대로 발전시켜나갔다.

그는 또한 카를 마르크스, 지그문트 프로이트, 루트비히 비트겐 슈타인 등과 더불어 현대 철학 및 인문학에 가장 큰 영향을 미친 인물로 평가받기도 한다. 독일의 사회학자이자 철학자인 막스 베버는 "오늘날의 지식인, 그리고 특히 오늘날의 철학자가 얼마나 진실한가는 니체와 마르크스에 대하여 어떤 태도를 취하느냐를 보면 알 수 있다. (중략) 우리 자신이 정신적으로 존재하는 이 세계는 근본적으로 마르크스와 니체에 의해 각인된 세계"라고 주장했다. 니체 철학이 그만큼 현대 지성사에 지대한 영향을 미쳤다는 사실을 표현한 것이다.

철학과 인문학뿐만이 아니다. 니체의 철학은 영화, 음악, 미술 등 예술 분야는 물론, 문학, 심리학, 사회학 등 수많은 분야의 전문가들에게 읽히고, 또 영향을 주었다. 생전에는 어떤 이의 인정도 받지 못했지만, 이후 누구보다 많은 분야, 많은 사람에게 영향을 준 것이 바로 니체와 그의 철학이다.

함께 읽으면 좋은 책

- 《**의지와 표상으로서의 세계**》 아르투어 쇼펜하우어, 을유문화사, 2019
- 《**비극의 탄생 · 반시대적 고찰**》 프리드리히 니체, 책세상, 2005
- 《**인간적인 너무나 인간적인 1, 2**》 프리드리히 니체, 책세상, 2001

03

피터 싱어
《동물 해방》
1975

동물의 고통에 주목한
철학자

피터 싱어(Peter Albert David Singer, 1946~)

실천윤리학자이자 동물해방론자. 미국 프린스턴 대학교의 인간가치센터 생명윤리학 석좌교수이다. 2005년 미국 주간지 타임이 발표한 '세계에서 가장 영향력 있는 100인'에 선정되었고, 스위스 싱크탱크가 발표한 '100대 글로벌 사상가'에 4년 연속으로 뽑혔다. 1975년 대표작인 《동물 해방》을 발표하여 세계적인 반향을 일으켰으며, 빈곤, 기아, 인종 차별, 성 차별, 환경 오염 등 수많은 범지구적 문제를 해결하기 위해 꾸준히 노력했다.

※주요 저서: 《실천윤리학》《더 나은 세상》《이렇게 살아가도 괜찮은가》

피터 싱어가 《동물 해방》을 작성하게 된 경위를 살펴보기 전, 잠시 시간을 내 오늘날의 사육 환경에 관한 설명이 담긴 어느 책 일부를 살펴보자.

"돼지를 좁은 스톨에서 키운다는 것을 모르는 사람은 의외로 많다. 감금 틀에서 키우는 공장제 축산은 양계에서나 있는 일이라고 생각하나, 실제로는 돼지고기의 태반이 이런 곳에서 생산된다. 닭의 케이지와 마찬가지로 돼지의 스톨 사육도 좁은 공간에서 많이 키우기 위해 고안된 것이다. 좁은 공간에서 많은 돼지를 키우다 보면 당연히 돼지끼리 부딪히고 다치기 십상이다. 그러니 딱 한 마리씩만 들어갈 수 있는 철제 스톨을 만들어 가두어 키우는 것이다. 이런 돼지는 운동도 못 하고 장난도 칠 수 없으며, 심지어 몸의 방향을 돌리는 것도 불가능하다. 오로지 먹고 싸고 앉았다 일어섰다 하는 것만 할 수 있을 뿐이다. 당연히 몸이 허약해지니 항생제 등을 사료에 섞어 쓰는 것이 일반적이다."

위 문장은 2018년 출간된 이영미 작가의 책 《위대한 식재료》에 담긴 내용이다. 이를 통해 우리는 동물권에 관한 관심과 개선을 요구하는 목소리가 수십 년 동안 이어져 왔지만, 오늘날에도 여전히 인간 손에 사육되는 수많은 동물이 고통받고 있다는 사실을 확인할 수 있다.

당연하게도 피터 싱어의 문제의식이 싹튼 1970년대의 상황은 더 열악했다. 이는 당시 공장식 축산이 이루어지는 모습만 살펴보아도 자명했다. 싱어에 따르면 달걀 공장에서 사육되는 암탉들은 "편하게 서 있거나 앉아 있기가 불가능"했으며, "철망에 깃털이 문질러짐으로써, 다른 한편으로는 다른 암탉들에게 쪼임으로써" 깃털을 잃고 맨살이 벌겋게 드러난 경우가 상당수였다. "공장식 농장의 돼지들은 먹고, 자고, 일어섰다 앉았다 하는 것 외에는 아무것도 할 수 없"었으며, 청소가 번거로워진다는 이유로 "지푸라기나 깔짚 재료도 제공되지 않는 경우가 대부분"이었다. 서로의 꼬리를 물어뜯는 습관을 없애기 위해 "꼬리를 아예 절단해 버렸"고, 극도의 스트레스로 인해 "경직, 부스럼, 숨참, 불안 그리고 종종 갑작스런 죽음"까지 이어지는 "돼지스트레스증후군"이 비약적으로 증가하기도 했다. 어린 송아지에게는 밝은 색 또는 핑크색 고기로 도축하기 위해 빈혈에 걸릴 만큼 철분 함량을 낮춘 사료를 제공했으며, 젖소에게는 "우유 산출량을 최대한으로 끌어올리기 위해" 소의 고유한 소화기 계통이 제대로 소화할 수도 없는 "콩, 물고기 가루, 양조 부산물, 심지어 가금 거름 등과 같은 고에너지 농축물"을 사료로 제공했다.

싱어는 이처럼 가축 사육 과정에서 발생하는 학대 문제는 물론, 인간을 제외한 동물에게 이루어지는 부당한 처우를 개선하고자 자신의 무기인 '철학'을 꺼내 들었다. 꾸준하고 과학적인 조사와 검증, 그리고 이를 바탕으로 정교화한 자신의 이론 체계와 현실적인 대안을 마련한 것이다. 그리고 그는 더 많은 대중이 이 내용을 살펴볼 수 있도록 그 모든 내용을 한 권의 책에 담았다. 바로 1975년 출간된 피터 싱어의 대표작 《동물 해방》이다.

◆ 타협이 아닌 진정한 동물 해방을 허하라

피터 싱어는 《동물 해방》을 통해 인간을 넘어 동물까지 영역을 확장한 생명윤리를 주장한다. 본격적인 논의에 들어가기 전, 그는 '평등'의 개념을 정의한다. 싱어가 생각하는 평등은 '동등한 취급(equal treatment)'이 아닌 '동등한 고려(equal consideration)'를 바탕으로 이루어진다. 가령 생물학적으로 임신을 할 수 있는 여성에게만 임신 중절권이 보장된다고 해서 사람들은 이를 불평등하다고 생각하지 않는다. 굳이 임신이 불가한 남성에게 임신 중절권을 보장하면서 기계적인 평등을 맞출 필요는 없기 때문이다. 인간과 동물 사이의 평등도 이와 유사한 점이 있다. 둘은 완전히 똑같을 수 없지만, 그렇다고 그 사실이 둘이 평등할 수 없음을 증명하는 것은 아니라는 이야기다.

싱어는 이를 바탕으로 평등의 범위를 넓히는 작업을 시작한다. 우리는 흔히 인종 간 평등을 말할 때, 각각의 인종은 피부색만 다를 뿐 근본적인 차이가 없으므로 모두가 평등하다는 식의 주장을 펼친다. 싱어가 보기에 이러한 접근에는 문제가 있다. 성별, 인종, 지능, 도덕성, 체력 등 어떤 집단이나 개체 사이에 크고 작은 차이가 있더라도 이들이 서로 평등하지 못할 이유는 없다고 생각해서다. 또한 이러한 논리를 바탕으로 우리는 인간과 동물이 평등할 수 있다는 결론도 이끌어낼 수 있다. 앞선 사례를 통해 우리는 어떠한 존재들 사이에 차이가 없어야만 평등할 수 있는 건 아님을 확인했으니 말이다.

그렇다면 인간과 동물은 무엇을 기준으로 평등하게 대우받아야 하는 걸까? 싱어는 이 문제를 공리주의적인 관점으로 접근한다. 그 개체의 종이 무엇인지 관계없이 그 개체가 고통 또는 쾌락을 느낄 수 있다면, 고통을 느끼지 않거나 쾌락을 느낄 수 있도록 평등하게 대우받아야 한다는 태도를 취하는 것이다. 그는 만약 어떠한 종이 인간과 다르다는 이유로 고통받거나 쾌락을 얻지 못한다면 이는 명백히 종차별에 해당한다고 주장한다.

그렇다면 특히 어떤 영역에서 종 차별이 이루어지고 있을까? 피터 싱어는 크게 두 영역에서 심각한 차별이 이루어지고 있다고 말한다. 첫 번째 사례는 동물 실험을 들 수 있다. 찬성론자들은 동물 실험이 시간과 비용 측면에서 가장 효율적이므로 불가피한 측면이 있다고 주장한다. 가장 자주 언급되는 예로 캐나다의 의학자인 프레더릭 밴팅의 실험을 들 수 있다. 밴팅은 당시 당뇨병을 연구하고 있었는데, 우연히 혈당이 상승한 상태에 췌장 추출액을 주사할 경우 혈당이 떨어진다는 사실을 알게 되었다. 그는 개를 대상으로 동물 실험을 시작했고, 마침내 당뇨병 치료제인 인슐린을 분리하는 데 성공했다. 그의 실험에 사용된 개는 90여 마리 정도였다고 알려진다. 하지만 그 희생으로 전 세계 수천만 명의 사람이 목숨을 구할 수 있었다는 것이 찬성론자들의 논리이다.

물론 싱어가 이러한 사례 자체를 부정하는 것은 아니다. 하지만 그는 동물 실험으로 얻어낸 결과가 동물들이 받은 고통에 비해 대체로 하찮고, 뻔하며, 의미가 없는 것들이 많다고 지적한다. 대부분의 동물 실험이 뻔히 예상 가능한 결과를 도출하고, 이를 논문에 한두 줄 기재하기 위해 이루어지고 있다는 것이다. 게다가 그는 이러한 실험 결과가 밴팅의 실험처럼 인간에게 그대로 적용되는 경우도 많지 않으며, 굳이 동물 실험을 하지 않더라도 이를 대체할 만한 방법이 다양하게 개발되고 있다고 설명한다.

두 번째 사례는 공장식 축산을 들 수 있다. 싱어는 소, 닭, 돼지 등 육류로 유통되기 위해 공장식으로 길러지는 수많은 동물이 고통받고 있다고 말한다. 앞서 우리가 살펴본 것처럼 한 발짝도 움직일 수 없을 만큼 좁은 우리에 갇혀 평생을 지내거나, 편의와 품질을 핑계로 건강에 필수적인 영양소를 제공하지 않는 등의 형태로 말이다. 싱어는 식용으로 길러지는 동물이라 하더라도 심하게 감금하거나 건강을 해치는 방식으로 사육되는 건 옳지 않다고 말한다. 그리고 나아가 설령 공장식 축산이 이루어지는 모든 곳에서 커다란 발전이 이루어져도, 인간과 평등한 수준으로 동물의 삶이 나아지는 경우는 없을 거라는 사실을 기억해야 한다고 이야기한다.

우리는 이러한 종 차별 문제에 대해 어떤 해결책을 내놓을 수 있을까? 싱어는 '채식주의'를 제안한다. 그가 보기에 이는 사회적 운동인 동시에 개인적 실천도 될 수 있는 해결책이다. 싱어는 동물에게 연민을 느낀다고 하면서 육식을 멈추지 않는 것은 모순에 불과하다고 말한다. 그는 채식주의로 가는 과정을 크게 네 가지 단계로 나누어 설명한다. 첫 번째 단계는 생산지가 확실하지 않은 동물을 먹지 않는 것이며, 두 번째 단계는 어떤 유형의 도축돼 조류나 포유류도 먹지 않는 것이다. 세 번째 단계는 물고기를 먹지 않는 것이며, 네 번째 단계는 완전히 채식을 시작하는 것이다.

싱어는 동물의 고통을 줄이는 문제는 인간의 노력이 시작되기만 하면 상당히 부분 해결이 가능하다고 말한다. 하지만 종 평등에 대한 근본적인 고민과 노력 없이 문제 일부만을 개선하려 한다면 이는 언제나 다시 문제가 되는 상황으로 되돌아갈 위험성이 있다고 경고한다. 그는 '어떤 경우에도 인간이 우선이어야 한다'는 주장은 대개 인간을 제외한 동물을 위해 아무런 행동도 하지 않는 자신을 합리화하려고 사용되는 변명에 불과한 경우가 많다고 설명한다. 지구상에 존재하는 모든 동물을 위해 적당한 타협이 아닌 진정한 평등으로 나아가는 것. 그것이 바로 피터 싱어가 생각한 '동물 해방'의 모습이다.

◆

의견이 아닌 '상식'이 된
동물의 권리

피터 싱어가 동물의 처우를 개선하고 그들의 고통을 진지하게 다루어야 한다고 주장한 1970년대에 이 문제를 진지하게 고민한 사람은 그리 많지 않았다. 사람들은 이러한 주장을 하는 이들을 향해 "쓸데

없는 이야기를 한다"라며 손가락질하기 바빴다. 《동물 해방》의 출간 소식이 알려졌을 때의 반응도 크게 다르지 않았다. 그의 강의를 반대하는 시위가 벌어졌으며, 심지어 싱어를 살해하겠다며 위협하는 사람도 나타났다. 그나마 그의 주장을 지지한 사람들도 대부분 그가 지칭하는 '동물'이 소나 닭, 돼지 같은 식용 동물이 아닌 강아지나 고양이 같은 애완동물을 가리킨다고 짐작하는 경우가 많았다.

수많은 우려에도 불구하고, 싱어는 '철학의 가장 훌륭한 전통을 상징한다'는 그에 대한 평가에 가장 부합하는 방식으로 대응했다. 대부분 사람이 의심하지 않는 편견에 대해 끊임없이 이의를 제기했으며, 공개적인 토론과 자신의 철학에 대한 깊고 자세한 설명을 마다하지 않았다.

그리고 조금씩 변화가 일어나기 시작했다. 동물을 하나의 '재산'으로 바라봄으로써 생겨나는 동물 착취 행태를 완전히 폐지해야 한다고 주장하는 '동물소유권 폐지론', 인간과 유사한 특징을 갖는 유인원 등에 범인격 형태의 자유권을 부여해야 한다는 '기본적 자유권론' 등 싱어의 동물윤리를 토대로 한 학설들이 속속 등장한 것이다.

그뿐만이 아니다. 여러 개별 유럽 국가 및 유럽연합(EU)이 기초로 삼고 있는 '동물복지론'도 싱어의 공리주의적 이론을 토대로 만들어졌다. '동물복지론'은 불필요한 고통을 주지 않는 것을 전제로 동물을 이용하는 행위가 일부 허용되어야 한다는 입장을 말한다. 때문에 이 이론은 동물의 지위를 어떻게 볼 것이고, 어떤 권리를 부여할 것인가에 대한 논의와 충돌이 끊임없이 일어나는 상황에서 하나의 현실적인 대안으로 인정받고 있다.

오늘날 동물권을 보호해야 한다는 생각은 하나의 의견이나 이론이 아닌, 보편타당한 '상식'으로 받아들여지고 있다. 수많은 기업과 연구소들이 동물 실험 중단 및 사육 환경 개선 방안을 앞다투어 발표하고 있으며, 스웨덴, 영국 등을 비롯한 수많은 나라가 동물의 권리를 제도적으로 보호하기 위한 법적 조치를 이어나가고 있다. 동물의 권리를 지키고자 한 그의 철학과 노력이 점차 현실화되어가고 있는 것이다.

> **함께 읽으면 좋은 책**
>
> - **《공리주의》** 존 스튜어트 밀, 책세상, 2018
> - **《동물을 먹는다는 것에 대하여》** 조너선 사프란 포어, 민음사, 2015
> - **《더 나은 세상》** 피터 싱어, 예문아카이브, 2017

04

장 폴 사르트르
《실존주의는 휴머니즘이다》
1946

진짜 실존주의를 설명한
단 한 번의 강연

장 폴 사르트르(Jean Paul Sartre, 1905~1980)

프랑스의 작가이자 철학자. 실존주의 사상을 대표하는 인물로 철학서 외에도 소설, 연극,
영화 시나리오, 문학 비평, 정치 평론 등 다양한 글을 저술했다. 파리고등사범학교를 졸
업했으며, 이곳에서 만난 여성주의 철학자 시몬 드 보부아르와 평생 계약 결혼 관계를
이어갔다. 1964년 노벨문학상 수상자로 선정되었으나 자신의 이념에 어긋난다는 이유
로 수상을 거절했다.

※ 주요 저서: 《존재와 무》 《구토》 《자유의 길》 《파리떼》

《실존주의는 휴머니즘이다》는 1945년 10월 29일에 열린 동명 강연의 속기록을 담은 책이다. 이 시기는 약 5개월 전인 5월에 독일이 항복을 선언하고, 곧이어 8월에 일본이 무조건 항복하며 제2차세계대전이 종결된 직후였다. 사람들은 서둘러 새로운 평화와 번영을 향해 나아가길 바랐고, 동시에 무너지고 파괴된 세상을 보며 우왕좌왕 어찌할 바를 몰랐다. 희망과 절망이 공존한 시대였던 것이다

강연의 연사인 장 폴 사르트르는 당대 프랑스 실존주의의 대표자로 불리는 인물이었다. 그는 제2차세계대전에 참전했지만 얼마 뒤 포로가 되었고, 1년 동안 수용소 생활을 경험했다. 사르트르는 이때의 경험을 계기로 개인의 자유가 사회의 부조리 때문에 억압받을 수 있음을 깨닫는다. 적극적인 사회 참여를 결심한 사르트르는 석방 후 독일군을 겨냥한 레지스탕스 활동에 참여했으며, 전쟁이 끝난 뒤에도 사회적 부조리와 독재에 저항하는 활동을 펼쳤다.

그의 대표작도 연달아 세상의 빛을 보았다. 소설《구토》와 철학서《존재와 무》는 각각 1938년, 1943년에 출간되어 두 작품 모두 높은 인기를 얻었다. 특히《존재와 무》는 철학 서적 사상 유례없이 높은 인기를 누렸는데, 13년간 46쇄를 찍어내며 사르트르를 실존주의 대

중화의 장본인으로 발돋움하게 만들었다. 그의 강연이 열린 해에 쓴 또 다른 소설《자유의 길》도 높은 판매량을 기록하며 사르트르의 대중적 인지도를 더욱 높이고 있었다.

하지만 이 시기 실존주의는 많은 사람에게 비판받았다. 비판의 대부분은 그의 철학을 제대로 이해하지 못한 데에서 나왔다. 《존재와 무》보다 읽기 쉬운 그의 소설《구토》《자유의 길》만 읽고 사르트르의 철학을 지레짐작한 경우가 많았던 것이다. 게다가 "타인은 지옥이다" "실존은 본질에 앞선다" "인간은 자유라는 저주를 받았다" 같은 경구가 미디어를 통해 맥락 없이 활용되며 더욱 많은 오해를 낳았다.

여러 조직과 단체도 실존주의를 비판했다. 물론 이 또한 면밀한 검토 없이 이루어진 경우가 대부분이었다. 우선 공산주의자들은 실존주의가 인간을 절망에 빠뜨리는 사상이라고 비난했다. 심지어 그의 철학이 자포자기하게 만드는 소리만 담고 있다며 이러한 사상은 그저 부르주아를 위한 명상 철학일 뿐 누구에게도 도움이 되지 않는다고 사람들을 선동했다. 기독교인은 실존주의가 신의 존재를 부정한다는 이유를 들어 의미 없는 사상으로 평가절하했다. 게다가 영원불멸의 가치를 인정하지 않기 때문에 옳고 그름을 판단하는 기준점조차 갖추지 못한 것이나 다름없다고 날을 세웠다.

이날의 강연과 강연의 속기를 담은 책《실존주의는 휴머니즘이다》는 실존주의에 대한 사람들의 오해와 무차별적인 비난에 반박하고, 사르트르가 생각하는 실존주의가 무엇인지 알리는 발판이었다. 하나의 유행이 되어버린 '실존주의'의 의미를 명확히 설명하고, 이를 통해 그의 사상이 더욱 이로운 방향으로 나아가길 바랐던 것이다.

실존주의가
휴머니즘인 이유

책의 내용을 알기 위해선 제목에 담긴 두 단어, 즉 '실존주의'와 '휴머니즘'에 담긴 뜻을 이해해야 한다. 먼저 실존주의(existentialism)는 철학과 사회학, 심리학 등 인문사회 분야는 물론, 여러 예술 분야에도 영향을 미친 사상운동을 일컫는 말이다. 실존이라는 단어는 '실제로 존재하는 것'이라는 뜻을 담고 있으며, 실존주의자들은 이 중에서도 '인간이 어떻게 존재하는가'에 대한 관심을 바탕으로 자신들의 철학을 전개했다. 대체 이들은 왜 세상의 수많은 것 중 인간에 특별한 관심에 두었을까? 그건 실존주의자들이 오직 인간만이 '실존이 본질에 앞서는 존재'라고 여겼기 때문이다.

'실존이 본질에 앞선다'는 말은 인간과 인간 아닌 것을 비교할 때 조금 더 쉽게 이해할 수 있다. 우선 인간이 아닌 것부터 생각해보자. 우리는 무언가를 종이에 적기 위해 펜을 사용한다. 만약 펜이 망가지거나 잉크를 모두 사용하는 바람에 다시는 사용할 수 없게 되면 어떻게 할까? 당연히 우리는 그 펜을 버리고 새로운 펜을 사서 쓸 것이다. 우리에게 중요한 것은 '기록을 남긴다'는 펜의 쓰임, 즉 '본질'이지 내가 사용하는 그 펜의 '존재'가 아니기 때문이다. 펜은 생산되기 전부터 자신의 쓰임이 결정된 채 세상에 나온다. 곧 '본질이 실존에 앞서는 것'이다.

반면 인간은 다르다. 누구도 자신의 쓰임이 정해진 채 세상에 나오지 않았다. 생각해보라. 자기가 태어나서 무슨 일을 하고 어떤 삶을 살게 될지 정해둔 채 나온 사람이 있는지. 그런 인간은 세상 어느 곳에도 존재하지 않는다. 게다가 우리는 소중한 누군가가 늙고 병들었다는 이유로 그 사람을 다른 누군가와 대체하려고 하지 않는다. 그의 빈자리를 다른 누구로도 대신할 수 없음을 알기 때문이다. 인간은 인간이 아닌 것과는 다르다. 즉 '실존이 본질에 앞서는 존재'라는 이야기다.

그럼 또 다른 단어인 '휴머니즘(humanism)'은 어떤 뜻을 담고 있을까? 휴머니즘은 기본적으로 '인간을 중심으로 하는 사상'을 일컫는다. 하지만 이 단어는 시대에 따라 조금씩 다른 형태로 사용되어왔다. 일례로 르네상스 시기의 휴머니즘은 이전 시대 사람들이 보여준 '신에 대한 맹목적 믿음'에서 벗어나기 위한 움직임에 가까웠다. 지식인들은 세상의 중심을 신이 아닌 인간에 두고자 했으며, 이를 위해 예술, 문학 등 인간의 업적을 세우고 분석하는 일에 깊이 빠져들었다.

하지만 사르트르의 휴머니즘은 이전 시대의 휴머니즘과는 달랐다. 그는 인간이 그저 인간이라는 이유로 세상의 중심 대우를 받을 이유가 전혀 없다고 생각했다. 앞서 살펴본 바와 같이 인간은 실존이 본질에 앞선 존재이다. 인간은 태어날 때부터 위대한 것이 아니라 자신의 선택과 노력 여하에 따라 위대해질 수도, 그렇지 않을 수도 있다. 다시 말해, 인간이 세상의 중심으로 대우받기 위해선 중심이 되기 위해 선택하고 노력하는 수밖에 없다는 말이다.

그렇다면 강연의 주제이자 책의 제목인 '실존주의는 휴머니즘이다'는 어떤 뜻을 담고 있을까? 여기에는 사르트르가 이해한 휴머니즘이 그 자신의 실존주의 철학과 맞닿아 있다는 의미가 담겨 있다. 인간은 본질 없이 세상에 내던져진 존재이다. 그리고 자신의 본질을 찾기 위해 분투하고, 가치를 창출하며, 마침내 세상의 중심에 서게 된다. 올바른 형태의 실존주의는 휴머니즘일 '수밖에' 없는 것이다.

물론 그렇다고 사르트르의 실존주의가 자신의 성장만 추구하는 극단적 이기주의의 모습을 지니는 것은 절대로 아니다. 사르트르에 따르면 개개인의 선택은 모든 사람에게 영향을 미친다. 누군가의 선한 선택이 모두에게 선한 영향력을 미칠 수도 있고, 반대로 악한 선택이 모두에게 악한 영향력을 미칠 수도 있다는 이야기다.

인간이 불안을 느끼는 이유도 이러한 특성에서 기인한다. 자신을 위해 선택하지만, 그 선택이 인류 전체에 영향을 미친다는 사실을 알고 있기 때문이다. 인간은 이러한 불안으로부터 결코 자유로울 수 없으며, 결국 그 결과에 대해서도 스스로 책임을 지는 존재이다. 이런 불안 속에서 실존적 인간은 선한 선택을 하게 되고, 이를 위한 행동과 결심을 취하게 된다. 이처럼 실존적 인간 개개인의 행동이 인류 모두에게 보편적인 가치를 실현하게 된다는 것이 사르트르가 생각하는 실존주의의 가치이자 실존주의의 휴머니즘적 성격이라고 할 수 있다.

◆ **삶으로 실존주의를 증명한 철학자,**
사르트르

'실존주의는 휴머니즘이다'의 강연이 끝난 뒤, 사르트르는 그야말로 프랑스 젊은이들의 '스타'가 되었다. 그와 그의 연인 보부아르가 거리를 걸을 때면 사진 기자들이 달려 나와 셔터를 누르기 바빴고, 사르트르를 알아본 사람들은 그에게 다가와 사인을 해달라고 조르기 일쑤였다. 스타 작가가 주로 어디에서 작업을 하고 토론을 하는지에 대한 기사가 신문 지면에 앞다퉈 실렸다. 700쪽이 넘는 철학서 《존재와 무》는 젊은이라면 반드시 지니고 다녀야 할 '잇템' 취급을 받으며 날개 돋친 듯 팔려나갔다.

반면, 수많은 지식인이 그의 주장을 비판적으로 검토했다. 우선 사르트르가 이날의 강연에서 강조한 인간의 '자유로움'이 지나치게 과장되고 과대평가되었다고 지적했다. 사르트르는 이날의 강연 그리고 자신의 대표적인 철학서인 《존재와 무》를 통해 우리가 무엇이든 선택할 수 있는 것처럼 이야기했다. 우리가 처한 사회적 상황과 자라난 환경이라는 한계를 무한정 극복할 수 있는 것처럼 설명했다는 것이다. 하지만 우리가 익히 알고 있는 것처럼 한계를 극복하고 초월하는 일은 결코 누구나 쉽게 할 수 있는 일이 아니다.

나의 선택이 인류 전체에게 적용된다는 주장 또한 비판받은 지점 중 하나이다. 사르트르의 이러한 주장에는 개개인 모두가 최선이라고 여기는 선택을 하므로, 그 선택은 그것이 틀림없이 모든 사람에게 최선일 것이라는 전제가 내포되어 있다. 물론 우리의 선택은 때때로 개인의 차원을 뛰어넘는 범위로 영향을 미치기도 한다. 하지만 모든 선택이 한 시대의 인류 전체에 영향을 미치며, 그 책임은 온전히 그러한 선택을 한 개인에게 있다는 주장은 다소 과장된 것으로 느껴지며 받아들이기도 어렵다.

그렇다면 이러한 한계에도 불구하고 우리가 이 책을 살펴보아야 하는 이유는 무엇인가? 그것은 책 너머에 있는 저자의 삶에서 그 답을 찾을 수 있다. 사르트르는 지난 한 세기 동안 문화적 아이콘으로 자리 잡은 몇 안 되는 철학자였다. 그의 강의에는 늘 수많은 인파가 몰려들었고, 연인 보부아르와의 관계는 당대 사람들의 생각에 많은 변화를 불러일으켰다. 사회 이슈에 적극적으로 참여하고자 〈현대〉라는 진보 색채의 잡지를 발간하고 민주혁명연합이라는 이름의 단체를 결성했으며, 알제리의 독립운동을 지지하는 투쟁에 가담하거나 미국의 베트남 참전 반대 운동, 드골의 독재 정권 저항운동인 68혁명에 참여하기도 했다.

철학은 대체로 죽은 활자에 불과하지만, 그 활자가 누군가의 의지와 실천을 만나는 순간 때때로 새로운 '현실'이 되곤 한다. 사르트르는 이러한 철학의 의미를 누구보다 잘 알고 있는 철학자였다. 더 나은 세계를 만들기 위해 '실천'하는 삶을 포기하지 않은 어느 철학자의 목소리를 듣기 원한다면, 이 책《실존주의는 휴머니즘이다》를 주목할 필요가 있다.

함께 읽으면 좋은 책

- 《**구토**》 장 폴 사르트르, 문예출판사, 2020
- 《**존재와 무**》 장 폴 사르트르, 동서문화사, 2009
- 《**지식인을 위한 변명**》 장 폴 사르트르, 이학사, 2007

05

존 롤스
《정의론》
1971

롤스, '좋음'과 '옳음'을 구분하다

존 롤스(John Rawls, 1921~2002)

미국의 철학자. 프린스턴 대학 졸업 당시만 해도 신학에 깊이 빠져 있었지만 제2차세계 대전에 참전한 뒤, 현실 문제의 해결을 결심하고 도덕철학으로 전공을 바꾸었다. 박사학 위 취득 후 옥스퍼드 대학 등을 거치며 공부했고, 미국으로 돌아와 죽는 날까지 도덕철 학의 발전에 헌신했다. 마이클 샌델, 마사 누스바움, 토마스 네이글, 바바라 허먼 등 수많 은 현대 도덕철학자와 정치철학자가 그의 제자다.

※ 주요 저서: 《공정으로서의 정의》 《정치적 자유주의》

롤스는 20세기의 가장 위대한 도덕철학자로 평가받는 인물이다. 그는 평생 '정의'의 문제에 천착했고, 자신의 철학을 현실의 문제를 해결하는 실천적 대안으로 만들고자 고심했다. 본격적인 이야기에 앞서, 우리는 《정의론》 이전의 주요 도덕철학 이론과 그 의의, 한계를 살펴봐야 한다. 하늘 아래 새로운 것이 없다는 말처럼 롤스의 철학 또한 이전 세대의 철학을 상당 부분 극복, 계승, 발전시켰기 때문이다. 특히 우리가 주목해야 할 이론은 플라톤의 《국가》 속 '정의'에 관한 논의와 제러미 벤담으로 대표되는 '공리주의' 철학이다.

플라톤은 자신의 책 《국가》를 통해 올바름, 즉 '정의'가 무엇인지 이야기하고자 했다. 그는 정의가 국가를 구성하는 여러 계층, 그리고 개인의 혼에 내재된 요소들 사이의 관계가 조화를 이룬 상태라고 규정한다. 특히 그는 통치, 수호, 생산 계급으로 이름 지어진 세 계급이 각자 자신의 역할을 충실히 행하는 것이 중요하다고 말한다. 물론 계급에 따른 위계와 차별을 인정하는 플라톤의 정의가 오늘날까지 옳다고 보기는 어려운 것이 사실이다.

정의에 대한 관점이 아쉽기는 공리주의도 마찬가지였다. 18세기의 철학자 벤담이 주창한 이 이론은 '행복'의 양을 높이고, '고통'의 양을 감소시키는 것을 주요 목표로 제시한다. 벤담은 '최대 다수의 최대 행복'이라는 명제야말로 인간 행동의 주요 근거가 되어야 한다고 보았다. 하지만 쾌락을 측정하는 기준이 조잡하여 현실 사회에 적용하기가 매우 까다롭다는 점, 쾌락의 총량만을 중시하여 자칫 잘못하면 소수의 행복이 무시당할 수도 있다는 점 등이 한계로 지적되었다.

롤스가 연구와 저술 작업을 이어가던 20세기에도 공리주의 이론은 도덕철학 분야에서 지배적인 위치를 차지하고 있었다. 왜냐하면 오랜 기간 이를 대체할 만큼 탁월한 도덕철학 이론이 나오지 않았던 것이다. 하지만 롤스는 공리주의 철학을 비판적으로 바라보았다. 공리주의가 '좋음'과 '옳음'을 구분하지 않았다고 생각했기 때문이다.

좋음과 옳음을 구분하지 않았다는 것이 대체 무슨 말일까? 이는 앞서 언급한 소수의 행복에 관한 문제와도 긴밀하게 연결되어 있다. 가령, 여덟 조각의 피자와 여덟 명의 사람이 있다고 가정해보자. 피자를 사람들에게 나눠주는 방법은 여러 가지이다. 한 사람당 한 조각의 피자를 나눠줄 수도 있고, 몇몇 선택받은 사람에게 피자를 모두 줄 수도 있다. 만약 몇 사람에게 피자를 몰아주는 것이 쾌락의 양을 더 높인다면? 공리주의자들은 그 선택이 좋은 일이라고 이야기할 것이다. 그럼 이제 '피자'를 '사회 전체의 부'로, '여덟 명의 사람'을 '사회 전체 구성원'으로 바꾸어 생각해보자. 우리는 소수의 집단 혹은 개인에게 부를 몰아주는 것을 '좋은' 선택이라 할 수 있을지도 모른다. 하지만 이를 '옳은' 선택이라고 말하기는 어려운 것이 사실이다.

롤스는 공리주의 이론은 사회 전체가 따라야 할 사상 혹은 기준이 될 수 없다고 보았다. 개인에게 적용되어야 할 선택의 기준이 사회 전체에 적용되어 있어, 이를 따르면 보편적 정의를 이루기보다는 부작용을 일으킬 가능성이 더 크다고 보았기 때문이다. 그는 모든 사람이 수긍할 수 있고, 누구에게나 정의로운 자신만의 도덕 이론을 완성하고자 했다. 그리하여 20세기 철학사를 통틀어 가장 중요한 책으로 손꼽히는 작품《정의론》의 저술이 시작되었다.

◆ 자유의 보장 속에서 평등하라

《정의론》의 내용을 살펴보기 전, 잠시 피자 이야기로 돌아가보자. 일련의 배분 과정을 통해 만약 당신이 피자의 여섯 혹은 일곱 조각을 가졌다면 어떨까? 당신은 아마 누군가는 많이 먹고, 또 다른 누군가는 조금 적게 먹는 상황을 지극히 당연하다고 여길 것이다. 당신에게 배고픔은 더 이상 걱정해야 할 문제가 아니기 때문이다. 반면 당신이 피자를 한 조각도 받지 못했거나 겨우 반 조각 남짓 받았다면 어떨까? 아마 생각이 달라졌을 가능성이 크다. 최소한 일부에게만 많은 수의 피자 조각이 돌아가지 않는, 그래서 누구도 배고프지 않은 세상을 꿈꿀 거라는 이야기다.

그럼 이 이야기를 더욱 넓은 범위에서 생각해보자. 우리가 살아가는 이 사회의 운영 원칙을 정하기 위해 모든 사람이 한자리에 모였다고 가정해보는 거다. 이 자리에서 우리는 어떤 원칙에 합의하게 될까? 모르긴 몰라도 원칙을 정하는 과정은 절대 쉽지 않을 것이다. 저마다의 이해관계와 사회적 지위, 신념 등에 따라 다른 원칙을 선호할 것이 분명하기 때문이다. 누군가는 부자고, 누군가는 가난하다. 누군가는 인종, 종교, 성적 지향 측면에서 소수 집단에 속할 것이며, 또 다른 누군가는 그렇지 않을 것이다. 설령 타협점을 찾는다고 해도 그것이 모두를 만족시킬 가능성은 크지 않다. 대개 그런 경우는 힘과 권력을 가진 이들이 자신의 우월한 지위를 이용해 기울어진 조건으로 협상을 마무리 지었을 가능성이 크기 때문이다.

그렇다면 우리는 어떻게 이 사회의 원칙을 정해야 할까? 롤스는 일종의 사고 실험을 제안한다. 자리에 모인 사람들이 자신의 상태를 잠시 잊은 상태에서 이 사회의 원칙을 정한다고 가정해보자는 것이다. 무지(無知)의 상태에 빠진 사람들은 자신이 얼마나 부유한지, 어떤 성별과 성적 지향을 가지고 태어났는지, 어떤 종교를 믿는지, 무슨 당을 지지하는지, 어떤 교육을 얼마나 받았는지 등에 대해 전혀 알지 못한다. 그야말로 자신에 대해 아무것도 알지 못하는 원초적 평등 상태에서 원칙을 정하게 된다는 이야기다. 롤스는 이런 상태에서 논의가 이루어진다면, 그 합의 내용은 다른 어떤 방식보다 평등하고 공정할 것이라고 확신했다.

그럼 우리는 대체 어떤 원칙을 택하게 될까? 롤스는 우선 우리가 플라톤의 정의론 또는 벤담의 공리주의를 택하지는 않을 것이라고 확신했다. 어쩌면 자신이 억압받는 소수자 혹은 낮은 지위의 계급에 속할 수도 있기 때문이다. 이유도 모른 채 타인의 쾌락을 위하여 자신의 목숨을 내어놓거나, 회복할 수 없을 만큼 절대적이고 강력한 불평등을 기꺼이 감수하려는 사람은 세상 어느 곳에도 없다.

롤스는 무지의 상태에서 최소한 두 가지 원칙이 도출될 것이라고 믿었다. 첫 번째는 '평등한 자유의 원칙'이다. 언론, 집회, 종교, 사상 등 인간의 기본적인 자유가 모두에게 평등하게 주어져야 한다는 내용을 담고 있다. 롤스는 이러한 유형의 자유가 어떤 상황에서도 보장되어야 한다고 말한다. 심지어 이를 포기하면 대다수의 삶이 개선될 수 있다고 하더라도 말이다. 두 번째는 '공정한 기회 평등의 원칙'이라 불리는 내용이다. 사회, 경제적 여건으로 발생할 수밖에 없는 불평등을 고려하여 기회를 부여해야 한다는 것이 핵심 내용이다. 이 원칙에 따르면 우리는 모두가 소득과 부를 똑같이 나눠야 한다고 요구받지는 않는다. 하지만 사회 구성원 가운데 가장 어려운 상황에 처한 이들에게는 혜택이 돌아가도록 하는 것이 옳다. 롤스는 합리적인 사고를 할 줄 아는 사람이라면 누구나 이러한 원칙이 합의안에 담기는 것을 반길 거라고 생각했다. 자신이 어떤 상황에 놓여 있는지 모르는 '무지의 상태'에서 합의를 해 나가고 있는 상황이기 때문이다.

그럼 만약 두 가지 합의안이 상충하고 있다면 우리는 어떤 선택을 해야 할까? 롤스는 의심의 여지 없이 첫 번째 '평등한 자유의 원칙'을 우선해야 한다고 주장했다. 왜냐하면 평등한 자유의 제도에서 벗어난다면 어떠한 사회적, 경제적 이득으로도 보상이 불가능하다고 보았기 때문이다. 즉 모든 사람의 자유를 보장하는 가운데 정당화될 수 없는 자의적인 불평등이 없는 상태를 만드는 것이 《정의론》의 지향점이라고 할 수 있다.

이론을 넘어 현실을 바꾼 책
《정의론》

《정의론》은 출간된 직후부터 정치철학을 20세기에 부활시켰다는 평가를 받았다. 철학은 물론 정치학과 경제학, 법학 등 여러 분야에 영향을 미쳤으며, 최소 28개 언어로 번역되어 수많은 사람에게 읽혔다. 저자에 관한 관심 또한 컸다. 책이 출간된 지 10여 년 만에 롤스에 관한 글이 2,500편 이상 발표되었을 정도로 말이다. 더불어 롤스의 책과 사상은 마이클 샌델, 토머스 포기, 마사 누스바움, 윌 킴리카 등 오늘날 가장 활발한 저술 활동을 펼치고 있는 철학자들에게 영감을 주기도 했다.

학계를 넘어 대중적인 관심 또한 높았다. 대표적으로 2013년 영국에서 동명의 뮤지컬이 상영된 사례를 들 수 있다. 이 뮤지컬은 정의론의 영감을 얻기 위해 시간을 여행하는 존 롤스의 여정을 담고 있다. 롤스는 이 작품에서 페어니스(fairness)라 불리는 가상의 제자와 함께 여행한다. 그리고 이들의 여행을 막아서는 악(?)의 무리가 있다. 바로 자유지상주의자이자 롤스의 하버드 대학 동료 교수였던 로버트 노직, 이기주의의 도덕성을 강조한 소설가 겸 대중 철학자인 아인 랜드가 그 주인공이다. 네 사람은 각각 짝을 이루어 애정과 철학적 입장을 두고 다투지만, 롤스가 《정의론》을 완성하며 끝내 승리하게 된다. 2013년 1월 옥스퍼드의 오렐리 극장에서 초연된 이 작품은 2013년 8월 에든버러 프린지 페스티벌에서 재상영되었고, 뮤지컬상과 베스트 북상, 베스트 뮤직상, 베스트 가사상까지 총 4개 부문에 노미네이

트되었다.

　물론 그렇다고 롤스의 철학이 모두에게 긍정적인 평가만 받았던 건 아니다. 《정의론》은 우선 당대 정치 지형의 양 축을 이루던 사회주의 진영과 자유주의 진영 양쪽 모두의 비판을 받았다. 사회주의자들은 그의 주장이 여전히 불평등한 수준의 타협에 머물고 있다며 손가락질했고, 자유주의자들은 오히려 그가 지나치게 평등을 강조한다고 비판했다.

　특히 그의 동료이자 뮤지컬 속 대결 상대였던 로버트 노직은 《정의론》에 담긴 롤스의 견해에 많은 부분 의문을 제기했다. 노직이 중점적으로 비판한 부분은 '과연 무엇이 공정한가'에 관한 문제였다. 예를 들어 뛰어난 농구 선수가 있고, 많은 팬이 그의 플레이를 보기 위해 농구장을 찾고 있다고 가정해보자. 그리고 그 보상으로 해당 선수가 많은 연봉을 받게 된다면 이는 불합리한 것일까? 롤스의 답변은 '그렇다'에 가까울 것이다. 그가 보기에 운동에 재능이 있거나 지능이 높은 것은 그저 '자연적 복권'에 당첨된 결과일 뿐이다. 타고난 재능을 가진 운동선수이거나 지능이 아주 뛰어난 사람이라고 해서 더 높은 소득을 올릴 자격이 자연적으로 부여되는 것은 아니라고 생각했던 것이다. 하지만 노직을 비롯한 많은 사람은 이러한 견해에 강하게 이의를 제기했다. 누군가에게 탁월한 재능이 있다면, 설령 그 재능이 자연적으로 부여받은 것이라고 해도 보상받을 필요가 있다고 보았기 때문이다.

　여러 비판에도 불구하고 롤스의 철학은 많은 철학자, 정치가, 정책 실무자들의 지지를 받았다. 개인의 자유와 소외된 이들을 위한 도덕을 잘 결합하여 자유주의와 평등주의의 장점을 모두 취했기 때문이다. 이러한 지지에 힘입어 그의 사상은 여러 국가의 정책에 반영되기도 했다. 프랑스 사회당은 '공정한 기회 평등의 원칙'을 바탕으로 한 분배 정책을 공식 정책으로 채택했으며, 미국의 자유주의 정치가들 역시 그의 이론 속에서 다양한 요소를 차용했다. 인간과 사회의 개선에 대한 그의 믿음이 결국 조금씩 세상을 바꾸기 시작한 것이다.

함께 읽으면 좋은 책

- 《공리주의》 존 스튜어트 밀, 현대지성, 2020
- 《공정으로서의 정의》 존 롤스, 이학사, 2016
- 《정의란 무엇인가》 마이클 샌델, 와이즈베리, 2014

06

프란츠 파농
《검은 피부, 하얀 가면》
1952

스스로를 해방시키기 위해
만들어진 작품

프란츠 파농(Frantz Fanon, 1925~1961)

프랑스의 식민지이자 서인도 제도에 위치한 섬인 마르티니크 출신의 정신과 의사, 철학자, 작가, 독립운동가. 제2차세계대전 중에는 자유프랑스군 소속으로 각종 전투에 참여했다. 전쟁이 끝난 뒤 리옹 대학교에서 약학과 정신의학을 전공했으며, 이후 한동안 알제리의 주앙빌 정신병원에서 근무했다. 1954년 알제리 독립 전쟁이 발발했고, 얼마 뒤이 전쟁에 투신했다. 알제리 독립이 가까워진 1961년에 백혈병 진단을 받았으며, 같은해 12월 미국 메릴랜드주의 한 병원에서 사망했다.

※ 주요 저서: 《자기의 땅에서 유배당한 자들》 《알제리 혁명 5년》

《검은 피부, 하얀 가면》은 파농이 애초 자신의 의대 졸업을 위해 작성한 작품이었다. 그는 심혈을 기울여 이 작품을 완성했지만, 지도 교수에 의해 논문 승인이 거절되고 만다. 결국 파농은 경향성이 없는 작품을 제출하는 것이 좋겠다는 조교의 권유에 따라 '프리드라이히 운동 실조증'(신경계 손상으로 인해 운동 장애가 발생하는 진행형 유전성 질환)을 주제로 별도의 논문을 작성하여 제출한다.

이후 그가 최초에 작성한 논문은 어떤 이유에서인지 파리로 가게 되었다. 이 논문은 당시 좌파 계열 사상지인 〈에스프리(Esprit)〉의 주간 장 마리 도므나크 손에 들어가게 되었는데, 원고를 검토한 그의 추천 덕분에 자매지인 쇠유 출판사를 통해《검은 피부, 하얀 가면》이라는 제목을 달고 도서 형태로 출간될 수 있었다. 참고로 이 책의 제목은 쇠유 출판사의 편집자이자 젊은 철학도였던 프랜시스 장송이 제안했다고 알려진다.

그런데 대체 왜 그의 지도 교수는《검은 피부, 하얀 가면》의 논문 통과를 거부했던 것일까? 아마도 이 책에 담긴 문제의식 때문일 것이다. 이 책은 파농의 삶과 경험이 직접적으로 반영된 작품이다. 그가 태어난 1925년 마르티니크는 300년 동안 프랑스의 식민 지배를 받고 있는 상황이었다. 1848년 해방령이 선포되며 노예제가 폐지되었지만, 대부분의 사람들이 소수의 대농장주에 속해 가난을 벗어나지 못했다. 당시 마르티니크는 식민지라는 구조적 한계에 따른 무기력과 패배감이 섬 전체를 짓누르고 있었다.

이곳에서 파농은 자신을 '프랑스인'으로 규정하며 살아갔다. 프랑스의 제도 아래에서, 프랑스 교육을 받고, 프랑스어를 자유자재로 구사하며, 프랑스 국적을 가졌기 때문이다. 누가 봐도 그가 스스로를 프랑스인이라고 규정하지 않을 이유가 전혀 없었다. 프랑스인인 그는 세계대전이 발생하자 자유 프랑스군에 입대했다. 전쟁에서 '나의 조국' 프랑스가 승리하기를 염원하면서 말이다. 하지만 이곳에서 예상치 못한 문제에 부딪힌다. 심각한 수준의 인종 차별을 경험한 것이다. 마르티니크 출신의 자원병들은 어떤 환송 의식도 치르지 못한 채 한밤중에 전함에 태워졌으며, 전쟁터에 도착한 직후부터는 피부색이 다르다는 이유로 군수품의 배급부터 의복, 야영 시설까지 거의 모든 것을 차별받았다.

이 상황은 참전 내내 계속되었다. 마침내 그는 깨달았다. 자신은 프랑스인이 아니라는 사실을 말이다. 파농은 어머니에게 이런 편지를 썼다. "제가 (전사하게 된다면) 대의를 위해 싸우다 죽었다는 식으로 위안 삼지 말아주세요. 그런 논리는 그저 어리석은 정치인들의 방패에 불과합니다. 그리고 그런 거짓 이데올로기는 우리를 더 이상 비춰주지 않을 테지요."

전쟁에서 돌아온 뒤, 파농은 프랑스 리옹으로 가서 약학과 정신의학을 공부했다. 물론 그는 이곳에서도 늘 인종 차별과 편견을 마주해야 했다. 결국 그는 이러한 차별과 편견이 발생한 문제의 근원을 확인하고, 그 해결책을 강구하기 위해 이 책의 저술을 결심한다. 파농 스스로 자신을 해방시키기로 결단한 것이다.

◆ ## 흑인에게는
하나의 운명밖에 없다

'마르티니크 출신'의 '프랑스 작가' 프란츠 파농의 《검은 피부, 하얀 가면》은 유색 인종 공동체에 깔린 식민주의의 정신적, 사회적 유산을 분석하고, 그 해결책을 모색하기 위해 쓰였다. 이 책은 크게 세 가지 주제를 바탕으로 불평등과 차별 문제를 지적한다.

우선 첫 번째는 언어의 문제이다. 파농이 태어나고 자란 마르티니크에서 부모들은 자신의 아이가 크레올어를 하지 못하도록 가르친다. 크레올어는 프랑스어와 토착어, 아프리카어 등이 섞여 만들어진 형태의 언어를 말한다. 이곳에서 크레올어를 하는 사람들은 은연중에 열등감에 빠져 살 수밖에 없다. 대체로 소득도, 대우도, 인식도 좋지 않은 상태에서 평생을 살아가기 때문이다. 반대로 프랑스어를 잘하는 사람은 대우받으며 마르티니크에서의 삶을 누린다. 프랑스어를 완벽하게 구사할 줄 안다는 이유만으로 경외의 대상이 되며, '백인처럼 말할 줄 안다'는 부러움 속에서 평생을 살아간다.

그가 차별의 문제에 관한 첫 번째 주제로 '언어'를 말한 것은 언어가 열등의식을 유발하는 구조적 수단이 되고 있다고 보았기 때문이다. 그는 다음과 같은 일화를 언급하며 이 문제를 설명한다.

> "내가 확실히 말하는 것은 유럽인은 검둥이에 대해 고정관념을 갖
> 고 있으며, 이런 말을 들을 때보다 더 지치는 일도 없다는 것이다.
> '프랑스에 온 지 얼마나 되었어요? 프랑스어를 아주 잘 하는군요.'"

파농이 두 번째로 언급하는 문제는 남녀 사이의 몸과 마음이다.
그는 특히 유색인과 백인 사이의 연애와 사랑의 문제를 이야기한다.
파농은 당시 막 출간되었던 두 마르티니크 작가의 소설 《나는 마르티
니크 여자》와 《다른 이들과 똑같은 한 남자》를 통해 이를 살펴본다.
이 두 권의 책은 각각 유색인 여성과 남성이 백인을 사랑하며 겪는 열
등과 불안, 좌절을 다루고 있다. 누군가는 구원을 원하며 또 다른 누
군가는 진정한 사랑을 꿈꾸지만, 이들이 마주하는 결과는 크게 다르
지 않다. 개인의 애정을 넘어서는 거대한 장벽, 다시 말해 인종과 계
급의 갈등이 이들을 가로막고 있기 때문이다. 파농은 말한다.

> "사랑받을 만한 대상으로서 자기가치에 대한 그런 부정은 심각한
> 결과를 낳는다. 그런 가치 부정은 그 사람 개인을 한편으로는 깊은
> 내면적 불안 상태에 있도록 하고, 그로 인해 타인과의 모든 관계를
> 금하거나 뒤틀리게 한다."

그가 마지막으로 다루는 주제는 인종주의의 문제이다. 파농은 인
종주의에 담긴 차별을 말한다. 사람들은 이 문제를 늘 복잡하게 설명

하지만, 파농이 보기에 그 실상은 아주 간단하다. '프랑스인은 유대인을 좋아하지 않고, 유대인은 아랍인을 좋아하지 않고, 아랍인은 검둥이를 좋아하지 않는다'는 것. 즉 인종 차별 문제는 이분법적으로 구분되지 않으며, 누구에게나 다가올 수 있는 반인륜적 문제라는 것이다.

이와 같은 문제들을 검토한 뒤 파농은 다음과 같은 결론을 내린다. "흑인에게는 하나의 운명밖에 없다. 바로 백인이다"라고 말이다. 파농의 이 표현은 크게 두 가지 의미로 해석이 가능하다. 첫 번째는 흑인들이 백인처럼 되고 싶어 한다는 것이다. 파농에 따르면 식민지 민중들은 대부분 식민지 모국 문화의 영향을 받게 된다. 가령 파농이 태어나고 어린 시절을 보낸 마르티니크 국민은 프랑스 문화의 영향을 받았다. 그리고 그 역시 이 영향에서 자유로울 수 없었다.

파농은 이러한 식민 모국의 문화가 대체로 '흑인다움'을 불순하고 열등한 상태로 인식하게 만든다고 지적한다. 심지어 이런 문화의 영향을 받은 식민지 국민은 자신들의 피부색을 열등함의 징표로 해석하게 된다는 것이다. 결국 이들은 열등한 상태에서 벗어나 우월한 상태, 즉 '백인다움'을 획득하기 위해 노력한다. 하지만 문제는 이들이 유색인종으로 태어난 이상 결코 백인이 되지 못한다는 데에 있다. 백인이 되기 위해 백인 같은 행동을 하고, 그들이 모인 곳으로 떠난 흑인은 오히려 그곳에서 자신의 진짜 얼굴을 발견하고 만다.

두 번째는 백인다움의 반대편에 있는 표현, 즉 흑인다움에 대한 고찰이다. 흑인성 혹은 흑인다움 또한 백인들에 의해 구성된 것이며, 이러한 관점을 재구성하는 것이야말로 근본적인 해결책이 될 수 있다는 말이다. 이를 토대로 그는 백인과 흑인, 유럽과 아프리카, 지식인과 민중, 자본가와 노동자, 남성과 여성 등 모든 이들이 구분 없이 동등한 대우를 받는 새로운 인본주의를 제시한다. 파농은 《검은 피부, 하얀 가면》을 다음과 같이 마무리한다.

"인간이 인간을, 말하자면 자아가 타자를 노예화하는 일을 그만두기를. 인간이 어디에 있든, 내가 그 인간을 찾고 원하도록 허락되기를."

◆ 전 세계 혁명가들에게 영향을 준 파농의 사상과 삶

《검은 피부, 하얀 가면》의 초판은 1952년 여름 세상에 나왔다. 책은 출간 당시만 해도 그리 주목받지 못했다. 하지만 1961년 12월에 파농이 병으로 사망하고, 이듬해 봄 알제리 전쟁이 종결되자 이 책은 많은 사람의 이목을 끌기 시작했다. 전쟁을 지나며 유럽 전역에서 반식민주의 사조의 작품들이 하나둘 주목받기 시작했기 때문이다. 그로부터 몇 년 뒤인 1965년에 《검은 피부 하얀 가면》의 재판이 출간되었고, 3년 뒤인 1968년에는 프랑스를 비롯한 유럽 곳곳에서 혁명이 일어나는 등 시대적 분위기가 고조되며 이 책은 마침내 고전의 반열에 오르게 된다.

오늘날 파농은 흑인 민족주의와 흑인 의식, 식민주의와 탈식민화 등 당대의 여러 문제를 해결하고자 한 포스트콜로니얼리즘

(postcolonialism), 즉 포스트식민주의의 선구자로 평가받는다. 그는 자신의 책《검은 피부, 하얀 가면》과《대지의 저주받은 사람들》등을 통해 탈식민의 당위성을 역설했다. 필요하다면 폭력이 동반된 투쟁을 통해서라도 백인 지배를 정당화하는 식민주의를 타파해야 하며, 이를 통해 원주민들이 자아를 찾는 해방의 가능성을 제공해야 한다고 보았다.

파농의 사상은 시인이자 세네갈의 초대 대통령인 레오폴 세다르 상고르가 주도한 '네그리튀드(Negritude)' 운동의 영향을 받기도 했다. 네그리튀드 운동은 '흑인은 열등하다'는 인종주의적 편견을 불식시키고 이들의 존엄성과 문화적 주체성을 되찾고자 한 운동이었다. 하지만 파농은 이 운동 또한 부족한 점이 있다고 지적했다. 이 운동이 정의하는 '흑인다움' 또한 여전히 백인 문화의 그늘에서 벗어나지 못했다고 보았기 때문이다. 그는 인종차별주의적 사고의 완전한 초월을 목표로 자신의 사상을 발전시켜나갔다.

파농의 사상은 곳곳으로 퍼져나갔다. 이탈리아, 서독, 동유럽, 일본, 중국 등 전 세계의 여러 사상가와 혁명가가 그의 책을 탐독했으며, 스티브 비코로 대표되는 아파르트헤이트(남아프리카 공화국 백인 정권의 유색 인종에 대한 차별 정책) 반대 운동가와《오리엔탈리즘》의 저자로 유명한 에드워드 사이드 등이 그의 사상에 직간접적인 영향을 받았다.

1960년대와 1970년대에 일어난 미국 내 흑인 해방운동도 파농 철학의 영향을 받았다. 특히 말콤 엑스가 살해된 이듬해인 1966년 설립된 흑인 인권 운동 단체 블랙 팬서(흑표범) 당은 파농의 사상에 큰 감화를 받은 것으로 알려진다. 이들은 마틴 루터 킹의 비폭력 노선이 아닌 말콤 엑스의 강경 투쟁 노선을 따르고자 했으며, 미국에 거주하는 흑인들의 완전 고용, 주거·교육·의료 보장, 공정한 재판 진행 등 10대 강령을 내걸었다.

파농의 사상뿐만 아니라 그가 보여준 삶 또한 많은 이들에게 영향을 주었다. 때때로 실천 없는 이론은 공허하다. 하지만 파농은 수많은 살해 위협에도 굴하지 않았고, 백혈병에 걸려 죽어가는 동안에도 운동을 이어갔다. 옳다고 믿는 가치를 자신의 삶을 통해 실현하고자 했다.

그가 죽기 4개월 전, 그의 친구 타엡에게 보낸 편지로 이야기를 마무리할까 한다.

"죽음은 항상 우리와 함께 있다. 중요한 건 우리가 어떻게 죽음을 피할 수 있느냐가 아니라 우리가 스스로 생각하는 바를 최대한 이루었느냐의 여부다. 무엇보다도 우리 자신을 노예처럼 내던질 수 있는 이유, 즉 민중을 위한 대의, 정의와 자유의 대의가 없다면 우리는 이 세상에서 아무것도 아니다. 의사마저 나를 포기한 지금, 내 인생의 땅거미가 시시각각 짙어져 가는 이 순간에도 나는 여전히 알제리 민중과 제3세계 민중을 생각하고 있다. 내가 지금까지 견뎌낸 것도 오로지 그들 때문이다."

- 《**대지의 저주받은 사람들**》 프란츠 파농, 그린비, 2010
- 《**가장 푸른 눈**》 토니 모리슨, 들녘, 2003
- 《**오리엔탈리즘**》 에드워드 W. 사이드, 교보문고, 2015

※본문 발췌: 〈검은 피부, 하얀 가면〉 프란츠 파농 저, 노서경 역/여인석 감수,
　　문학동네, 2022(37쪽, 78쪽, 227쪽)

2장

★

더 나은
세상을 위해
변화를 시도한
용기 있는
철학 명저

07

메리 울스턴크래프트
《여성의 권리 옹호》
1792

여성 불평등을 해소하고자 쓴
1792년작

메리 울스턴크래프트(Mary Wollstonecraft, 1759~1797)

18세기 영국의 작가이자 철학자, 여성권리 옹호자. 초기 페미니즘을 대표하는 인물이자 영국의 급진파 정치사상가이다. 당대 많은 여성과 마찬가지로 제대로 된 교육을 받지 못한 채 성장했지만, 지식인들과의 지속적인 교류와 수많은 서적의 탐독을 통해 지식의 지평을 넓혀갔다. 여행기와 번역서, 소설, 비평문, 역사서, 동화책 등 폭넓은 분야에서 활약했다. 소설 《프랑켄슈타인》의 저자인 메리 셸리의 어머니이기도 하다.

※ 주요 저서: 《길 위의 편지》

메리 울스턴크래프트가 살던 17, 18세기의 유럽은 남성 중심의 정치가 이루어지는 사회였다. 공적인 영역에서는 왕이, 사적인 영역에서는 가장이 절대 권력을 지니는 것이 합당하며, 이는 신과 자연의 섭리에 해당한다는 생각이 당대의 통념이었다. 이런 상황에서 여성의 활동은 크게 제약받을 수밖에 없었다. 여성이 마땅히 있어야 할 곳은 가정이며, 이는 여성들이 허약하고 의존적이며 미성숙한 존재이기 때문이라는 생각이 널리 퍼져 있었던 탓이다.

물론 불평등하고 불합리한 사회 구조를 바꾸려는 시도도 존재했다. 특히 '계몽주의자'라고 불리던 사람들은 절대 권력을 행사하던 왕권 중심주의를 비판하고, 동시에 인간과 시민의 권리를 강조함으로써 시민 혁명의 기반을 마련했다. 하지만 이들의 활동에도 명확한 한계가 있었다. 신분제 사회를 비판하고 자유와 평등에 근거한 시민 사회를 만들어야 한다고 주장했지만, 그 평등의 범위를 모든 사람으로 확장하지는 못했다.

그렇게 배제된 집단 중에는 '여성'이 있었다. 이는 계몽주의자들이 그리는 새로운 사회를 이끌 존재, 즉 '개인'의 기준에 여성이 부합하지 못한다는 생각에서 비롯되었다. 이들이 말하는 개인이란 생계를 타인에게 의존하지 않으며, 합리적으로 생각하고 행동할 수 있는 존재였다. 이는 일면 합당한 기준처럼 보였지만, 당대 여성들에게는 너무나 가혹한 조건일 뿐이었다. 사회 진출은 고사하고 정규 교육조차 제대로 받지 못하는 여성이 대다수인 상황에서, 이러한 기준을 충족시켜야 자유를 보장받을 수 있다고 주장하는 건 또 다른 불평등이나 다름없었다.

메리 울스턴크래프트는 이러한 계몽 사상의 한계를 지적하고, 근본적인 변화를 꿈꾼 여성 사상가였다. 특히 대표작인《여성의 권리 옹호》는 그가 본격적인 저술 활동을 시작한 지 얼마 안 된 1791년 겨울에 쓰기 시작한 작품이었다. 그는 이 책을 통해 여성을 향한 당대의 편견을 면밀히 검토하고, 이러한 편견이 생겨난 이유와 극복 방안을 제시하고자 했다. 여성이 처한 문제를 여성 스스로 극복하려는 움직임이 시작된 것이다.

◆   **여성에게도 '이성'의
교육을 허하라**

총 13장으로 구성된《여성의 권리 옹호》는 여성에 대한 근거 없는 편견을 분석하고, 이러한 편견이 생겨난 이유를 그 시대 작가들의 사유와 여성의 일상을 바탕으로 확인한다. 그리고 그 편견을 극복하기 위한 나름의 해답을 제시하고 있는 책이다.

책의 도입에서 울스턴크래프트는 문명이 인류의 도덕성 함양에 악영향을 미쳤다는 장 자크 루소의 입장에 반박한다. 참고로 루소는 당대 가장 급진적인 계몽철학자로 손꼽히는 인물이었지만, 동시에 '여성은 남성에게 복종하고 남성을 즐겁게 해주기 위해 태어났다'거 나 '여성은 비이성적인 본성 때문에 정치적인 삶에 적합하지 않으므 로 남성에게 종속되어야 한다'는 남성 우월적 사고방식을 지닌 인물 이기도 했다. 울스턴크래프트는 루소의 입장과는 반대로 문명이 발 전함으로써 인간 사회가 조금 더 나은 방향으로 나아가고 있다고 말 한다. 또한 이러한 발전을 저해하는 것은 부패한 권력이며, 권력의 문 제를 해결하면 사회가 꾸준히 발전할 수 있다는 의견을 피력한다.

이어서 울스턴크래프트는 당대 사람들이 가지고 있는 여성에 대 한 편견을 다룬다. 그는 사람들이 생각하는 '순수하고 나약하며 의존 적인' 여성의 모습은 여성의 이성을 억누르고 권위에 복종시키기 위 한 강요에 불과하다고 말한다. 또한 루소, 제임스 포다이스, 존 그레 고리 박사 등 여성을 폄하하고 남성에 대한 무조건적인 복종을 미덕 으로 삼는 일부 지식인의 견해는 여성의 타락을 정당화하는 논변을 퍼뜨리고 있을 뿐이라고 비판한다.

그렇다고 울스턴크래프트가 당대 여성의 행동이 모두 옳다고 보 았던 것은 아니다. 울스턴크래프트는 많은 여성이 몸치장만을 추구 하며, 이성적이고 계몽된 남성이 아닌 자신을 받들어주는 바람둥이 같은 남성만 만나려 한다고 주장한다. 또한 점성술사나 최면술사에 게 쉽게 현혹되거나, 낭만적인 소설만 좋아하는 모습, 겉치장에 빠지 거나 자녀를 방임하는 모습도 보인다고 비판한다.

하지만 그렇다고 해서 이를 온전히 여성들의 잘못이라고 보기는 어렵다. 이는 여성들이 올바른 이성을 갖추도록 돕지 못한 사회 전체의 책임이 더 크기 때문이다. 울스턴크래프트는 이를 해결하는 방안으로 여성에게도 이성의 교육이 이루어져야 한다고 역설한다. 특히 그는 남녀와 빈부의 구분이 없는 의무 교육이 이루어져야 한다고 보았다. 이를 통해 모든 사람이 인간애를 갖추고 시민의 의무, 나아가 인류를 위해 행동할 수 있도록 이끌어야 한다고 믿었다.

그는 당대에 남성들에게만 주어지던 교육과 정치의 기회를 여성에게도 제공하고, 여성들이 지혜로워지고 자유로워짐에 따라 개인과 사회에 어떤 변화가 이루어지는지 지켜보자고 제안한다. 분명 그 변화는 긍정적인 방향으로 나아갈 것이다. 그리고 이 실험은 어느 누구도, 특히 여성은 잃을 것이 없는 시도다. '그들을 현재 상태보다 더 비참하게 만들 방법이 인간에게는 없기 때문'이다.

◆ 세기가 지나 새로 발견된 불멸의 저작

《여성의 권리 옹호》의 출간 당시, 이 책은 대중들에게 그리 주목받지 못했다. 판매된 도서는 5년 동안 겨우 3,000부 수준에 그쳤다. 그와 지인들 역시 이런 반응이 다소 아쉬웠던 모양이다. 특히 울스턴크래프트의 배우자이자 무정부주의자였던 윌리엄 고드윈은 이 책에 대해 "훗날의 평가를 기다리겠다"라는 태도를 보였다고 알려진다.

하지만 당대의 지식인들 사이에서 이 책은 꽤 이슈가 되었다. 물론 긍정적인 반응보다는 부정적인 반응을 보이는 경우가 많았지만 말이다. 이들은 대부분 분노와 조롱을 표출하며 그를 비꼬고 손가락질했다. 심지어 여성 운동가들도 그를 기피했다. 《여성의 권리 옹호》를 읽은 순박한 여성들이 인생을 망치게 된다는 내용의 소설까지 출간되었다.

이 책은 19세기 들어 다시 주목받기 시작했다. 장소는 그의 고향 영국이 아닌 미국에서였다. 사회운동가이자 초기 여성권리 운동의 선구자로 평가받는 엘리자베스 케이니 스탠턴이 이 책을 소개한 덕분이다. 이후 또다시 잊혀졌던 이 책은 20세기의 페미니스트와 여성 작가들에 의해 다시 한번 부활한다. 특히 《자기만의 방》의 저자로 잘 알려진 버지니아 울프는 1929년 '울스턴크래프트의 삶과 사상은 불멸'이라고 선언하기도 했다.

《여성의 권리 옹호》는 지금으로부터 230여 년 전에 쓰인 글이니만큼 시대적인 한계 또한 분명하게 보여준다. 특히 여성의 지위 개선을 위한 방안으로 구체적인 정책을 제시하기보다는 의식의 변화에 초점을 맞췄다는 점, 성도덕이나 가족 제도에 대한 관념이 당대의 전통적인 영국 중산층 구조에서 벗어나지 못했다는 점, '남자답지 못한' 혹은 '여성화된'처럼 성에 대한 편견을 반영하는 표현이 책 곳곳에서 등장한다는 점 등이 대표적으로 지적받는 문제점이다.

하지만 당대에 만연한 남성 중심 구조를 타파하고, 여성이 한 사람의 인간으로 인정받는 사회를 향해 나아가고자 한 그의 노력만큼은 분명 온당한 평가를 받아야 할 것이다. 그것이 바로 우리가 메리 울스턴크래프트를 여성주의의 어머니 혹은 여성주의를 시작한 인물이라 일컫는 이유일 테다.

함께 읽으면 좋은 책

- **《자기만의 방》** 버지니아 울프, 민음사, 2006
- **《제2의 성》** 시몬 드 보부아르, 을유문화사, 2021
- **《모두를 위한 페미니즘》** 벨 훅스, 문학동네, 2017

08

카를 마르크스·프리드리히 엥겔스
《공산당 선언》
1848

혁명가,
불멸의 문제작을 쓰다

카를 마르크스(Karl Marx, 1818~1883)

프리드리히 엥겔스(Friedrich Engels, 1820~1895)

독일의 철학자이자 경제학자. 이 둘은 1840년대 초 파리에서 만나 마르크스주의를 창시했으며 꾸준히 사상적 교류와 공동 저술을 이어나갔다. 마르크스가 세상을 먼저 떠난 뒤 엥겔스는 국제공산주의 운동을 이끌었고, 마르크스 생전에 완성하지 못한 《자본론》의 2권, 3권을 정리하여 출간했다. 마르크스는 철학사는 물론 경제사와 정치사에도 큰 영향을 미쳤다.

※ 주요 저서: 《자본론》(칼 마르크스) 《가족, 사유재산, 국가의 기원》(프리드리히 엥겔스)

《공산당 선언》의 저자 중 한 명인 카를 마르크스는 급진적 민주주의자였다. 그는 원래 학계에서 활동하고자 했는데, 당시 탄압받던 조직인 청년헤겔파의 일원이라는 이유로 그 뜻을 펼치지 못했다. 대학을 졸업한 그는 라인 신문에서 언론인으로 활동했다. 하지만 급진적 민주주의 논조를 강하게 드러낸 탓에 이마저 프로이센 당국에 의해 폐간되기에 이르렀다. 이후 마르크스는 독일 내에서 유의미한 정치 활동이 불가능하다고 판단해 프랑스 파리로 건너갔다. 그곳에서 '독불연보'라는 이름의 잡지를 창간해 이를 독일로 반입하고자 한 것이다.

프랑스로 넘어간 그는 그곳의 노동 및 사회주의 운동을 접하고 사회주의자로 전향한다. 아울러 이 시기 평생의 동지인 프리드리히 엥겔스와 인연을 맺게 되었다. 하지만 다시 시련이 시작되었다. 1845년 봄 프로이센 정부의 압박에 굴복한 프랑스 정부가 마르크스를 추방했기 때문이다. 그는 지리적, 정치적 조건을 고려해 브뤼셀로의 이주를 선택하고, 그곳에서 '브뤼셀 교신위원회'를 결성해 본격적인 조직 활동에 들어간다. 활동은 성공적이었다. 브뤼셀 교신위원회가 중요한 정치 세력으로 인정받기 시작했고, 사회주의 운동 전체에서도 마르크스와 엥겔스의 비중이 점차 늘어났다. 그리고 이를 지켜본 '의

인동맹'의 지도자 요제프 몰, 칼 샤퍼, 하인리히 바우어는 마르크스와 엥겔스에게 의인동맹의 가입을 권유한다.

공산주의자동맹의 전신인 '의인동맹'은 1834년 파리로 추방된 독일인 망명자로 이루어진 비밀 결사 '법외자동맹'을 모태로 분리된 조직이었다. 그들은 프랑스의 유명 혁명가였던 루이 블랑키의 '계절단'을 추종했는데, 1839년 5월 계절단을 중심으로 한 봉기에 동참했다가 처참한 실패를 맛보았다. 결국 핵심 인물들이 줄줄이 국외로 추방되었고, 이들은 린던에서 조직을 재건할 새로운 인물을 찾게 되었다. 그리고 마르크스와 엥겔스는 이들이 찾은 최적의 인물이었다.

변화를 선택한 동맹은 모든 것을 새롭게 바꾸기로 했다. 1847년 여름, 영국 런던에서 열린 대회를 통해 '공산주의자동맹'이라는 새로운 이름을 갖게 되었고, 11월에 열린 대회에서는 마르크스가 발표한 견해가 토론을 거쳐 승인되었다. 더불어 이날 마르크스와 엥겔스에게 새로운 역할이 부여되었다. '공산주의자동맹'의 새로운 강령을 기초하도록 한 것이다. 두 사람은 이미 1845년부터 이듬해에 걸쳐 공동 집필한《독일 이데올로기》에서 이후 자신들이 오랫동안 주창하게 될 '역사적 유물론'의 골격을 갖춰둔 상황이었다. 그런 그들에게 자신들의 역사관을 바탕으로 하는 실천적 강령을 제시할 기회가 주어졌다. 당연히 두 사람은 크게 고무될 수밖에 없었다. 두 사람은 교리 문답식 형태의 강령을 버리고, 이후 많은 사회주의 정당의 표준이 되는 새로운 형태의 강령을 작성했다.

이들이 작성한 강령은 1848년 2월 런던에서 독일어로 처음 출간되었다. 책의 제목은《공산당 선언》. 국제적 노동 운동 및 혁명에 관한 지침서이자 사회주의진영의 이론적 기초 자료로서 불멸의 지위를 얻게 될 '문제작'이 세상의 빛을 본 것이다.

◆ 만국의 프롤레타리아여, 단결하라

《공산당 선언》은 크게 4장으로 구성되어 있다. 첫 번째 장인 '부르주아와 프롤레타리아'에서 마르크스와 엥겔스는 계급 투쟁의 관점에서 역사를 되돌아보고, 부르주아와 프롤레타리아라는 두 계급의 등장과 충돌 그리고 앞으로 일어나게 될 변화를 살핀다. 이 책에 따르면 지금까지 역사는 억압자와 피억압자의 끊임없는 갈등을 통해 만들어진 결과물이다. 그리고 그 갈등의 근본적인 원인은 '경제'에 있다.

마르크스와 엥겔스는 시대의 전환이 계급 간의 갈등과 그로 인한 변화 때문에 일어났다고 주장한다. 이들은 시대별로 대립하는 계급이 존재했는데, 고대 로마에서는 세습 귀족과 노예가 있었고, 중세 시대에는 봉건 영주와 농노가, 자신들의 시대에는 부르주아와 프롤레타리아가 있다고 말한다.

그들이 특히 주목한 것은 부르주아와 프롤레타리아였다. 먼저 지배 계층인 부르주아는 다음과 같은 과정을 거쳐 성장했다. 우선 중세의 농노는 근대 초기에 도시가 형성되면서 성외 시민이 되었다. 그리고 이들 중 세계의 변화를 발판 삼아 새로운 기회를 잡는 이들이 등장했다. 더불어 아메리카 대륙과 아프리카를 회항하는 항로를 발견하며 시장의 범위가 더욱 넓어졌다. 이것을 계기로 증기와 기계를 이용한 근대적 대규모 공업의 기틀이 마련되었으며, 빠르게 일어나는 시장의 수요를 해결할 수 있게 되었다.

이렇게 발전한 부르주아 계급은 오늘날의 대의제 국가에서 배타적인 정치적 지배권을 얻는다. 국가 권력 또한 이들 부르주아에게 예속된다. 부르주아가 사회와 국가의 핵심적 위치에 서서 모든 것을 지배하는 상황이 발생하게 된 것이다. 마르크스와 엥겔스는 다음과 같이 이야기한다. "현대의 국가 권력은 부르주아의 공동 사업을 관장하는 위원회에 불가하다."

그러나 부르주아의 지배는 다음의 두 가지 변화로 인해 위협받는다. 첫 번째 변화는 '공황'이다. 마르크스와 엥겔스는 자본주의 사회에서 부르주아 계급이 사회 유지 등을 명목으로 과잉 생산을 일삼으며 주기적인 공황이 발생한다고 예측했다. 두 번째 변화는 프롤레타리아의 발전이다. 피지배계층인 이들이 생계를 유지하는 방법은 자신의 몸뚱이, 즉 '노동력'을 파는 것뿐이다. 하지만 기계화와 분업화로 인해 임금은 차츰 줄어들고, 기계 운전 속도가 향상되어 노동 시간이 연장되며 노동의 양은 끊임없이 늘어난다. 마르크스와 엥겔스는 이러한 문제를 인식한 노동자들이 문제를 제기하고, 결국 투쟁을 시작해 권력을 쟁취한다고 설명한다. 처음에는 자신이 속한 공장 또는 조직에서 개별적으로 활동하지만, 마침내 자신과 같은 처지에 놓인 이들이 많다는 사실을 인식하고 점차 단결해 권력을 손에 넣는다는 것이다.

두 번째 장인 '프롤레타리아와 공산주의자'에서 마르크스와 엥겔스는 공산주의자의 목적과 과제를 명확히 하는 일에 주목한다. 두 사람에 따르면 공산주의자에게 당면한 목적은 프롤레타리아당이 당면한 목적과 같다. 바로 '프롤레타리아 계급의 형성, 부르주아 지배의 타도, 그리고 프롤레타리아 계급의 정치권력 획득'이 그것이다. 이는 모든 부르주아적 생산 관계와 소유 관계를 폐지하고 생산 수단을 사회화하여 계급 간의 차별을 소멸한다는 진정한 목적 달성을 위한 요건이다. 이 목적을 달성하면 '각자의 자유로운 발전이 사회 구성원 모두의 자유로운 발전의 조건이 되는 연합체'를 형성한다는 궁극적 목적을 실현하는 길이 열리게 된다.

세 번째 장인 '사회주의와 공산주의 문헌'에서는 그동안 나온 사회주의, 공산주의 관련 문헌들을 검토하며 기존의 사이비적 사회주의 조류를 비판한다. 기독교 사회주의, 봉건적 사회주의, 보수적 사회주의, 사변적 사회주의 등이 그것이다. 두 사람은 각각의 한계를 명확히 구분 짓고 이를 비판한다.

네 번째 장인 '여러 반대 정당들에 대한 공산주의자들의 입장'에서는 각국 공산당들의 기본적인 혁명 전략을 제시하고 있다. 공산주의자는 노동자 계급의 목적과 이익에 일치하는 범위 내에서 다른 조직과 공동 전선을 구축할 수 있다. 물론 이 경우에도 항상 미래에 대한 전망과 목표를 분명히 하여 노동자들이 명확한 계급 의식을 갖추도록 해야 함은 당연하다. 두 사람은 《공산당 선언》을 다음과 같은 결연한 표현으로 마무리한다.

"프롤레타리아들은 공산주의 혁명에서 자신들을 묶고 있는 족쇄

외에는 잃을 게 없다. 그들에게는 얻어야 할 세계가 있다. 만국의 프
롤레타리아여, 단결하라!"

◆ **무너진 현실,**
유효한 이론

《공산당 신언》은 서구 사회에서 성경 다음으로 가장 많이 팔린 책으
로 불린다. 공산주의에 관한 최초의 강령적 문헌으로 알려진 이 책은
19세기의 유럽 사회를 가장 잘 설명하는 문건인 동시에 자본주의 체
제의 미래를 가장 잘 예견한 책으로 손꼽힌다.

《공산당 선언》을 비롯한 마르크스와 엥겔스의 저작은 20세기 국
제 정세를 형성하는 결정적인 계기로 작용했다. 러시아의 블라디미
르 레닌, 중국의 마오쩌둥, 쿠바의 피델 카스트로 등 수많은 정치지도
자가 두 사람의 사상에 영향을 받았다. 마르크스주의라 불리는 이들
의 사상은 이후 러시아 혁명과 중국, 쿠바 혁명의 기폭제가 된 것은
물론, 중남미를 휩쓴 해방 신학과 여러 지역의 민족 해방운동에도 영
향을 미쳤다.

혁명 이후에도 마르크스주의는 영향력을 발휘했다. 냉전이 20세
기를 관통한 것이다. 소련 중심의 공산주의 진영과 미국 중심의 자본
주의 진영은 사사건건 부딪쳤다. 국제 핵전쟁 대결인 쿠바 위기와 수
많은 희생자를 낳은 6·25 전쟁, 베트남 전쟁 등이 양 진영이 벌인 충
돌과 경쟁의 결과물이었다.

영원할 것 같았던 양 진영의 대결은 싱겁게 막을 내렸다. 공산주의 진영을 이끈 소련이 붕괴한 것이다. 당시 소련을 비롯한 고전적 사회주의 국가들은 사유 재산을 모두 몰수하고 생산 수단을 국유화했다. 이를 국가가 운용하는 중앙 집권 경제 체제로 전환하면 성장과 평등 사회의 구현이 가능하다고 보았기 때문이다. 하지만 이는 결과적으로 실패한 선택이 되고 말았다. 만성적인 물자 부족과 이로 인한 경제난, 구성원들의 불만 고조 등으로 인해 나라가 어려움에 빠져버렸다. 결국 소련은 1991년에 무너졌고, 동유럽과 아프리카 등에 자리하던 사회주의 정권도 동반 몰락했다.

아시아와 라틴아메리카에서는 민족 해방 투쟁과 결합한 형태의 실험이 이뤄졌다. 1949년에 중국 본토에 중화인민공화국이 들어섰고, 10년 뒤인 1959년에는 쿠바 혁명으로 라틴아메리카 최초의 공산 정권이 수립되었다. 또한 1975년에는 베트남이 통일되며 공산화가 이뤄졌다. 이들 국가가 마주한 결과도 소련과 크게 다르지 않았다. 중국에서는 경제 고도 성장을 위해 추진한 대약진 운동이 실패해 수천만 명이 기아로 숨졌으며, 이어진 문화 대혁명으로 경제, 인권, 문화 등 사회 전반이 몰락했다. 쿠바는 독재와 경제 정책의 연이은 실패로 무너졌으며, 베트남 역시 오랜 전쟁으로 인한 국토의 황폐화와 기반 시설의 붕괴를 극복하지 못했다. 다만 이들 국가가 소련과 달랐던 점은 체제 내에서 경제 개혁을 도모함으로써 공산 정권의 생존을 모색했다는 것이다. 중국은 70년대 후반 개혁 개방을 시작하며 '사회주의 시장 경제' 체제를 확립했고, 베트남도 80년대 후반부터 해외 자본을 받아들이며 경제 발전에 나섰다.

그렇다면 마르크스주의의 영향력은 이 세계에서 완전히 사라진 것일까? 최소한 아직은 그렇다고 할 수 없을 것 같다. 자본주의의 여러 모순을 해결하며 여전히 그 영향력을 발휘하고 있으니 말이다. 특히 소외된 계층인 노동자를 역사 발전의 주체로 바라봤다는 점, 자본주의 체제가 고도화되며 필연적으로 발생하게 될 오류를 지적하고 이에 대한 해결책을 제시했다는 점 등은 여전히 우리가 이들의 철학과 이론을 살펴보아야 할 이유를 만들어준다.

아마도 이 시대에 마르크스주의를 그대로 재현하자는 주장은 그리 받아들여지기 쉽지 않을 것이다. 반대로 마르크스주의를 완전히 폐기하자는 주장 역시 마찬가지이다. 자본주의 체제의 문제점을 가장 적나라하게 드러낸, 그렇기에 자본주의 체제가 이어지는 동안 꾸준히 생명력을 유지할 수밖에 없는 이론이 바로 마르크스와 엥겔스의 철학 '마르크스주의'이기 때문이다.

함께 읽으면 좋은 책

- 《**독일 이데올로기**》 카를 마르크스·프리드리히 엥겔스, 먼빛으로, 2019
- 《**자본론**》 카를 마르크스, 비봉출판사, 2015
- 《**가족, 사유재산, 국가의 기원**》 프리드리히 엥겔스, 두레, 2012

09

장 자크 루소
《에밀》
1762

현대 교육학의 시초가 된
성장 소설

장 자크 루소(Jean Jacques Rousseau, 1712~1778)

프랑스의 철학자이자 사회계약론자, 교육학자. 학문과 예술로 대표되는 문명 상태가 인간의 도덕성을 퇴보시켰다는 주장을 펼쳐 당대에 논란을 불러일으켰다. 그의 철학은 후대의 생활 방식과 교육 방식에 큰 변화를 일으켰으며, 이성보다는 감성을 중시하는 낭만주의 철학의 기초를 마련했다.

※ 주요 저서: 《학문예술론》 《인간 불평등 기원론》 《사회계약론》 《신엘로이즈》

장 자크 루소가 살아간 18세기는 '계몽주의의 시대'로 불린다. 계몽주의란 18세기를 전후로 일어난 사상운동의 일종이다. 계몽은 '어둠으로부터 빛을 밝힌다'는 뜻을 가지고 있다. 동시에 인간의 무지함과 어리석음으로 대표되는 어둠을 '이성'이라는 '빛'으로 밝혀준다는 목표가 담긴 단어이기도 하다. 계몽주의자들은 인간의 이성을 바탕으로 인류가 끝없이 진보할 수 있다고 믿었으며, 왕권 중심 질서를 타파하고 사회를 개혁하는 것을 목표로 삼았다.

루소는 계몽주의 사상을 받아들이는 동시에 이들의 사상을 비판하는 역할을 한 인물이었다. 우선 그의 계몽주의적 측면을 보여주는 사상으로는 사회계약론을 들 수 있다. 사회계약론이란 영국의 철학자이자 정치학자인 토마스 홉스가 주창하고, 존 로크, 장 자크 루소 등이 계승한 사상을 말한다. 사회계약론에 따르면 인간은 사회가 구성되지 않은 자연 상태에서의 불안과 부조리를 경험하게 된다. 그리고 이를 해결하기 위해 사람들은 계약을 맺어 국가를 구성한다. 이러한 사회계약론은 훗날 시민 계층이 권력을 쟁취하기 위해 일으킨 혁명의 이론적 토대로 활용되었다.

하지만 그렇다고 루소가 계몽주의자들의 생각을 아무런 비판 없이 그대로 받아들인 것은 아니었다. 특히 루소는 진정한 '인간다움'은 인위적인 문화나 지식이 아닌 '자연' 속에서 발휘될 수 있다고 믿었다. 자연의 질서에 따라 사는 것이 진정한 인간의 모습이며, 보다 올바른 인간으로 나아가는 길이라고 보았던 것이다.

《학문예술론》《인간 불평등 기원론》등 자신의 대표작을 통해 이와 같은 입장을 여러 차례 밝혀왔던 루소는 마침내 그 생각을 '교육'의 영역으로 확장한다. 인간 사회에 만연한 부자유와 불평등을 해결하기 위해선 교육 문제를 해결하고, 이를 통해 제대로 된 시민을 양성하는 것이 무엇보다 중요하다고 보았기 때문이다. 그리고 1762년 5월, '20년의 사색과 3년의 집필'을 거친 현대 교육의 고전《에밀》이 세상 밖으로 나왔다.

◆ 에밀의 성장기를 그린 철학 소설《에밀》

《에밀》은 소설의 형식을 지닌 교육 이론서이다. 루소는 '에밀'이라는 가상의 아이를 주인공으로 세우고, 태어난 순간부터 성인이 될 때까지 양육되고 교육받는 과정을 그리고 있다. 루소는 신이 만물을 창조할 때는 모든 것이 선함에도 불구하고, 인간의 손길만 닿으면 모두 타락하게 된다고 이야기한다. 루소는 이러한 폐해가 식물과 동물은 물론 인간에게도 동일하게 적용된다고 보았다. 아이를 자신의 기준과 취향에 따라 기르려고 애쓰는 바람에 결국 성장 과정에서 인간이 가진 좋은 본성을 모두 잃는다는 것이다. 루소는 이러한 문제를 해결하기 위해 반드시 '교육'이 필요하다고 주장했다. 세상의 편견에 물들어 본성이 왜곡되거나 타락하지 않도록 아주 어린 시절부터 올바른 교육을 통해 아이를 성장시켜 나가야 한다고 보았기 때문이다.

책은 총 5부로 구성되어 있다. 제1부부터 제3부까지는 에밀이 자연인으로서의 인간으로 성장하는 과정이 그려지며, 제4부에서는 사회인으로서의 인간으로 성장하는 모습을 확인할 수 있다. 마지막 제5부에서는 시민 교육과 여성 교육의 필요성이 제시된다.

각 권의 내용을 순서대로 살펴보자. 《에밀》의 제1부에서는 에밀의 출생부터 5세까지의 시기를 다룬다. 새로운 형태의 교육은 아이가 아주 어렸을 때부터 시행되어야 한다. 앞서 이야기한 것처럼 인간의 잘못된 손길이 닿는 순간부터 타락과 변형이 시작되기 때문이다. 이 시기에 아이는 본능적 욕구가 강하게 발현된다. 이때의 교육에서 가장 중요한 것은 아이의 발육을 억압하거나 왜곡하지 않는 것이다. 모유를 먹이는 것이 좋으며, 그중에서도 어머니의 사랑과 보살핌을 받을 수 있도록 생모가 직접 모유를 수유하는 것이 좋다. 신체를 자유롭게 해주어야 하며, 성장을 가로막는 환경에 놓이지 않도록 해야 한다. 도시보다는 시골에서 키우는 것이 좋다. 인간은 한곳에 모여 살면 타락할 가능성이 더 커지기 때문이다. 또한 아이가 원하는 것을 무조건 들어주어서는 안 된다. 만약 원하는 것을 무작정 들어주면 아이는 커가면서 점점 더 큰 것을 욕망하게 될 것이고, 언젠가 요구가 거절될 때 그 상황을 이해하는 것이 아니라 변명으로 받아들여 비뚤어진 마음을 가지게 될 것이다.

제2부에서는 5세부터 12세까지의 시기를 다룬다. 아이는 이 시기에 말을 배우고, 세상의 다양한 모습을 경험한다. 이때의 교육에서 가장 주요한 점은 서두르지 않아야 한다는 것이다. 섣부르게 지식을 가르치거나 주입하려 들어서는 안 된다. 강요하지 않아도 아이는 자연스럽게 10세 무렵에는 글을 읽고 쓰게 되기 때문이다. 읽고 쓰는 것보다 더 중요한 것은 아이가 지식을 접하고 받아들이는 활동에 염증을 느끼지 않도록 하는 것이다. 생각하는 힘을 길러주고 싶다면 신체를 단련시켜 그 힘에 상응하는 분별력을 가지게 만들어주는 것이 중요하다. 또한 다양한 감각적 경험과 신체적 활동을 통해 아이가 지금 당장의 작은 성장이 아닌 앞으로의 큰 성장을 대비할 수 있도록 해주어야 한다.

제3부에서는 12세에서 15세까지의 시기를 다룬다. 이 시기부터는 적극적인 교육이 필요하다. '학문'을 시작해야 하는 것이다. 하지만 이 시기의 교육도 단순히 책에 담긴 지식을 습득하도록 하는 것이어서는 안 된다. 책만 읽는 아이는 생각하지 않고 읽기만 할 뿐이라 배우지 못하고 그저 단어만 익히게 되기 때문이다. 말이나 글로써 지식과 감동을 전달하려 해서는 안 된다. 지리학을 가르치고 싶다면 지구본과 지도를 구해주는 것이 아니라 밖으로 데리고 나가 일출과 일몰, 초목의 활기, 새의 지저귐을 느끼도록 하면 된다. 스스로 관찰하며 지식을 체화하도록 하는 것이 진정한 교육이다.

제4부에서는 15세에서 20세까지의 시기를 다룬다. 이 시기의 아이는 제2의 탄생을 거친다. 더 이상 아이가 아니라 남자 혹은 여자가 되는 신체적 변화를 겪는 것이다. 청년기에 도달한 에밀은 사회 속으

로 들어가야 하고, 그 안에서 일어나는 인간 대 인간의 관계에 대해 배워야 한다. 개인의 성장을 넘어 도덕적 존재 혹은 사회적 존재로 성장해 나가야 하는 시기이기 때문이다. 이 시기에 인간은 다양한 감정이 생성되고 증폭된다. 특히 자기애와 이기심이 커지는데 두 감정을 잘 관리해주지 못하면 나쁜 감정에 사로잡히고 만다. 우리는 아이가 타인에게 좋은 감정을 품고 진심과 애정으로 대할 수 있도록 교육해야 한다.

마지막 제5부에서는 성년기에 다다른 에밀이 배우자를 찾아가는 과정을 그린다. 루소는 이 장에서 소피라는 여성 인물을 등장시키는데, 그를 통해 결혼이란 무엇이며 남녀의 역할과 책임은 무엇인지 등에 관해 이야기한다. 이 장에서 에밀과 소피는 사랑에 빠지고, 마침내 결혼을 약속한다.

◆　　　　　　　　　　　　고난 끝에 빛을 본
　　　　　　　　　　　　　현대 교육학의 시초

《에밀》은 1762년 5월 28일 네덜란드와 파리에서 출간되었다. 루소의 기대와 달리 이 책의 운명은 처음부터 험난했다. 출간된 지 열흘 만에 소르본 대학교 신학부에 의해 고발되었고, 파리의 대주교는《에밀》을 '악서'로 간주해 단죄해야 한다는 의견의 교서를 발표했다. 얼마 뒤, 파리 고등법원은《에밀》을 금서로 지정했으며, 책의 저자인 루소를 체포하라는 명령을 내렸다. 책은 모두 불태워졌고, 루소는 한동안 유럽 이곳저곳을 떠돌며 생활해야 했다.

《에밀》이 이런 취급을 받은 건 이 책에 기독교의 원리와 원칙을 부정하는 내용이 담겨 있기 때문이었다. 당대 기독교의 관점에서 보면 이 책은 제1부의 첫 부분부터 불경을 저지르고 있다. 루소는 아이에게 올바른 교육이 필요한 이유로 '신이 만물을 창조할 때는 모든 것이 선하지만, 인간의 손길만 닿으면 모두 타락하게 된다'는 점을 들었다. 이는 당시 사람들에게 인간이라면 모두 죄를 타고난다는 기독교의 '원죄설'을 전면으로 부정하는 내용으로 비칠 수 있었다. 게다가 책에는 아이의 종교 교육이 불필요하다거나 기독교의 원리와 교리를 맹목적으로 받아들일 필요가 없다는 내용도 담겨 있었다. 기독교의 입지가 점차 줄어드는 시기, 종교인들에게 《에밀》과 루소는 절대로 놔두어서는 안 되는 작품과 사람으로 보일 수밖에 없었던 거다.

이 책이 비난받은 데에는 루소 개인의 삶도 일정 부분 영향을 미쳤다. 원하던 가정 교사직을 얻었으나 말 안 듣는 아이를 견디지 못해 결국 그 자리를 포기하거나, 생활고 끝에 자신의 다섯 자녀를 모두 보육원에 보내는 등 책에 담긴 내용과는 배치되는 행동을 루소 스스로 여러 차례 한 것이다. 사람들은 그가 교육에 관한 자신의 철학을 담은 책을 낸 것을 두고 '자가당착에 빠졌다'며 손가락질했다.

하지만 시간이 흐르며 《에밀》은 점차 많은 이들의 인정을 받기 시작했다. 책은 교육 문제를 고민하는 사람이라면 누구나 읽어야 하는 필독서가 되었으며, 저자인 루소는 '교육학의 아버지'라는 찬사를 듣게 되었다. 혹자는 이 책을 현대 교육학의 시작이 된 작품으로 평가하기도 한다. 루소가 살아 있다면 아마도 격세지감을 느꼈을 터다.

이 책이 이런 평가를 받게 된 데에는 저자인 루소가 '시대를 불문한 교육의 문제를 이해하고, 그 해결책을 제시했다'는 것이 가장 큰 이유이다. 그가 책을 통해 제시한 교육의 여러 문제는 당연하게도 18세기 중반의 문제를 중심으로 한다. 하지만 체벌이 아닌 자유를 만끽할 수 있도록 교육해야 한다거나 아이를 아이답게 길러야 한다는 등의 주장은 250년 이상의 시간이 지난 지금에도 충분히 유효한 내용이다.

루소는 서문을 통해 《에밀》의 집필 동기를 밝혔다. 어느 어머니의 요청과 권유 때문에 책을 집필하기 시작했으며, 교육에 대한 사람들의 주의를 환기하는 것에 목적이 있다는 내용이다. 아울러 그는 교육에 대한 자기 생각이 졸렬할 수도 있으며, 그저 읽는 사람에게 교육에 대한 새로운 생각이 싹트도록 할 수만 있다면 자신은 만족할 것이라고 겸손을 표하기도 했다. 정말 이 이야기가 모두 진심이었을까? 이제 와서 그의 생각을 알 수는 없지만, 이 책이 새로운 교육의 가능성을 제시하고 사람들의 상상력과 기대감을 불러일으켰다는 사실만큼은 부정할 수 없을 것이다.

함께 읽으면 좋은 책

- 《플라톤의 국가 · 정체》 플라톤, 서광사, 2005
- 《인간 불평등 기원론》 장 자크 루소, 책세상, 2018
- 《사회계약론》 장 자크 루소, 후마니타스, 2018

10

르네 데카르트
《성찰》
1641

시대의 변화를 포착한
근대 철학의 아버지

르네 데카르트(René Descartes, 1596~1650)

프랑스의 수학자이자 철학자. 근대 철학의 아버지라고 불리며, 해석 기하학을 창시한 인물이다. 대학에서 법학과 의학을 공부했고, 졸업 후 '세상이라는 큰 책을 알아야겠다'고 결심해 당시 신교와 구교 사이에 벌어진 30년 전쟁에 참전했다. 제대 후 네덜란드로 이주해 연구 활동에 전념했다. 1650년 여왕의 초청을 받아 스웨덴에 갔지만, 추운 날씨를 이기지 못하고 폐렴에 걸려 54세의 나이로 세상을 떠났다.

※ 주요 저서: 《방법서설》 《철학의 원리》

르네 데카르트가 태어나기 전인 15세기까지 유럽인들은 '중세'로 분류되는 시기를 살았다. 중세는 서로마 제국이 멸망한 5세기부터 15세기까지 약 1,000년의 세월을 이르는 말이다. 이 시기 유럽에선 가톨릭교회의 사상과 가치가 매우 중요한 비중을 차지했다. 인간의 사고는 물론, 예술, 과학, 나아가 사회 제도와 정치가 모두 신과 종교의 영향력 아래에 있었다. 이에 일부 역사학자들은 중세를 인간의 자유로운 상상과 학문적 탐구가 제약받은 시기라며 '암흑기'라 부르기도 했다.

중세의 끝 무렵인 14~15세기경에는 이탈리아를 중심으로 '르네상스'라 불리는 문예 부흥 운동이 일어났다. 르네상스는 '재탄생'이라는 뜻을 가진 단어이다. 당대의 지식인들은 중세 이전의 시기, 즉 고대 그리스·로마 시대의 재탄생을 열망했다. 물론 이들이 1,000년도 넘은 옛날의 과학이나 기술을 재발견하고자 했던 건 아니었다. 이들은 고대 그리스·로마 문화가 가진 이상적 인간형을 재발견하고자 했다. 오로지 '신'을 중심으로 사고하던 중세의 영향에서 벗어나 다시금 '인간'에 주목하고자 한 것이 이들의 목적이자 목표였다.

이탈리아 지식인들의 르네상스적 사고는 이내 유럽 사회 전역으로 퍼져나갔다. 그 형태나 전개 방식은 지역마다 조금씩 차이가 있었지만, 인간에 주목하는 '인문주의' 혹은 '휴머니즘'적 사고를 바탕으로 했다는 점에서는 큰 차이가 없었다. 바야흐로 신을 벗어나 '인간'을 중심으로 하는 세계, '근대'가 시작된 것이다.

근대의 문이 열리자 교회의 지배와 간섭으로 더디게 발전했던 분야들이 하나둘 기지개를 켜기 시작했다. 대표적인 것은 '과학' 분야였다. 특히 데카르트가 살아간 17세기는 교회의 가르침과 대립하는 과학적 발견 및 발전이 두드러진 시기였다. 이탈리아의 철학자이자 과학자, 천문학자인 갈릴레오 갈릴레이가 지동설을 주장했으며, 잉글랜드의 수학자이자 물리학자, 천문학자인 아이작 뉴턴은 만유인력, 빛 이론, 미분과 적분 등 한 사람의 것이라고는 믿기 어려울 정도로 넓고 방대한 과학적 성취를 이뤄냈다.

데카르트 역시 이러한 변화를 재빠르게 감지한 인물이었다. 그는 1628년 사상적으로 완전히 개방되어 있던 네덜란드로 이주를 결심하고, 이후 약 20년간 이곳에 머물며 대부분의 저작을 완성했다. 시작은 우리에게 《방법서설》로 알려진 책 《자신의 이성을 잘 지도하고 학문에서 진리를 탐구하기 위한 방법에 관한 서설 및 이 방법의 시론들인 굴절 광학, 기상학, 기하학》이었다. 이 책은 당시 대부분의 철학책이 라틴어로 쓰인 것과 달리 프랑스어로 집필된 것이 특징이었다. 그는 4년 전인 1633년 이 책의 기초가 된 《세계 및 빛에 관한 논고》의 집필을 완료했지만, 갈릴레이가 종교 재판에 회부되어 유죄 판결을 받는 모습을 보고 출간을 잠시 보류한다. 자신의 사상이 아직 온전하게 받아들여질 수 없는 시대임을 깨달았기 때문이다.

하지만 새로운 철학을 향한 그의 열망을 평생 억누를 수는 없는 노릇이었다. 데카르트는 4년 뒤인 1637년 《방법서설》을 출간하고, 그로부터 또다시 4년 뒤인 1641년 자신의 철학을 집대성한 《성찰》을 세상에 내놓는다.

◆ **데카르트,
모든 것을 의심하다**

《성찰》은 데카르트가 파리에서 1641년에 초판을 발행한 라틴어 저술이다. 이 책은 마치 6일간의 사색을 기록한 것 같은 자서전 형식을 띠고 있다. 이는 독자들이 데카르트가 진행한 사색의 과정을 온전히 따라가도록 돕는 기능을 한다. 《성찰》이 담고 있는 사색의 과정은 다음과 같다.

데카르트는 자신의 신념과 믿음을 포함한 '모든 것을 철저하게 전복시켜 최초의 토대에서부터 새로 시작'하는 작업에서 자신의 철학을 시작한다. 우리가 기존에 가진 믿음 속에 수많은 '거짓'이 존재한다는 사실을 알고 있었기 때문이다. 한두 개의 상한 과일이 주변의 모든 과일을 상하게 하듯, 잘못된 믿음과 지식 하나가 모든 것들을 잘못되게 만들 수도 있다. 그러므로 조금이라도 의심의 여지가 있는 것은 철저하게 의심해야 한다는 것이 데카르트의 생각이었다. 이러한 급진적인 의심 혹은 회의의 방식을 우리는 '방법론적 회의' 또는 '데카르트적 회의'라고 부른다.

데카르트는 우선 감각적인 지식부터 의심했다. 우리는 감각에 자주 속아 왔다. 멀리 서 있는 누군가를 다른 사람으로 착각했으며, 다른 사람의 목소리를 친구 혹은 가족의 것으로 착각했다. 물속의 막대기는 마치 휘어진 것처럼 보이고, 같은 드레스도 보는 사람에 따라 누군가는 파란색과 검은색으로, 또 다른 누군가는 흰색과 금색으로 인식했다. 최소한 내 몸이 지금 여기 있다는 감각만큼은 확실하지 않느냐고? 물론 그렇지 않다. 우리는 때때로 하늘을 날거나 어딘가에서 떨어지는 것 같은 실감 나는 꿈을 꾸곤 한다. 따라서 지금도 우리가 절대로 꿈꾸는 것이 아니라고 말할 수는 없는 노릇이다. 데카르트는 우리가 경험하는 대부분 감각이 참이었다고 하더라도, 한 번이라도 우리를 속인 것은 신뢰하지 않겠다는 원칙을 적용하며 이를 믿지 않겠다고 선언한다.

데카르트는 그야말로 모든 것을 끊임없이 의심하고, 제거한다. 심지어 우리가 의심의 여지가 없다고 믿는 수학적 진리까지도 말이다. 1+1=2라는 증명, '원은 한 점에 이르는 거리가 일정한 평면 위 점들의 집합'이라는 정의가 대표적인 예이다. '여기서 뭘 의심해야 하나' 싶을 수도 있지만, 이런 진리마저 데카르트의 의심 앞에 무너져 버리고 만다. 실제로는 1+1=2가 아닌데 신이 인간을 1+1=2로 생각하도록 만들었다면 어찌해야 할까? 즉 신이 인간을 왜곡과 비진리 속에서 살도록 창조했다면 말이다. 물론 우리는 이런 가정이 억지에 가깝다는 사실을 알고 있다. 하지만 데카르트가 이야기하고자 하는 것은 이것이 억지냐 아니냐의 문제가 아니다. 중요한 것은 우리가 '속고 있을 수도 있다'는 사실이기 때문이다.

데카르트는 일련의 과정을 거쳐 마침내 '의심할 수 없는' 단 하나의 명제를 찾아낸다. '코기토' 명제라고 알려진 "나는 생각한다. 그러므로 나는 존재한다(Cogito ergo sum)"라는 문장이 그것이다. (사실 이 문장은 데카르트의 앞선 책인《방법서설》에 등장한다.《성찰》에는 "'나는 있다, 나는 실존한다'는 내가 소리 내어 말하든 정신으로 파악하든 언제든지 피할 수 없이 참이다"라는 문장으로 이 내용이 표현되어 있다) 이는 우리가 아무리 많은 것에 '속고' 있더라도 도저히 속을 수 없는 어떤 것, 즉 자기 자신이라는 '존재'가 있음을 의미한다. 데카르트가 깨달은 바에 따르면, 자신의 존재 자체를 의심하는 것은 불가능하다. 우리가 1+1을 3이라고 믿든, 원을 삐죽삐죽 모서리가 난 별 모양 도형이라고 믿든 관계없이 말이다. 오히려 이 사실은 우리가 생각하고 있다는 사실을, 존재한다는 사실을 확인시켜줄 뿐이다.

주체적 인간의 등장을 알린
데카르트의 철학

《성찰》을 포함한 데카르트의 저작이 후대에 남긴 영향은 크게 두 가지로 나누어 설명할 수 있다. 우선 첫 번째는 '주체적 인간'의 등장을 알렸다는 것이다. 앞서 살펴본 것처럼 데카르트 이전의 시대는 '신'이 중심이 된 사회였다. 하지만 데카르트는 그 중심에 '인간' 그리고 인간의 '이성'을 두었다. 이는 이성을 온전히 사용할 줄 아는 인간은 스스로 진리의 기준을 마련할 수 있으며, 그 진리를 향해 나아갈 힘을 가지고 있다고 믿은 '근대적 사고'를 포착한 결과였다. 그의 발견처럼 이성을 통해 '주체성'을 회복한 인간은 과학을 발전시키고, 이를 통해 세계 전체를 지배하는 존재가 된다. 또한 나아가 기존의 봉건적 질서에 순응하는 수동적 존재가 아닌, 정치와 사회 변혁에 참여하는 능동적 존재로 발전하게 되었다.

두 번째 영향은 합리론 철학의 기초를 마련했다는 것이다. 근대 유럽의 인식론은 영국을 중심으로 발전한 경험론과 유럽 대륙을 중심으로 발전한 합리론이라는 두 축으로 나뉘어 성장했다. 우선 경험론은 모든 인식의 근거를 감각적 경험에서 찾은 입장을 말한다. 인간의 마음은 마치 흰색 도화지와 같으며, 그 도화지를 채우는 것은 바로 우리의 '경험'이라는 설명이다. 17세기 영국의 철학자인 프랜시스 베이컨, 존 로크 등이 경험론 철학의 대표적 인물이다. 합리론은 경험론과 달리 인간의 '이성'을 모든 인식의 근원이자 중심으로 보았다. 데카르트는 합리론의 가장 앞선 주자격인 인물이었다. 이후 합리론은 독일의 고트프리트 빌헬름 라이프니츠, 네덜란드의 바뤼흐 스피노자 등을 거치며 인식론의 또 다른 축으로 성장하게 된다.

물론 그의 책과 사상을 우리가 긍정적으로만 볼 수 있는 것은 아니다. 세계가 합리적이며, 그 세계를 살아가는 인간 또한 합리적 존재라는 데카르트의 믿음이 이후 큰 도전에 직면했기 때문이다. 20세기에 벌어진 두 차례의 세계대전, 그리고 오늘날 우리가 환경, 정치, 교육 등 거의 모든 분야에서 직면하는 문제와 오류들은 과연 인간이 '합리적이기만 한 존재'인지 스스로 되묻게 하는 것이 사실이다. 그럼에도 데카르트가 변화하는 당대 시대상과 인간관을 가장 온전히 담아낸 철학자라는 사실은 변함이 없다. 그것이 데카르트를 우리가 '근대 철학의 아버지'라고 부르는 이유일 테고 말이다.

함께 읽으면 좋은 책

- 《**방법서설/성찰/철학의 원리**》 중 〈**방법서설**〉, 르네 데카르트, 동서문화사, 2016
- 《**데카르트 철학의 원리**》 베네딕투스 데 스피노자(바뤼흐 스피노자, 책세상, 2020
- 《**모나드론 외**》 G.W. 라이프니츠(빌헬름 라이프니츠), 책세상, 2019

11

존 로크
《통치론》
1689

미국 〈독립선언문〉에 영향을 준
변화의 선두주자

존 로크(John Locke, 1632~1704)

영국의 철학자, 정치이론가, 교육가, 관료, 신학자. 17세기 유럽의 정치 체제를 개척한 '자유주의의 아버지'이다. 철학과 사회과학은 물론, 의학과 농업, 교육, 경제, 신학 등 여러 분야에 걸쳐 영향력 있는 글을 남겼다. 과학 혁명의 전개와 과학적 방법론의 발전에 기여한 '경험주의의 아버지'로 불리기도 한다.

※ 주요 저서: 《인간지성론》《관용에 관한 편지》

1632년은 인류 지성사 측면에서 여러모로 의미심장한 일들이 일어난 해로 기록될 만하다. 우선 가장 큰 사건은 갈릴레오 갈릴레이의 문제작 《두 주요 세계 체계에 대한 대화》의 출간을 들 수 있다. 세 사람의 주인공이 4일간 대화를 나누는 형식으로 구성된 이 책에는 당시 종교 지도자들이 인정하기 어려웠던 '지동설'을 옹호하는 내용이 담겨 있었다. 갈릴레이는 얼마 뒤 이 책을 저술한 것을 이유로 종교 재판에 넘겨지고, 남은 삶을 가택 연금 상태로 보내게 된다. 다락방의 철학자 바뤼흐 스피노자도 같은 해에 태어났다. 스피노자는 르네 데카르트, 고트프리트 빌헬름 라이프니츠와 함께 고전적인 합리주의 철학자로 분류되는 인물로, 독특한 실체론인 '범신론' 체계를 만든 인물이다. 더불어 4년 전인 1628년은 영국 의회가 찰스 1세에게 의회의 권한을 요구하는 권리 청원을 제출한 때이다. 서인도 제도에 대한 식민 정책이 시행되고 유럽인의 아메리카 대륙 진출이 이루어진 것도 이즈음이었다. 말 그대로 유럽 근대의 문이 활짝 열린 시기였다.

그리고 하나 더, 영국 경험주의 철학의 아버지로 불리는 존 로크가 태어났다. 그즈음 영국은 매우 혼란한 상태였다. 전 유럽에 걸쳐 30년 전쟁이 이어지고 있었으며, 10년 뒤인 1642년에는 잉글랜드 내전이 벌어질 터였다. 하지만 이런 상황이 로크에게는 기회가 되었다. 그의 아버지가 내전에 의회파의 기병 지휘관으로 참가하게 되었고, 전쟁이 승리로 끝나자 그의 상관이 자신을 도와준 보답으로 로크의 명문학교 진학을 도와준 것이다. 이곳을 우수한 성적으로 졸업한 로크는 옥스퍼드 대학교에 입학해 라틴어, 중세 형이상학, 논리학 등을 공부했다. 하지만 여전히 중세적 사고를 가르치는 대학은 그를 만족시키기에 역부족이었다.

그런 그의 인생에 전환점이 된 학문은 바로 '의학'이었다. 1666년, 로크는 훗날 섀프츠베리 백작 작위를 받는 애슐리 쿠퍼의 간 종양 제거 수술에 성공하고 그의 주치의가 되었다. 이후 백작의 최측근이 되어 의학은 물론 정치, 경제, 사상 등 다방면에서 자신의 재능을 유감없이 발휘했다.

하지만 영원한 권력이란 없는 법이다. 섀프츠베리 백작의 정치적 경쟁자였던 찰스 2세가 반격을 가했고, 이 싸움에서 찰스 2세가 승리한다. 결국 섀프츠베리를 포함한 반대파는 네덜란드로 피신하게 되었다. 로크도 얼마 뒤 망명을 선택할 수밖에 없었다. 그는 체포되는 것이 두려워 가명을 사용할 정도로 불안에 떨며 지냈고, 사면될 때까지 힘든 시절을 보냈다.

그의 어린 시절과 마찬가지로 위기는 그에게 곧 기회로 다가왔다. 명예혁명으로 권력이 바뀐 뒤, 런던으로 돌아온 로크는 망명 중에 적어둔 자신의 저술을 출판할 기회를 얻는다. 우리가 살펴볼 책《통치론》은 물론, 로크의 또 다른 대표작으로 분류되는《인간지성론》과 《관용에 관한 편지》가 세상에 나온 것도 바로 이 시기였다.

《통치론》은 로크가 1679년 겨울부터 다음 해에 걸쳐 쓴 원고를 기초로 만들어진 작품이다. 따라서 이 책은 명예혁명 이전에 기획과 저술이 완료되었지만, 혁명 이후에 출간되어 혁명의 정당성을 뒷받침하게 된 독특한 이력을 지녔다. 이 책은 출간 초부터 많은 사람의 지지를 받았으며, 이후 근대 자유민주주의와 서양 인권사상의 이론적 토대를 마련한 것으로 평가받는다.

◆ 권력이 자유를 빼앗으려 한다면, 우리는 '저항'할 수 있다

《통치론》은 크게 정부에 관한 2개의 논문으로 구성되어 있다. 이중 제1논문은 왕당파의 대표적 이론가인 로버트 필머에 대한 비판이 주된 내용을 이룬다. 로버트 필머는 왕권신수설을 주장한 대표적 인물로 절대 왕정의 합법성을 주장했다. 그는 왕권을 신이 아담에게 수여한 선물로 해석했으며, 아담의 직계 상속자인 왕이 이를 세습받는 것이 지극히 당연하다는 주장을 펼쳤다. 로크는 자신의 논문을 통해 필머의 이론을 조목조목 반박했다. 신은 아담에게 나라를 다스릴 권리를 준 적이 없으며, 설령 그런 권리를 주었더라도 이를 그의 자식들에게 상속할 권리는 주지 않았다는 것이 요지였다.

제2논문에는 로크의 정치 이론이 담겨 있다. 우리가 흔히 로크의 《통치론》이라고 일컫는 내용은 대부분 제2논문에 해당한다. 로크는 이 논문을 통해 시민 정부의 올바른 기원과 목적, 통치 권력이 정당성을 잃었을 때 시민들이 취할 수 있는 여러 조치를 다룬다. 그리고 그 근거를 인간의 자연권과 사회계약론, 소유권, 정부의 형태, 시민의 저항권으로 설명하고 있다.

우선 로크는 정치 권력의 기원을 국가가 생기기 이전을 일컫는 '자연 상태'에서 찾았다. 로크는 자연 상태의 인간이 자유롭고 평등하다고 말한다. 자연 상태를 '만인의 만인에 대한 투쟁'이라고 본 토마스 홉스와는 정반대의 입장을 취한 것이다. 또한 인간은 현명하고 관용적인 존재이며, 이성적이고 사회적이기 때문에 다른 사람의 자유나 생명, 소유물에 해를 끼치지 않으려 한다고 설명했다.

하지만 문제가 발생하기 시작한다. 화폐가 생겨났기 때문이다. 화폐는 기존에 사람들이 다뤄왔던 물건과는 다른 특징을 가지고 있다. 썩지 않고 얼마든지 축적할 수 있다는 점 말이다. 이제 사람들은 근면함의 정도에 따라 부를 다르게 축적할 수 있게 되었다. 각자의 소유물에 차이가 생기게 되었다는 의미이다. 때때로 다른 사람의 소유권을 침해하는 일도 일어나지만, 잘못을 저지른 사람을 처벌할 방법조차 없다. 여전히 그곳은 '자연 상태'이니 말이다.

로크는 사회가 자연 상태로 유지되면 구체적으로 다음과 같은 세 가지 문제가 생긴다고 말한다. 첫 번째로 옳고 그름을 따지거나 사람 간에 발생한 다툼을 판결할 법률이 없다. 두 번째로 정해진 법률에 따라 각종 분쟁을 판단하고 해결할 재판관이 없다. 세 번째로 정당하게 내려진 판결을 집행할 권력이 없다. 갈등이나 불평등이 발생해도 이를 해결할 방법이 없다는 이야기이다.

결국 사람들은 다른 사람에게 자신의 자연권을 침해당하는 '전쟁 상태'를 경험하게 된다. 전쟁 상태를 경험한 사람들은 생명과 자유 그리고 자신의 소유물을 보호하기 위해 자연 상태를 벗어난 새로운 형태의 질서를 원한다. 마침내 사람들은 계약을 통해 새로운 정치 질서를 만들고 자신들의 권리를 통치자에게 위임한다.

그런데 만약 이렇게 생겨난 정치 권력이 개인을 통제하려고 하거나 생명, 자유, 자산을 빼앗으려 한다면 어떻게 해야 할까? 로크는 이를 가만히 놔둬서는 안 된다고 생각했다. 사회 구성원들의 저항, 나아가 혁명이 필요하다고 본 것이다. 물론 혁명이 아무런 명분도 이유도 없이 아무 때나 일어나도 되는 것은 아니다. 로크는 저항 또는 혁명이 정당화될 수 있는 범위는 매우 제한적이며, 한 번 양도된 권력은 사회가 유지되는 이상 절대로 개인에게 돌아가지 않는다고 말한다. 권력 없이 어떤 공동체나 국가도 존재할 수 없으며, 저항 또는 혁명을 일으키는 것이 본래 맺은 협정에 어긋나는 행동임을 모두가 잘 알고 있기 때문이다.

◆ ## 현대 민주주의의 토대를 마련한 책, 《통치론》

《통치론》은 후대의 많은 정치 사상가에게 영향을 미쳤지만, 무조건 현대적이거나 혁명적이기만 한 작품이라고 보기는 어려운 측면이 많다. 사람들은 로크의 사상을 다음과 같은 이유로 비판한다. 우선 로크의 입장이 지나치게 기독교적이라는 점이다. 《통치론》의 주요 개념

중 하나인 자연법은 정통 기독교 교리에 뿌리를 두고 있다. 로크 스스로 자연법의 개념 자체를 '인간이라면 누구든 반성을 통해 발견할 수 있는 신이 부여한 법'으로 규정한 것이다. 이 때문에 신의 존재를 가정하지 않으면 로크의 이론 자체가 성립되기 어렵다. 이는 거의 모든 사람이 신의 존재를 믿었던 로크의 생존 당시에는 납득할 수 있는 설명일지 모르지만, 무신론이 일반적인 입장이 된 오늘날에는 보편성을 잃고 말았다.

로크의 이론이 재산 소유의 극심한 불평등을 정당화한다는 비판도 있다. 사람들은 그가 토지 소유에 관련해 기득권을 정당화하는 이론을 펼치고 있다고 주장한다. 자신의 노동력 말고는 아무것도 팔 것이 없는 무산계급을 희생시켜 가진 이들의 이익을 극대화하는 이론이라는 것이다. 특히 사람들은 종에 의해 일궈진 땅은 그 종의 것이 아닌 주인의 것이 된다는 로크의 설명에 문제가 있다고 지적한다. 로크가 말한 자연 상태의 평등은 모든 이의 평등이 아니며, 이미 '가진자'를 위한 평등에 불과하다는 것이다.

여러 비판에도 불구하고 로크의 《통치론》은 현대 민주주의의 토대를 마련한 주요한 저서 중 하나로 손꼽힌다. 이 책에 담긴 사상은 영국을 넘어 수많은 나라의 정치 사상가들에게 영향을 미쳤다. 이 중에서도 미국의 〈독립선언문〉은 로크의 철학에 깊은 영향을 받아 작성된 것으로 유명하다. 특히 선언문의 서두에 담긴 "모든 사람은 평등하게 태어났으며 양도할 수 없는 권리를 조물주로부터 부여받았다는 것을 우리는 자명한 진리로 받아들인다. 그 권리에는 생존권, 자유권, 행복추구권이 포함된다. 이러한 권리를 확보하기 위해 사람들 사이에 정부가 수립되었다"는 내용은 로크의 자연법 사상이 미국 독립운동에 얼마나 많은 영향을 미쳤는지 보여주는 예이다. 격동의 시기, 누구보다 앞에 서서 변화를 갈구한 로크의 사상이 결국 시대와 세상의 변화를 끌어낸 것이다.

함께 읽으면 좋은 책

- 《**리바이어던**》 토마스 홉스, 동서문화사, 2021
- 《**인간지성론**》 존 로크, 동서문화사, 2011
- 《**사회계약론**》 장 자크 루소, 문예출판사, 2013

3장

★

지금
우리 사회 문제에
답을 주는
통찰력 있는
철학 명저

12

니콜로 마키아벨리
《군주론》
1532

빼앗긴 자의
절규와 간청

니콜로 마키아벨리(Niccolò Machiavelli, 1469~1527)

이탈리아 피렌체 공화국의 외교관, 정치철학자, 작가로 근대 정치철학의 기틀을 만든 것
으로 평가받는다. 29세에 피렌체 공화국의 제2서기관이 되었고, 오랜 기간 국정 수행의
중추적인 역할을 맡았다. 1512년에 피렌체 공화국이 무너지며 정계에서 은퇴하게 되었
고, 이후 저술 작업을 병행하며 복귀를 시도했지만 실패하고 세상을 떠났다. 그의 묘비
명에는 다음과 같은 문구가 적혀 있다. "그 어떤 찬사로도 부족할 만큼 위대한 이름."

※ 주요 저서: 《로마사론》 《전술론》 《피렌체사》 《만드라골라》

니콜로 마키아벨리가 태어나고 활동한 15세기와 16세기의 도시 국가 피렌체 공화국은 상업적으로는 꽤 번창했지만, 영토의 면적이나 인구수는 매우 열악한 수준이었다. 그 바람에 피렌체 공화국은 주변 상황에 따라 정국이 수시로 바뀌며 혼란에 휩싸이곤 했다. 마키아벨리가 활동하던 시기는 이러한 현상이 극에 달한 시점이었다. 르네상스기에 접어들며 차츰 유럽 전역에서 중앙 집중화된 국가 권력이 나타나기 시작했기 때문이다. 이 상황에서 피렌체 공화국이 할 수 있는 일은 '외교술'에 온 힘을 쏟는 것이었다. 영토도, 군사력도 부족한 나라의 입장에서 주변국과의 갈등을 잘 조율해 문제를 해결하는 것만이 피렌체의 거의 유일한 선택지였다.

문제는 피렌체의 이런 전략이 점점 한계에 부딪히기 시작했다는 점이었다. 이때 불거진 문제 중 하나가 용병 문제였다. 외교와 국방 업무를 담당하던 마키아벨리의 주요 업무 중 하나는 피렌체의 용병을 상대하는 일이었다. 특히 그에게 주어진 주요 과제는 샤를 8세가 침입한 때를 틈타 독립한 피사를 탈환하는 것이었다. 당시 피렌체는 주변국과 분쟁이 생기면 용병을 고용해 전투에 내보냈다. 마키아벨리는 이 과정에 늘 문제를 겪었다. 용병들이 약속을 지키지 않거나 건성으로 전투에 임하는 경우가 비일비재했기 때문이다. 시간이 갈수록 전쟁은 잦아졌고, 피렌체는 허투루 돈을 쓰게 되는 일들이 더 많아졌다. 물론 그 비용은 대부분 시민의 세금으로 충당되었다.

이 상황을 누구보다 명료하게 인식한 마키아벨리는 피렌체 사람들을 모아 훈련하고 군대를 조직했다. 과정은 순탄치 않았다. 시민들은 생업을 핑계로 훈련을 빠졌고, 귀족들은 사람들에게 쥐어진 무기가 자신에게 향할까 봐 걱정했다. 마키아벨리는 꾸준히 사람들을 설득했고 마침내 1509년, 자신이 조직한 군대로 피사를 수복하는 장면을 마주하게 되었다. 정계 입문 후, 그가 맞이한 최고의 순간이었다.

하지만 영광은 오래가지 않았다. 1512년 프랑스 군대가 교황 율리우스 2세의 신성 동맹에 밀려 피렌체에서 철수하게 되었다. 따라서 프랑스의 지원을 받던 피렌체 공화정 또한 힘을 잃었다. 결국 프랑스 교황의 지원을 받는 메디치 가문이 복귀하여 공화정의 자리를 대신했다. 피렌체 공화정의 핵심 인물이었던 마키아벨리도 이 시기에 공직을 잃고 말았다. 그는 재산 대부분을 몰수당한 채 작은 농장에 칩거하는 신세가 되었고, 부과된 벌금을 갚고 가족을 부양하느라 힘든 나날을 보낼 수밖에 없었다.

하지만 마키아벨리는 포기하지 않았다. 자신의 철학과 정치관을 보여주기 위해 다수의 작품을 저술했다. 그는 이렇게 완성된 작품을 지도자에게 헌정하기도 했다. 《군주론》은 당시 피렌체의 실권을 장악한 메디치가의 줄리아노 디 로렌초 데 메디치에게 전해진 원고이다. 이 책은 그의 생전에는 출간되지 못했으나, 사후에 다른 사람을 통해 세상 밖에 나왔다.

어설픈 선의가 아닌
용기와 대범함으로 통치하라

정치지도자가 갖춰야 할 최우선 덕목은 무엇일까? 강력한 리더십? 뛰어난 경제 감각? 아마 꽤 많은 사람이 이런 것들과 함께 다음 조건을 이야기할 것이다. 바로 높은 도덕성, 겸손, 정직 말이다. 그리고 여기, 이와는 정반대의 이야기가 담긴 책이 한 권 있다. 바로 역사상 가장 많은 논란을 일으킨 정치철학서인《군주론》이다.

앞서 말한 것처럼《군주론》은 1513년 마키아벨리가 당대 피렌체의 권력자였던 메디치 가문에게 헌정한 책이다. 그렇기에 이 책은 '위대한 로렌초 데 메디치 전하께'라는 제목의 짧은 헌사로 시작된다. 그는 자신이 지닌 것 중 가장 가치 있고 소중한 것이 바로 '위대한 인물들의 업적에 관한 지식'이라며, 그 결과물을 한 권의 소책자로 정리하여 바치겠다고 설명한다. 즉《군주론》의 주요 독자는 시민이 아닌 군주, 그중에서도 피렌체 지역을 지배하는 메디치 가문이었다. 책은 군주국의 종류와 군주권의 획득 및 유지 방법을 고찰한 1부, 자국 군대의 필요성과 군사상의 의무를 강조한 2부, 군주가 갖춰야 할 통치의 기술이 담긴 3부, 당대 이탈리아가 겪고 있는 위기의 원인을 추적하고 이를 해소하기를 촉구하는 4부로 이루어져 있다.

그렇다면《군주론》에는 어떤 내용이 담겨 있을까? 본격적인 이야기를 시작하기 전, 마키아벨리는 인간이라는 존재의 특성을 정의한다. 그는 인간이 이타심보다는 이기심을 가진 존재이며, 외부의 압력과 자극에 쉽게 반응하고 자신보다 강한 힘에 쉽게 좌지우지된다고 설명한다. 두려워하는 상대보다는 의리와 정으로 연결된 상대를 쉽게 배반하며, 이해관계에 따라 손바닥 뒤집듯 자신의 결정을 뒤바꿀 수 있는 존재가 바로 인간이라는 것이다.

마키아벨리는 군주가 인간의 이런 본성을 이해한 상태에서 국가를 운영해야 한다고 생각했다. 어설픈 동정이나 이타심에 기대어 정책을 결정하고 국가의 방향을 결정해서는 안 된다고 보았다. 마키아벨리가 생각하는 군주는 '착한 사람'이 되는 것이 아닌, 국민의 생명과 재산을 책임지는 것을 목표로 살아가는 사람이다. 어설픈 선의로 인간의 본성과 차가운 현실을 외면하는 사람은 자신을 지키지 못하고 결국 파멸을 향해 갈 뿐이기 때문이다. 군주는 가급적 자신의 본심을 드러내지 않아야 하며, 필요하다면 폭력을 행사하거나 기만을 행할 줄도 알아야 한다. 그는 이처럼 군주가 용기와 대범함을 보여주는 근원적 힘을 비르투(virtu)라고 정의했다.

비르투를 갖춘 군주가 모두 나라를 부강하게 이끌거나 성공하는 것은 아니다. 포르투나(fortuna), 즉 '운명의 힘'을 무시할 수 없기 때문이다. 찬란한 문화를 자랑하던 조국 피렌체는 침략자들에 의해 수없이 몰락했고, 체사레 보르자, 사보나롤라처럼 뛰어난 자질을 가진 지도자들 역시 한순간의 실수로 인해 덧없이 무너졌다. 이처럼 철저하게 대비하고 노력해도 떨칠 수 없는 힘이 바로 이 '포르투나'였다. 하지만 그렇다고 포르투나에 굴복해 체념하거나 포기하는 것은 곤란하다. 결국 행운이란 끊임없이 노력하는 자가 적절한 시기를 포착해냈을 때 얻어지는 것이다. 군주는 평온하고 일이 잘 풀려가는 시기에 더욱더 긴장하고 준비해야 한다. 거센 폭풍우를 이겨내는 것은 결국 맑은 날에 쌓아둔 제방과 둑의 힘이기 때문이다.

마지막으로 마키아벨리는 이탈리아 국가들의 통일을 강하게 촉구했다. 당시 분열 상태였던 이탈리아의 소국들이 프랑스, 스페인 같은 대국의 정치적, 군사적 압력에 끊임없이 휘둘리는 현실을 확인했기 때문이다. 그리고 마키아벨리가 이 문제를 해결할 것이라 지목한 사람은 바로 피렌체의 지배자, 메디치 가문이었다. 물론 역사는 마키아벨리의 바람대로 흘러가지 않았다. 메디치 가문의 군주들이 마키아벨리의 조언을 받아들이지 않았기 때문인지 혹은 포르투나를 붙잡지 못했기 때문인지 알 수 없는 노릇이지만 말이다.

◆ **군주가 아닌
민중을 위한 책**

《군주론》은 1513년경 마키아벨리에 의해 완성되었지만, 그가 사망한 지 5년 뒤인 1532년에야 정식으로 출간되었다. 그리고 곧바로 수많은 논란과 비판에 휩싸였다. 살해 및 납치 사건, 독살, 성직 매매, 추문 등 각종 스캔들에 휘말렸던 군주 체사레 보르자를 모범적인 군주의 예로 설명하며 '정치와 도덕이 분리되어야 한다'는 대담한 주장을 펼쳤기 때문이다. 《군주론》은 르네상스 시대에도 여전히 영향력을 발휘하던 '교황과 성직자들의 권위를 위협하는 사상'이라는 비난을 면치 못했고, 결국 1559년 교황청에 의해 금서 조치를 당했다.

《군주론》에 대한 오해 그리고 마키아벨리에게 씌워진 오명은 시간이 지나며 차츰 벗겨졌다. 그가 전하고자 한 이야기의 참뜻을 이해하는 사람들이 조금씩 나타나기 시작한 것이다. 그중 대표적인 인물은 18세기 유럽의 철학자인 장 자크 루소이다. 그는 자신의 책《사회계약론》을 통해 마키아벨리를 재평가해야 한다고 주장했다. 루소는 마키아벨리에 대한 많은 오해가 '피상적이고 정직하지 못한 독서' 때문에 발생했다고 지적하며, 이 책이 실제로는 수많은 민중에게 교훈을 주고 있다고 강조했다. 그가《군주론》을 '민중들에게 교훈을 주는 책'으로 평가한 이유는 마키아벨리가 상정한 실제 독자가 로렌초 메디치 또는 당대 군주가 아닌 '민중'이라고 보았기 때문이다. 자유를 추구한 마키아벨리가 자신의 안녕과 평화를 한 사람에게 맡기는 게 얼마나 위험한 일인지 깨우치게 하려고 이 책을 썼다고 본 것이다. 참고로 이러한 평가는 16~17세기의 철학자 알베리코 젠틸리, 트라야노 보칼리니, 바뤼흐 스피노자 등에게서도 공통적으로 발견된다.

20세기의 대표적인 철학자 중 한 명인 버트런드 러셀도 마키아벨리를 새롭게 평가한 인물 중 하나다. 그는 자신의 책《러셀 서양철학사》를 통해 마키아벨리의 철학이 '과학적이고 경험적인 학설'이라고 강조한다. 그는《군주론》이 '선악의 여부와 관계없이 정해진 목적에 맞는 수단을 찾아내는 데 관심을 둔 작품'이라며, 동시에 그가 언급한 목적들이 모두 높은 칭찬을 받아야 마땅하다고 평가했다. 러셀은 마키아벨리와 그의 철학이 일부 비판받을 여지가 있는 건 분명하지만, 이는 시대적 한계에 의해 비롯된 것일 뿐 그의 솔직함과 문제에 대한 지적인 접근은 오히려 칭찬받아 마땅하다고 설명했다.

아울러 러셀은《군주론》이 당대에 악마의 책이라는 오명을 얻게 된 이유가 '마키아벨리의 사상이 보여주는 가식 없음과 그 솔직함을 견디지 못한 위선자들의 분개' 때문이라고 보았다. 실제로 우리가 살아가는 세계 그리고 그 세계를 이끄는 정치의 부정적인 측면을 인정하지 않는 사람들은《군주론》이 보여주는 솔직함에 여전히 당황하고 분노했다. 하지만 이를 부정한다고 해서 현실이 더 아름답게 변하는 것은 아니었다. 우리 안에 내재된 이기심과 비굴함이 사라지는 것은 아니었기 때문이다.

세상은 조금 더 빠르게 변하고, 사람들은 그 변화에 적응하고 앞서 나가기 위해 자신의 본성을 가감 없이 드러내고 있다. 그럴 때일수록 나 자신과 세상을 거짓 없는 눈으로 살피며 돌아보게 해주는 책이 필요하다 이 과정을 거쳐야만 우리는 우리가 처한 현실과 문제를 온전히 파악하고, 그 대안을 마련할 힘 또한 얻을 수 있기 때문이다. 이것이 지금 우리에게 오롯이 현실을 직시하며 살피는 책《군주론》이 필요한 이유다.

함께 읽으면 좋은 책

- **《군주론/만드라골라/카스트루초/카스트라카니의 생애》 중 〈만드라골라〉**, 니콜로 마키아벨리, 연암서가, 2017
- **《로마사 논고》** 니콜로 마키아벨리, 한길사, 2018
- **《사회계약론》** 장 자크 루소, 문예출판사, 2013

13

위르겐 하버마스
《공론장의 구조변동》
1981

믿음이 무너진 시대에 쓰인
한 편의 논문

위르겐 하버마스(Jurgen Habermas, 1929~)

독일의 철학자이자 비판적 사회이론가. 근 한 세기에 걸쳐 비판 이론의 전통을 이어가고 있는 프랑크푸르트학파의 2세대 대표자이다. 1956년 프랑크푸르트 암마인 사회연구소에 들어가며 비판 이론에 입문했다. 1961년 교수 자격을 얻었으며, 1971년부터 마르크스 프랑크연구소의 소장으로 재임했다. 1996년에 프랑크푸르트 암마인 대학교로 복직했고, 1996년에 정년퇴직하여 명예 교수가 되었다.

※ 주요 저서: 《이론과 실천》 《인식과 관심》 《의사소통적 행위 이론》 《사실과 타당성》

1914년에 발발한 제1차세계대전은 수천만 명이 죽거나 부상당한 인류 최악의 전쟁이었다. 베르됭 전투에서 숨진 프랑스 소위 알프레드 주베르는 다음과 같이 자신이 경험한 전쟁을 기록했다. "지옥도 이렇게 끔찍할 수는 없을 것이다. 인간은 미쳤다!"

그럼 대체 이 지옥 같은 전쟁은 왜 일어났을까? 사실 제1차세계대전은 어느 정도 예견된 사건이었다. 전쟁이 일어나기 전 오랫동안 이어진 제국주의 정책이 한계에 다다랐기 때문이다. 영국, 프랑스, 독일, 포르투갈, 네덜란드, 스페인 같은 유럽의 여러 나라가 공격적으로 식민지를 넓혀나갔고, 이로 인해 벌어진 쟁탈전이 임계점을 넘어 발생한 사건이 바로 제1차세계대전이었다.

전쟁이 끝난 뒤, 유럽은 이런 비극이 재발하지 않도록 노력을 기울였다. 하지만 그 노력은 얼마 뒤 물거품처럼 사라지고 말았다. 이번에는 패전국인 독일에 부과된, 가혹하다면 가혹한 전쟁 책임이 문제였다. 독일은 25,000제곱마일의 영토를 빼앗겼고, 병력을 10만 명 이하로 줄여야 했으며, 배상금으로 330억 달러를 지급해야 했다. 엎친 데 덮친 격으로 내부적으로는 인플레이션 문제가 심각하게 야기되었다. 이런 상황은 독일인들의 강한 불만을 불러일으켰고, 결국 1933년 강력한 독일을 표방하던 나치당을 지지할 빌미가 되었다. 나치당은 그해 3월 일당 독재 체제를 수립하고, 10월에는 국제 연맹을 탈퇴했다. 그리고 1939년, 다시 한번 전 세계를 화염 속으로 몰아넣었다.

두 번의 끔찍한 전쟁으로 인해 전 세계 수많은 사람은 공황 상태에 빠졌다. 수 세기 동안 인류를 번영으로 이끌었고, 앞으로도 끝없이 그 번영을 이어지게 해줄 거라 믿어 의심치 않았던 계몽주의의 정신이 하루아침에 무너졌기 때문이다. 이러한 문제의식은 1세대 프랑크푸르트학파로 분류되는 막스 호르크하이머와 테오도어 아도르노의 공동 저작《계몽의 변증법》에 압축적으로 표현되었다. 이 책을 통해 두 사람은 '왜 인류는 진정한 인간적 상태에 들어서지 못한 채 새로운 종류의 야만 상태에 빠졌는지' 살펴보았다.

전쟁 이전의 근대 유럽인들은 여러 면에서 자신감에 가득 차 있었다. 자신들이 신분제로 대표되는 제도적 구속으로부터 인간을 해방하고, 자연을 인간의 필요에 맞게 바꾸거나 이용할 수 있는 기술적 능력을 확보했다고 믿었기 때문이다. 이들은 공동체에 가려 별다른 역할을 하지 못했던 개인의 가치를 발견했으며, 인권과 자유, 평등 같은 언어를 발명해냈다고 자화자찬했다. 이들에게 전근대란 부정적인 것 혹은 사라져야 할 것에 불과했다.

이러한 변화의 중심에는 '이성'과 '합리성'이라는 새로운 원리가 있었다. 근대인들은 두 가지 원리로 자연과 인간, 나아가 세계 전체를 완벽하게 이해할 수 있다고 믿었다. 그리고 이러한 믿음을 주도한 사람들을 우리는 '계몽주의 사상가'라고 부른다. 이들은 모든 인간이 이성적이고 합리적인 사유의 능력을 갖추고 있으며, 교육을 통해 그 잠

재력을 꽃피울 수 있다고 생각했다.

하지만 두 차례의 전쟁을 경험한 호르크하이머와 아도르노는 계몽과 문명화의 과정이 더는 인간의 해방을 실현하는 밑거름이 되지 못한다고 평가했다. 두 사람이 보기에 근대인들이 믿어 온 '역사의 필연적 발전'은 더 이상 담보될 수 없는 것이었다. 물론 다가오는 미래 역시 밝고 희망찬 것이 아닌, 암울하고 의심스러운 것에 가까워졌고 말이다. 즉 그동안 모든 사람이 인간 문명 발전과 진보의 근본 원리라고 여겨왔던 '이성'과 '합리성'에 대한 믿음이 사라져버린 것이다.

위르겐 하버마스는 이런 상황 속에서 프랑크푸르트 암마인 사회연구소에 들어가 교수 자격 논문을 작성했다. 그의 논문 지도는《계몽의 변증법》의 공동 저자인 호르크하이머가 담당했는데, 그는 제자인 하버마스의 논문이 수정되어야 할 필요가 있다고 판단했다. 하버마스가 자신들이《계몽의 변증법》을 통해 설명한 많은 부분을 부정한 채 자신의 이론을 펼치는 것처럼 보였기 때문이다. 하지만 하버마스는 스승의 수정 제안을 거절했고, 결국 마르부르크 대학으로 자리를 옮겨 논문을 완성했다. 1961년 이렇게 통과된 논문이 바로 우리가 지금부터 살펴볼 하버마스의 대표작《공론장의 구조변동》이다.

◆ **다시 '이성'과 '합리성'에
주목하라**

애초 교수 자격 청구를 위한 논문으로 쓰인 이 책은 유럽의 근대가 형성되는 시기에 이성과 합리성이라는 두 원리가 민주주의 가치의 실현에 얼마나 중요한 역할을 수행했는지 살펴보고 있다. 이 책은 18세기의 서유럽 국가, 특히 영국, 프랑스, 독일의 역사적 사례를 바탕으로 그 내용을 깊이 있게 논증한다.

이 책에서 가장 중요한 개념은 '공론장(public sphere)'이다. 공론장이란 말 그대로 공적인 의견으로서 여론이 형성되는 장소를 뜻한다. 하버마스는 근대 이후의 공론장을 부르주아 공론장과 인민적 공론장, 규율적 공론장이라는 세 가지 유형으로 분류했다. 하버마스는 이중 자신은 부르주아 공론장에 집중하여 사회적 의사소통의 역사적 유형을 분석하겠다고 선언한다. 왜냐하면 그가 보기에 나머지 두 공론장은 부르주아 공론장의 변종에 불과하기 때문이다.

하버마스에 따르면 부르주아 공론장에 참여하는 사람들은 이성적 사유 능력을 지니고 있다. 이를 토대로 자유롭고 평등한 조건 속에서 공개성의 원칙에 따라 자신의 의견을 말하고 토론한다. 이는 교양 없는 민중이 이끄는 인민적 공론장, 참여자 사이에 실제적인 토론이나 논쟁이 진행되지 못하는 규율적 공론장의 모습과는 다른 모습이다. 부르주아 공론장에는 미리 정해진 진리가 존재하지 않는다. 그곳에서 진리란 합리적인 토론의 결과로서 만들어질 수 있는 것이기 때문이다.

부르주아 공론장에서는 세상에 존재하는 수많은 문제들이 합리적 사유와 의심의 대상이 된다. 그리고 그러한 과정을 통과한 것만 그곳에서 진리의 가능성을 얻는다. 정치 권력도 이를 피해갈 수 없다. 18세기 서유럽 공론장의 구성원들은 자신들을 지배하던 군주 권력의 존재 이유와 정당성을 의심했다. 그리고 그 결과, 권력의 정당성은 신화화된 믿음이 아닌, 이성적이며 합리적인 비판을 거치며 확보할 수 있다는 민주주의의 원리를 구축한다. 우리는 이처럼 공론장 기반의 이성과 합리성을 토대로 만들어진 의견을 '여론'이라고 말한다.

그렇다면 이러한 부르주아 공론장은 어떻게 생겨났을까? 하버마스는 17세기 무렵부터 유럽의 대도시에 생겨나기 시작한 살롱과 커피하우스에 주목한다. 이전 시대까지만 하더라도 유럽의 문화는 다분히 '전시적'이었다. 거대한 건축물과 장대한 행렬 등을 통해 지배 계층의 위대한 모습을 보여주고자 했다. 의견 표명도 의회 같은 공적 공간을 통해 이루어지는 경우가 대부분이었다. 하지만 살롱과 커피하우스 같은 공간이 나타나면서부터 이야기가 달라졌다. 다시 말해, 국가의 통제를 벗어난 다양한 '사적 공론장'이 생성된 것이다. 사람들은 이곳에 모여 자신의 의견을 표명하고 서로의 입장을 공유하게 되었다.

아울러 이러한 변화에는 신문과 잡지 등 미디어의 역할도 빼놓을 수 없다. 〈태틀러〉〈스펙테이터〉〈가디언〉 등 여러 인쇄 매체가 발행되기 시작했다. 이를 통해 살롱과 커피하우스의 일원들은 공간적, 지리적 한계를 초월해 서로의 정보를 공유하고, 각자의 의견을 주고받을 수 있는 기회를 마련하게 되었다.

공론장이 점차 늘어나고 발달하게 되면서 사람들은 공통의 이해관계를 발견하게 된다. 또한 점차 기존의 문화와 권력에 의문을 제시하기 시작했다. 하버마스는 이런 성숙한 공론장 문화가 프랑스 혁명을 비롯한 각종 시민 혁명이 일어나게 된 도화선이 되었다고 평가한다. 공론장의 발전은 이후에도 민주사회 발전과 시민 계급의 권리 증진에 큰 영향을 미쳤다. 민주적으로 정치 권력을 선출할 수 있게 되었고, 삼권(입법권, 사법권, 행정권)이 분립되었으며, 시민의 다양한 기본권을 증진할 수 있게 되었다.

하지만 이러한 변화는 19세기에 접어들며 점차 위기를 맞았다. 시작은 1873년에 시작된 대불황이었다. 이로 인해 국가 차원의 개입을 통해 문제를 해결하는 법적, 제도적 장치들이 강화되기 시작했다. 사적 경제 과정에 대한 불간섭, 즉 자유 방임의 원칙은 폐기되었고, 다양한 법과 제도, 정책이 사적 영역에 해당하는 경제에 깊숙이 개입하게 되었다. 사적 부문과 공권력 영역의 새로운 관계가 정립된 것이다.

미디어도 급격히 변질되었다. 거대 권력의 손에 들어간 언론은 권력의 확성기로 자신의 역할을 바꾸어버렸으며, 공론장은 건전한 토론이 아닌 가십거리로 채워졌다. 개인들 간의 사교적인 토론이 사라지고 그 자리에는 형식화된 집단적 토론이 들어섰다. 대중매체가 관여하는 연단 위의 전문적인 대화, 공개 토론 등은 더 이상 토론이라고 이야기할 수 없었다. 그것은 그저 특정한 경제적 목적을 위해 연출되고 관리되는 '상품'에 불과했을 뿐이었다.

하버마스는 이러한 문제의 해결책으로 의사소통 행위 이론을 제시한다. 이성적 주체들이 마주해 합리적으로 소통하며 차이와 갈등을 해소해 나가고, 이를 통해 공동의 의견을 창출해내야만 서구 근대가 초래한 위기를 극복할 수 있다는 것이다. 소통하는 이성, 하버마스가 제시하는 이 대안이야말로 어쩌면 우리가 마주하는 수많은 정치적, 사회적 이슈를 해결할 유일한 방법인지도 모른다.

급변하는 시대, 우리에겐 필요한 '공론장'이란?

《공론장의 구조변동》은 하버마스를 철학과 사회과학계에 성공적으로 데뷔시킨 작품이다. 저자인 하버마스는 이 책을 출간한 뒤에도 유의미한 평가를 받는 작품을 꾸준히 내놓으며 현존하는 최고의 사상가라는 지위를 획득할 수 있었다.

첫 발간 후 약 60년이 지난《공론장의 구조변동》이 여전히 높은 평가를 받는 이유는 이 책을 통해 하버마스가 교수 데뷔 후 이어간 수많은 논의와 사유의 전조를 살펴볼 수 있기 때문이다. 이 책을 읽으며 우리는 그가 왜《의사소통적 행위 이론》에서 의사소통의 합리성을 주장했는지,《사실과 타당성》에 제시된 의사소통적 자유의 법적 제도화라는 개념이 어떻게 도출될 수 있었는지 등을 짐작할 수 있다.

물론《공론장의 구조변동》속에 담긴 각종 개념과 해결책이 완벽하다거나 초시대적이라고 볼 수는 없다. 하버마스 역시 이를 일부 인정하고 있다. 1990년 출간된 신판 서문을 통해 자신의 공론장 이론에 제기된 몇 가지 이론적 약점들을 스스로 제시한 것이다. 하지만 그는 이 책이 수많은 약점을 가졌음에도 불구하고, 공론장 이론을 통해 자신이 의도한 전체적인 지향점 자체는 여전히 유효하다고 주장한다.

그는 이 책을 비롯한 여러 작품을 통해서 공론장의 건강한 작동으로 형성된 공적 의견이 사회의 기준이 될 때, 민주주의가 더 나은 방향으로 나아갈 수 있다고 설명해왔다. 그러나 현대로 접어들며 사람들의 이해와 관심사는 더욱 다양해졌고, 사회 구성원의 일반 원칙을 파악해 이를 여론의 기준으로 삼는 일은 사실상 불가능에 가까워졌다. 즉 공적 의견의 형성이라는 공론장의 대표적인 기능이 더는 작동하기 어려워졌다는 이야기다. 하버마스는 이제 《공론장의 구조변동》의 초판이 출간되었을 당시 자신이 가졌던 이론적 수단만으로는 이 문제를 해결할 수 없다고 인정한다.

하버마스의 후기 저술은 이러한 문제를 해결하기 위한 고민의 과정이었다. 우리는 그 결실을 1981년 출간된 《의사소통적 행위 이론》을 통해서 확인할 수 있다. 이 책에서 그는 사회의 영역을 '체제'와 '생활세계'로 구분해 설명한다. 여기서 '체제'란 자본주의 경제와 관료주의 행정으로 제도화된 영역을 말하며, '생활세계'는 일상인 사이의 의사소통을 통해 구성된 비형식적인 삶의 영역을 가리키는 말이다. 하버마스는 근대 이후 서구사회는 '체제'가 '생활세계'를 식민화하는 과정을 거치며 발달해왔다고 분석한다. 그리고 공론장의 붕괴또한 이로 인해 야기되었다고 설명한다.

그는 그 해결책으로 체제가 생활세계를 지배하는 현재 상황을 역전시켜야 한다고 말한다. 합리적 의사소통을 바탕으로 전개되는 생활세계의 원리를 통해 체제 내에서 이뤄지는 제도적 행위를 감시하고 견제해나갈 수 있을 때 우리는 더 나은 세계로 나아갈 수 있다는 것이다.

세상은 이전의 어느 시대보다 빠르게 변하고 있다. 코로나19 사태로 시작된 팬데믹은 오프라인 영역의 급격한 축소와 온라인 세계로의 전환을 야기하고 있으며, 세계의 갈등은 점점 심화되어 전보다 더 많은 국가와 지역에서 분쟁과 테러, 전쟁이 일어나고 있다. 세계 경제 또한 정신을 차리기 어려울 만큼 침체와 회복을 빠르게 반복하고 있다. 얼마 전까지 우리가 옳다고 믿었던 많은 것들이 더 이상 옳은 것이 아닌 상황에 다다른 것이다. 이런 상황에서 하버마스가 제시한 해결책에는 분명 우리가 참고해야 할 지점들이 존재한다. 오늘날 우리는 어떤 체제 아래 우리의 생활을 맡겨두고 있는가? 그리고 이 세계 속에서 우리는 어떤 공론장을 새로이 만들어가야 하는가?

함께 읽으면 좋은 책

- **《계몽의 변증법》** 테오도르 W. 아도르노·막스 호르크하이머, 문학과지성사, 2001
- **《의사소통 행위 이론》** 위르겐 하버마스, 나남, 2006
- **《사실과 타당성》** 위르겐 하버마스, 나남, 2007

14

칼 포퍼
《열린사회와 그 적들》
1945

사회의 구조를 통찰한
과학철학자

칼 포퍼(Karl Popper, 1902~1994)

오스트리아에서 태어난 영국의 철학자. 20세기의 가장 영향력 있는 과학 철학자로 손꼽
히는 인물이다. 뉴질랜드의 캔터베리 대학, 영국의 런던 정치경제 대학 등에서 강의했으
며 1969년에 은퇴했다. 1994년 타계 직전까지 활발한 강연 및 저술 활동을 이어갔으며,
과학 철학 외에도 사회, 정치 철학 등 다양한 분야의 저술을 남겼다.

※ 주요 저서: 《탐구의 논리》 《추측과 논박》 《역사주의의 빈곤》

20세기의 철학자 칼 포퍼는 우리에게《열린사회와 그 적들》과《역사주의의 빈곤》을 저술한 사회, 성치철학자로 알려져 있지만, 실제로는《탐구의 논리》《추측과 논박》《객관적 지식》등을 집필한 과학철학자로 이름을 알린 인물이다.

과학철학자로서 포퍼의 이론은 '반증가능성의 원리(Principle of Falsifiability)'로 요약된다. 반증가능성의 원리는 특정한 이론이 과학의 자격을 얻는 데 필요한 요건을 확인할 수 있도록 착안되었다. 여기서 '반증'이란 다음과 같다. 가령 우리가 난생처음 고양이를 발견했고, 그 고양이가 갈색 털을 가졌다고 하자. 우리는 '모든 고양이는 갈색 털을 가졌다'는 가설을 세울 수 있다. 그런데 어느 날 우리가 다른 고양이를 발견하게 되었고, 그 고양이가 검은색 털을 가졌다면 어떨까? 우리는 이때 우리가 세운 가설이 '반증'되었다고 말한다. 포퍼는 특정 이론이 과학으로 인정받기 위해서는 가장 먼저 해당 이론이 반증될 수 있는지를 확인해야 한다고 보았다. 만약 제시된 이론이 누군가의 비판 때문에 반박된다면 우리는 새로운 가설을 세우고 문제의 해결을 시도해야 한다. 반대로 그 이론이 반박을 견뎌낸다면 우리는 그 이론을 잠정적으로 용인하게 된다.

여기서 잠정적으로 용인되었다는 말이 더 이상의 비판을 거부하거나 최종적이며 완결적인 진리로 인정받음을 뜻하지는 않는다. 오히려 그 반대이다. 우리가 어떤 이론을 용인했다는 것은 해당 이론을 더욱 깊이 논의할 가치가 있다고 여긴 것이다. 비판 없는 과학, 절대로 반박이 불가능한 진리는 없다. 우리는 진리를 추구하기 위해 끊임없이 추측하고, 실험과 관찰을 통해 한발씩 나아갈 뿐이다.

그렇다면 과학철학으로 이름을 날리던 칼 포퍼는 어째서 또 다른 길에 들어서게 된 것일까? 이는 칼 포퍼 자신의 삶 그리고 그가 살아간 20세기의 여러 사건과 밀접한 관련이 있다. 포퍼는 오스트리아 빈에서 유대인의 아들로 태어났다. 그의 아버지는 그곳에서 변호사로 활동했는데, 본업 외에도 철학과 사회 문제에 관심이 많았다고 알려진다. 생전에 1만 권이 넘는 장서를 소유했으며, 그리스 로마 고전을 독일어로 옮기는 것이 취미일 정도로 학구적인 인물이기도 했다. 포퍼는 이런 아버지의 영향을 받아 다양한 분야의 저서를 탐독하며 유년기를 보냈다. 이후 청년 시절에는 빈 대학에서 수학과 물리학, 철학을 전공했고, 1928년에 〈사유심리학의 방법론 문제〉라는 논문으로 철학 박사 학위를 취득했다. 6년 뒤인 1934년에는 《탐구의 논리》를 출간하며 과학철학자로서의 면모를 드러냈다. 이 책으로 학계의 관심을 받기 시작한 그는 몇 년간 영국의 여러 대학에 초빙되어 강의 경력을 쌓게 된다.

하지만 학문 바깥의 일이 그의 발목을 잡았다. 나치즘을 비롯한 전체주의의 광풍이 유럽 전체에 불어닥치기 시작한 것이다. 유대계인 그도 광신도들의 차별과 박해에서 자유로울 수 없었다. 결국 포퍼는 알버트 아인슈타인, 버트런드 러셀 등 당대의 석학으로부터 추천을 받아 1937년에 전체주의의 영향을 벗어난 뉴질랜드의 캔터베리 대학 교수로 부임한다.

그가《열린사회와 그 적들》을 쓰기로 결심한 시기는 캔터베리 대학의 교수가 된 다음 해이자 제2차세계대전이 일어나기 한 해 전인 1938년 봄으로 알려진다. 히틀러가 이끄는 나치가 포퍼의 조국 오스트리아를 침공했다는 소식을 듣게 된 날, 그는 이 책을 쓰기로 결심한다. 그리고 얼마 뒤부터 집필에 몰두했고, 전쟁이 거의 끝날 무렵 원고를 마무리한다. 20세기를 뒤흔든 전쟁 그리고 냉전의 문제를 관통하는 책《열린사회와 그 적들》이 완성된 것이다.

◆ **추상적인 선을 실현하려 말고
구체적인 악을 제거하라**

《열린사회와 그 적들》은 총 두 권으로 이루어진 약 800쪽 분량의 두꺼운 책이다. 이 책은 우리가 인간다운 삶을 살 수 있는 바람직한 사회는 무엇이며, 그러한 사회를 만들기 위한 최선의 방안이 무엇인지 탐구하고 있다. 포퍼는 이 책을 통해 모두가 인간답게 살 수 있는 사회는 '열린사회' 뿐이며, 이러한 사회는 점진적 사회공학에 의해서만 현실화될 수 있다고 주장한다.

열린사회는 그 사회에 대한 칭찬과 추켜세움 뿐만 아니라 '비판'을 수용할 줄 아는 사회이자, 진리를 독점하기를 거부하는 사회이다.

이곳에서는 제아무리 뛰어난 사람이라도 독단적인 권리를 행사하지 못한다. 인간의 존엄성을 추구하며, 비판받지 않아도 되는 절대적 진리를 용인하지 않는 사회이기도 하다. 열린사회는 모든 이가 자유롭지만 무제한적인 자유를 제공받는 사회는 아니다. 왜냐하면 이 경우에는 강자가 약자의 자유를 빼앗을 자유까지도 용인될 위험이 있기 때문이다.

그렇다면 이런 사회를 현실로 만드는 점진적 사회공학이란 무엇일까? 점진적 사회공학은 우리가 통제 가능한 범위 내에서 차츰 사회를 변화시켜 나가는 발전 방식을 말한다. 추상적인 선을 실현하려 하기보다는 구체적인 악을 제거하는 데 집중하며, 정치적 수단으로 행복을 달성하기보다는 개인과 사회의 구체적인 불행을 없애기 위해 노력한다. 인류의 역사 전체를 지배하는 특정한 법칙이나 목적이 존재한다는 주장을 인정하지 않으며, 과학적 사고를 토대로 낡고 불편한 제도를 조금씩 바꾸어 나간다. 마치 낡은 기계를 수리하고 개선해 나아가는 것처럼 말이다.

점진적 사회공학의 반대편에는 유토피아적 사회공학이 있다. 유토피아적 사회공학을 추구하는 이들은 한 번에 세상의 모든 부조리를 해결하고자 한다. 비타협적이며, 완벽주의적인 사고방식에 입각한 변혁의 방식이다. 하지만 이 방식을 택한 이들은 이상을 실현한다는 명목 아래 폭력을 긍정하며, 결국 새로운 폭력을 불러와 사람들에게 더 큰 고통을 안겨주게 된다.

포퍼는 이러한 유토피아적 사회공학의 기저에 '역사법칙주의'가 존재한다고 보았다. 역사법칙주의란 인간의 힘으로 바꿀 수 없는 어떠한 법칙이 인류의 역사 전체를 지배하고 있다는 주장을 말한다. 대표적으로 파시즘과 마르크시즘을 들 수 있다. 파시즘은 선택된 인종이 새로운 역사를 이끌게 될 것이라고 주장했고, 마르크시즘은 선택된 계급을 통해 인간의 역사가 더 완벽한 형태로 나아가게 될 것이라고 믿었다. 물론 그 믿음은 터무니없는 것이었다.

《열린사회와 그 적들》은 역사법칙주의를 비판함으로써 해당 사고방식에 사상적 기반을 두고 있는 전체주의의 허구성과 미신성, 폭력성을 고발하고자 한다. 역사법칙주의에 대한 포퍼의 입장은 간단명료하다. 이러한 법칙은 과학적인 사고를 통해 도출된 법칙이 결코 아니라는 것이다. 이 주장은 포퍼의 과학 철학 이론인 '반증가능성의 원리'를 통해서도 확인할 수 있는데, 포퍼는 소위 역사의 법칙에 근거하여 예측된 앞으로의 역사는 반증도 비판도 불가능하다고 보았다. 따라서 역사법칙주의는 자신이 미래를 알고 있다고 주장하는 점쟁이 혹은 점성술사의 예언 따위와 크게 다르지 않다.

그렇다면 우리는 어떤 형태로 이 사회를 바꿔나가야 할까? 포퍼는 다수의 행복을 위해 소수를, 소수를 위해 다수를 희생하거나 고통받기를 요구하지 않는 사회를 만들어야 한다고 말한다. 누군가의 행복을 위해 다른 누군가를 희생시키고자 하면 그 사회는 결국 또다시 '닫힌사회'로 나아가게 될 것이기 때문이다. 사회는 불행한 이들의 고통과 아픔을 치유하고 보듬어나가는 방향으로 발전해야 하며, 먼 미래의 이상을 앞당기기 위해 노력하기보다는 당장의 불편과 불행, 잘못을 하나씩 고쳐나가기 위해 노력해야 한다. "추상적인 선을 실현하려 들지 말고 구체적인 악을 제거하려 노력하라." 이것이 바로 포퍼가 생각한 사회 변혁의 방식이자 독단으로 발생할지 모르는 또 다른 비극을 막기 위한 최선의 방법이었던 것이다.

◆ **20세기를 살다 간
20세기의 철학자**

1945년《열린사회와 그 적들》이 출판된 직후, 수많은 평론가는 전체주의에 대한 이론적 비판에 있어 이 책을 능가할 만한 작품은 없다고 평가했다. 책은 인류의 가치관을 뒤흔든 전쟁과 냉전 시기를 거치며 그 가치를 인정받게 되었고, 다양한 국적의 언어로 번역되어 퍼져나갔다. 그리고 마침내 포퍼를 단순한 학자가 아닌 자유 세계를 대표하는 세계적 사상가로 우뚝 서게 만들었다.

1902년에 태어나 1994년에 사망하기까지, 말 그대로 20세기를 온전히 살다 간 인물답게 포퍼는 한 세기 동안 수많은 사람에게 영향을 미치기도 했다. 생전에 그의 다양한 저서가 40여 개국 언어로 번역되어 출판되었으며, 10여 개 대학에서 그에게 명예 학위를 수여했다. 영국의 엘리자베스 2세로부터 1965년에는 기사 작위를, 1982년에는 대영제국 명예훈위를 수여받았고, 마거릿 대처 전 영국 수상, 폰 바이츠체커 독일 대통령, 달라이 라마, 바츨라프 하벨 전 체코 대통령 등이 그를 찾아와 대화를 나누었다.

젊은 시절 그의 제자였던 투자가 조지 소로스에게 미친 영향도 빼놓을 수 없다. 소로스는 자신의 지도 교수였던 포퍼의 이론에서 아이디어를 얻어 독자적인 투자 이론을 정립했다. 소로스의 투자 이론은 인간 사회와 시장의 오류 및 불확실성을 인정하고 그 안에서 투자 기회를 포착해야 한다는 철학을 근간으로 한다. 그는 이를 바탕으로 고위험 투자를 여러 차례 단행했고, 막대한 투자 이익을 남길 수 있었다. 참고로 그는 자신의 사업이 성공한 뒤 스승의 대표작인 《열린사회와 그 적들》에서 이름을 딴 '열린사회 재단'을 설립하기도 했다.

시간이 지나며 포퍼의 철학이 지닌 영향력이 다소 줄어드는 느낌이 드는 것도 사실이다. 한 세기를 거치며 그의 여러 주장과 이론이 이제는 '당연한' 것이 되어버렸기 때문이다. 반증주의와 비판적 합리주의는 포퍼의 생전에 이미 사회적 통념으로 자리 잡았다. 열린사회의 개념 또한 전쟁과 냉전의 시기를 지나며 자유 세계를 살아가는 사람들에게는 너무나 '상식적인' 이야기가 되어버렸다. 더불어 그가 강조한 합리적인 대화의 자세는 약자와 강자의 불균형을 간과해 오히려 열린사회로의 발전을 막고 있다는 비판을 받기도 했다.

하지만 우리 사회가 문제 해결을 위해 늘 열린 자세로 끊임없이 탐구해야 한다는 그의 조언은 21세기를 살아가는 우리에게도 여전히 유효해 보인다. 《삶은 문제 해결의 연속이다》라고 명명된 그의 마지막 에세이 제목처럼 말이다.

함께 읽으면 좋은 책

- 《역사 법칙주의의 빈곤》 칼 포퍼, 철학과현실사, 2016
- 《더 나은 세상을 찾아서》 칼 포퍼, 문예출판사, 2008
- 《추측과 논박》 칼 포퍼, 민음사, 2001

15

존 스튜어트 밀
《공리주의》
1861

더 가치 있는 쾌락이란
무엇인가?

존 스튜어트 밀(John Stuart Mill, 1806~1873)

영국의 철학자이자 사회학자, 정치경제학자. 논리학과 윤리학, 정치학, 사회평론 등 여러 분야에 걸쳐 다양한 저술을 남긴 인물이다. 흔히 "배부른 돼지보다는 배고픈 소크라테스가 낫다"라는 문장으로 표현되는 '질적 공리주의'를 주장했으며, 실제로 국회의원이 되어 자신의 소신을 현실화시키려 노력하기도 했다.

※ 주요 저서: 《자유론》 《여성의 종속》

《공리주의》의 사상적 배경이 되는 '공리주의' 이론은 영국의 철학자이자 존 스튜어트 밀의 스승인 제러미 벤담에 의해 체계를 갖추었다. 벤담은 아버지의 뜻에 따라 오랜 기간 법률가로 활동했는데, 정작 그는 누군가를 변호하는 일보다는 법과 제도를 통해 세계를 변혁시키는 일에 더 관심을 가졌던 것으로 알려진다. 그가 공리주의를 체계화한 것도 이러한 목표의 연장선이었다. 현실의 문제점을 개선하고 더 나은 세상으로 나아가는 근거가 되고자 공리주의 이론을 정립하고, 이를 발전시켜나갔다.

벤담이 일련의 과정을 거쳐 찾아낸 도덕의 기준은 '쾌락'이었다. 그는 1789년에 발간한 책《도덕과 입법 원리 입문》을 통해 인간의 삶은 쾌락을 증진하고, 고통을 감소시키는 데에 목적이 있다고 주장했다. 그러므로 더욱 나은 사회를 만들기 위해서는 그저 '나만 잘 사는 것'이 아닌 더 많은 사람이 행복을 얻을 수 있는 쾌락을 추구해야 한다고 설명했다. '최대 다수의 최대 행복'이란 명제가 탄생한 것이다.

벤담은 공리주의를 현실에서 적용하려면 쾌락의 양을 정량화하여 측정할 필요가 있다고 보았다. 사람마다 쾌락을 느끼는 지점과 가치 기준이 모두 다른데, 이를 아무런 기준도 두지 않은 채 쾌락 추구만을 장려한다면 또 다른 혼란이 생길 수 있다고 본 것이다. 그는 강도, 확실성, 근접성, 다산성, 지속성, 순수성, 범위 등 총 일곱 가지 기준을 통해 쾌락의 크기를 측정하고, 이를 통해 더 나은 선택을 해나가야 한다고 주장했다.

그리고 벤담의 뒤를 이을 후계자로 존 스튜어트 밀이 지목되었다. 밀은 1806년 벤담과 함께 공리주의 철학의 기초를 세운 제임스 밀의 아들로 태어났다. 제임스 밀의 교육 방식은 여러모로 특이했다. 그는 어린아이의 정신이 백지상태와 같다는 존 로크의 견해에 깊이 공감했고, 올바른 방식으로 아이를 키우면 그 아이가 위대한 인물로 자라날 가능성이 크다고 확신했다. 그는 이 가설을 자기 아들을 통해 확인하고자 했다. 존 스튜어트 밀을 일종의 실험 대상으로 삼은 것이다. 또래 아이와 놀면서 시간을 보내기보다는 그리스어와 대수학을 배우도록 했고, 소크라테스식의 문답법을 이어가며 스스로 탐구하는 힘을 기르도록 했다.

문제가 있다면 이 실험이 성공했다는 것이다. 성공도 그냥 성공이 아니라 '대성공'에 가까웠다. 존 스튜어트 밀은 세 살 때 고대 그리스어를 공부했고, 일곱 살 때는 플라톤의 '대화편'을 이해했다. 열두 살에는 철학은 물론 역사와 경제학, 정치학 등 다방면으로 폭넓은 이해를 갖추었다. 복잡한 수학 방정식을 척척 풀어냈고, 과학 분야에서도 뛰어난 자질을 갖췄다. 그가 원래부터 천재였는지 아니면 그의 아버지가 선택한 교육 방식이 그를 천재로 만들었는지는 알 수 없지만, 그가 천재라는 사실은 조금도 변하지 않았다.

벤담도 이런 밀의 성장이 기특했던 모양이다. 1824년, 출간 예정이었던 자신의 책《판례의 합법적 근거》의 원고를 십 대 소년에 불과한 밀의 손에 쥐여주고 수정과 보완을 맡겼으니 말이다. 밀은 이번에도 기대에 부응했다. 더 완벽한 책을 만든 것은 물론이며, 그 무렵 또래의 젊은이들을 모아 '공리주의협회'라는 이름의 독서 토론 모임까지 조직했다. 그는 이곳에서 공리주의를 연구하고 토론하며 공리주의의 확산에 힘썼다.

하지만 두 사람의 동반 성장은 얼마 안 가서 위기를 맞이했다. 스무 살 무렵 밀이 뒤늦은 사춘기에 빠졌기 때문이다. 밀은 어린 시절 벤담의 책을 읽은 뒤부터 '세계를 개혁하는 것'을 자신의 소명이자 목표로 삼고 달려왔다. 하지만 어느 날 그는 모든 것이 시시하고 재미없어지는 상태에 빠졌고, 자신이 한동안 품어온 목표를 달성했을 때 스스로 '행복하다'고 느낄 수 있을지 자문해보았다. 답은 "아니다"였다.

밀은 과감히 벤담의 그늘에서 벗어나기로 결심했다. 아니, 스승의 이론을 더 멋지게 다듬고 성장시키기로 했다. 이성만큼이나 중요한 인간의 '감정'을 등한시하지 않는 공리주의 체계를 만들어가기로 한 것이다. 그리고 1863년, 자신의 오랜 탐구 결과를 한 권의 책으로 완성했다.《공리주의》는 말 그대로 밀 자신의 공리주의 사상을 체계화한 작품이었다.

만족한 바보보다
불만족한 소크라테스가 되는 것이 낫다

밀은 오랜 시간 동안 우리의 삶 속에서 옳은 것과 그른 것을 판단하는 기준을 둘러싼 논쟁이 진전을 보이지 못하고 있다고 지적한다. 여러 방면에서 도덕성의 기초에 관한 의문이 꾸준히 제기되어 왔음에도 불구하고, 이를 해결하기 위한 철학적 논의만큼은 오랫동안 심각한 낙후 상태에 처해 있었다는 분석이다. 밀은 자신의 공리주의 철학이 이러한 상황의 타개책이 될 수 있다고 주장한다. 효용(utility)에 바탕을 둔 자신의 이론이 실제 우리 삶의 옳고 그름을 판단하는 기준으로 작동할 수 있을 거라고 확신한 것이다.

그럼 대체 공리주의란 무엇일까? 밀은 공리주의를 '효용 및 최대 행복의 원리를 기초로 삼고 있는 도덕 이론'이라고 규정한다. 공리주의란 어떤 행동이든 쾌락이나 행복을 높일 수 있다면 옳은 것으로 판단하고, 이와는 반대로 고통과 불행을 높이면 옳지 못한 것으로 판단하는 사상을 말한다. 밀은 자신의 공리주의가 기존의 공리주의와는 다른 점이 있다고 설명한다. 바로 '양'뿐만 아니라 '질'을 모두 고려한다는 점이다. 밀은 효용의 측면에 있어 양과 질을 따지는 것이 결코 이상하거나 잘못된 것이 아니라고 주장한다. 오히려 그는 다른 것을 평가할 때는 양과 질을 반드시 함께 고려하면서, 쾌락에 대해 따져볼 때는 오직 양만 중요하다고 주장하는 게 더 설득력이 없다고 보았다. 마치 맛 좋고 비싼 초밥과 편의점 삼각김밥을 앞에 두고 오로지 '양'만 기준으로 무엇을 먹을지 고르라는 이야기가 설득력 없게 느껴지는 것처럼 말이다.

　그렇다면 우리는 질적 차이를 어떻게 구분할 수 있을까? 밀은 두 가지 쾌락이 있다고 가정하고, 모든 사람 혹은 거의 모든 사람이 둘 중 하나를 뚜렷하게 더 선호한다면 그것이 더욱 바람직한 쾌락이라고 주장했다. 또한 두 가지 쾌락을 모두 즐기고 음미할 수 있는 사람이라면, 그중 질적으로 떨어지는 쾌락을 절대 고르지 않을 거라고 확신했다. 왜냐하면 짐승이 누리는 쾌락을 잔뜩 즐길 수 있게 해준다고 해서 실제로 동물이 되겠다고 나서는 사람은 없을 것이기 때문이다. 밀은 만약 이런 선택을 하려는 사람이 있다면, 그 사람이 아주 극단적인 불행에 시달리는 바람에 옳지 않은 방향으로 도피하려는 충동에 빠졌다고 보는 것이 옳다고 설명했다.

　더불어 밀은 인간으로서 '품위(dignity)'를 지키는 것이 무엇보다 중요하다고 설명한다. 품위가 높으면 높을수록, 그 사람에게는 품위가 행복을 구성하는 필수적인 요소가 되기 때문이다. 이들에게 개인의 품위와 배치되는 것들은 일시적 욕망의 대상이 될 수 있을지는 몰라도 근본적인 욕망의 대상이 되지 못한다. 만족한 돼지보다는 불만족한 인간이 되는 것이, 만족한 바보보다는 불만족한 소크라테스가 되는 것이 이들의 진정한 바람이기 때문이다.

　또한 밀은 공리주의의 도덕률을 강조한다. 공리주의의 도덕률이란 인간이 다른 사람을 위해서 자신의 가장 소중한 것까지 희생할 수 있음을 인정하는 사고를 말한다. 마치 "네 이웃을 네 몸처럼 사랑하라"라고 말하는 예수의 이야기처럼 말이다. 이러한 이상에 다가가기 위해 밀은 올바른 공리주의에 크게 두 가지 원칙이 담겨야 한다고 주장한다. 첫 번째는 개개인의 행복 또는 이익이 사회 구성원 전체의 행복 또는 이익과 조화를 이룰 수 있도록 법과 제도를 만들어야 한다는 것이며, 두 번째는 모든 개인이 자신의 행복과 전체의 이익 사이에 긴밀한 연결 고리가 있다는 사실을 깨닫게 해주어야 한다는 것이다.

즉 밀이 생각하는 공리주의란 효용의 양과 질 모두를 고려하는 도덕철학이며, 공리주의적 인간이란 이러한 기준을 나와 타인, 나아가 사회 전체에 적용할 줄 아는 존재라고 할 수 있다.

◆　　　　　　　　　　　　　## 모두의 자유를 꿈꾼
　　　　　　　　　　　　　## 공리주의 철학자

밀과 벤담으로 대표되는 공리주의 철학은 당대와 후대의 많은 사상가에 의해 반박 또는 발전되었다. 어떤 사람들은 공리주의가 그저 '결과'만 고려하는 편협한 이론에 불과하다며 손가락질했고, 또 다른 사람들은 공리주의 사상이 오로지 개인의 행복만 좇는 이론이라며 비판의 날을 세웠다. 하지만 반대로 '경험'을 바탕으로 인간 윤리의 토대를 쌓으려 했다는 점에서 공리주의의 발전 가능성이 무궁무진하다고 주장하는 이들도 존재했다.

그렇다면 150년 이상 시간이 지난 지금, 우리는 왜 존 스튜어트밀의 이야기에 귀 기울여야 할까? 그 대답을 얻으려면 우리는 우선밀의 또 다른 대표작인 《자유론》의 내용과 의미를 살펴볼 필요가 있다. 《공리주의》보다 4년 앞선 1859년에 출간된 《자유론》은 개인의 자유, 그중에서도 '생각의 자유'를 중점적으로 다루고 있다. 밀은 이 책을 통해 '인류 전체 구성원 중 단 한 사람만 다른 생각을 가지고 있다고 해도, 그 사람에게 일방적으로 침묵을 강요하는 행위는 결코 옳지 못하다'고 주장한다. 그리고 이를 실현하기 위해서 개개인의 생각과 토론의 자유를 보장하는 것이 무엇보다 중요하다고 말한다. 옳고 그름을 가리기에 앞서, 밀은 각자가 가진 개성과 다양성을 존중하는 자세를 가지는 것이 중요하다고 보았던 것이다.

개성과 다양성의 강조는 나아가 개인의 '독창성'이 사회 발전의 원동력이 된다는 주장으로 발전한다. 그 이유에 대해선 우리가 앞서 살펴본 '공리주의' 이론과도 연결지어 생각해 볼 여지가 충분하다. 공리주의는 '쾌락' 또는 '행복'의 양을 늘리고, '고통' 또는 '불행'을 줄이는 것을 기본 목표로 한다. 밀이 보기에 이는 개인의 측면은 물론, 사회 전체의 측면에서도 동일하다. 개개인이 자신의 다양성을 인정받지 못함으로써 생기는 '고통'은 개인의 불행은 물론, 사회 전체의 불행에도 해당하기 때문이다.

상황이 나아졌다고는 하지만, 우리는 여전히 개개인의 개성과 다양성에 대한 고민과 존중이 부족한 사회에서 살아가고 있다. 비극은 학교에서부터 시작된다. 초·중·고등학교를 거치는 동안 거의 같은 방식, 같은 기준, 같은 내용으로 수업을 듣고 평가받는다. 문제는 청소년기에서 멈추지 않는다. 대학생이 되면 모두가 비슷한 스펙을 쌓아 '남들이 다 아는' 회사에 취직하는 것을 목표로 살게 된다. 정해진 연령대가 되면 결혼하고 아이를 낳는 것이 당연한 수순으로 자리잡는다. 이런 흐름에 벗어난 삶을 사는 사람은 사회에 뒤떨어지는 사람이 되거나 '아싸'(주류에 소속되지 못하거나, 비주류인 사람을 일컫는 말인 '아웃사이더'의 준말)가 되기 십상이다.

밀은 문제의 해법을 '교육'에서 찾고 있는 듯하다. 물론 그렇다고 그가 공공 중심의 획일화된 교육을 제시한 것은 아니다. 전 국민을 대상으로 한 획일적인 교육은 국민을 그저 똑같은 사람들로 찍어내기 위한 술책에 불과하기 때문이다. 그는 개개인의 개성과 행동 방식의 다양성을 인정하고 발전시킬 수 있는 방향으로 교육의 변화와 성장이 이뤄져야 한다고 생각했다.

물론 밀의 이야기를 근거로 우리가 현재 우리의 교육 정책을 통째로 바꿔야 한다거나 공교육 전체를 포기해야 한다고 결론지어서는 곤란하다. 또한 교육만으로 모든 문제가 해결될 것이라고 볼 수도 없다. 알다시피 《공리주의》와 《자유론》은 모두 우리와 150년 이상의 시차를 지닌, 영국 국적의 시민 존 스튜어트 밀이 작성한 글이니 말이다. 하지만 오늘날 개인의 자유와 다양성을 존중해야 한다는 목소리가 여느 때보다 크게 울려 퍼지고 있다는 점, 밀이 경험하고 언급한 사회의 문제점을 지금의 우리 역시 상당수 경험하고 있다는 점에서 그의 이야기에 귀 기울일 가치가 충분해 보인다. 어쩌면 우리가 생각지도 못한 해법과 잊지 말았어야 할 가치를 존 스튜어트 밀의 철학 속에서 다시 찾게 될지도 모르기 때문이다.

함께 읽으면 좋은 책

- 《**도덕과 입법의 원리 서설**》 제러미 벤담, 나남, 2011
- 《**자유론**》 존 스튜어트 밀, 책세상, 2018
- 《**여성의 종속**》 존 스튜어트 밀, 책세상, 2018

16

루트비히 비트겐슈타인
《철학적 탐구》
1921

철학자, 철학의 새로운
임무를 가지고 돌아오다

루트비히 비트겐슈타인(Ludwig Wittgenstein, 1889~1951)

오스트리아 빈 태생의 철학자. 현대 영미분석철학의 선구자 중 한 사람으로 손꼽히며, 동시에 일상언어학파의 창시자로 평가받는다. 아버지의 권유로 공학을 공부했지만, 청년이 된 뒤 당대 최고의 철학자로 추앙받던 버트런드 러셀의 저서를 계기로 철학에 깊이 빠져들었다. 이후 케임브리지 대학에서 논리학자 윌리엄 어니스트 존슨, 철학자 조지 에드워드 무어, 경제학자 존 메이너드 케인스 등 석학들과 교류했으며, 분석철학의 이정표가 될 만한 발견을 해내기에 이른다.

※ 주요 저서: 《논리철학논고》

비트겐슈타인이 후기 철학의 대표작《철학적 탐구》를 쓰게 된 경위를 알기 위해서는 전기 철학의 대표작인《논리철학논고》의 내용과 발간 이후 그의 행보를 살펴볼 필요가 있다. 젊은 시절 비트겐슈타인은 이 세계가 마치 작은 퍼즐 조각들처럼 정교하게 구성되어 있고, 이를 정확히 맞추기만 하면 거대한 세계의 구조를 이해할 수 있으리라 기대했다. 그는 복잡한 퍼즐 조각의 위치를 잡아줄 단 하나의 기준 조각을 찾는다면, 세계를 온전히 이해하는 일을 더욱 빠르게 앞당길 수 있을 거라고 생각했다.《논리철학논고》는 그 '기준'에 대한 비트겐슈타인의 해답이 담긴 책이었다. 이 책을 낸 뒤 그가 어찌나 자신감에 넘쳤는지는《논리철학논고》의 서문에 담긴 문장을 통해 확인할 수 있다.

> "여기에 적힌 사고의 진리성에 대해서는 공격 불가능하며 완결적이다. 따라서 나는 모든 본질적인 점들에 있어서 문제의 최종적 해결점을 찾았다고 믿는다."

비트겐슈타인은 무슨 근거로 자신이 모든 문제의 해결점을 찾았다고 생각한 것일까? 그는 존재, 지식, 진리, 가치 등 소크라테스 이래로 제기된 철학의 문제 대부분이 우리가 사용하는 언어의 논리를 잘못 이해한 데에서 비롯되었다고 주장했다. 언어의 논리를 올바르게 이해하면, 기존 철학이 제기한 거의 모든 문제가 언어의 논리가 허용하는 한계를 넘어 말로 담을 수 없는 것을 표현하려는 시도에 불과했음을 알게 된다. 그리하여 우리는 그 논리가 적용될 수 있는 한계를 명확히 제시함으로써 무의미한 철학적 문제가 또다시 제기되는 사태를 방지할 수 있게 될 거라는 이야기다.

그럼 대체 언어의 논리라는 게 무엇이길래 비트겐슈타인은 이처럼 강력한 어조로 기존 철학을 비판한 걸까? 비트겐슈타인의 설명에 따르면 언어는 '나'와 '세계'를 연결해주는 일종의 매개자 역할을 한다. 다시 말해, 우리는 언어를 통해 세계를 이해하며, 그렇게 이해한 세계에 대해 언어로 타인과 의사소통할 수 있다는 것이다.

언어는 마치 거울처럼 세계를 반영한다. 거울에 비친 상은 결코 실제가 아니다. 하지만 우리는 거울에 비친 모습을 보고 그 대상이 실제로 어떤 모습을 하고 있는지 이해할 수 있다. 언어도 마찬가지이다. 언어 자체는 결코 실제 세계가 아니지만, 언어에 담긴 내용을 통해 우리는 실제 세계에 대한 이해에 도달하게 된다. 마치 거울처럼 말이다.

비트겐슈타인은 기존의 철학자들이 이러한 언어의 특성과 기능을 제대로 이해하지 못한 채, '진리란 무엇인가?' '신은 존재하는가?' '선과 악을 어떻게 구분할 수 있는가?' 같은 거창한 물음에만 에너지를 쏟았다고 보았다. 이런 질문의 가장 큰 문제점은 그들이 무어라 대답해도 우리가 그 문장의 참 또는 거짓 여부를 확인할 수 없다는 것이다. 거울에 비출 실제 사물도 없는데, 우리에게 거울에 비친 상을 보라고 외치는 것과 다름없기 때문이다. 비트겐슈타인은 그동안 철학이 다뤄온 대부분 문장이 이런 '무의미한 문장'에 속하며, 이러한 활동을 지속할 바에는 차라리 침묵하는 것이 낫다고 말한다. "말할 수 없는 것에 대해서는 침묵해야 한다"는 것이다.

그렇다면 침묵을 종용한 그는 왜 다시 《철학적 탐구》의 집필을 시작했을까? 바로 자신의 이론에 결함이 있다는 사실을 확인했기 때문이다. 철학계를 떠나 초등학교 교사로, 건축가로 살아가던 그는 우연히 철학자와 과학자의 모임인 빈 서클 멤버들과 만난 뒤 《논리철학논고》에 담긴 오류를 발견하게 되었다. 얼마 뒤, 그는 은퇴를 번복하고 학계로 돌아와 전기 철학의 결함을 극복할 방법을 탐구하기 시작했다. 비트겐슈타인 후기 철학의 대표작이라 할 수 있는 《철학적 탐구》에는 그의 치열한 자기 극복의 과정과 그 결과물이 담겨 있다.

◆ **일상의 언어를 이해하고 분석하는 것이 철학의 임무**

비트겐슈타인은 자신의 전기 철학에서 언어의 본질이 실재를 묘사하는 것에 있다고 설명했다. 더불어 실재를 묘사하지 못하는 언어는 무의미하며, 이 경우에는 차라리 '침묵'하는 것이 낫다고 주장했다. 하지만 그는 후기 철학의 대표작 《철학적 탐구》에서 이러한 자신의 견해를 일부 철회한다. 그는 이 책을 통해 개별적인 언어 현상에 '본질'이라고 부를 수 있는 공통적인 성질이 존재하지 않는다고 말한다. 이 책에서 비트겐슈타인은 언어를 일종의 '게임'에 비유했다. 축구, 농구, 윷놀이, 스타크래프트 등이 동일하게 게임의 범주에 포함되더라도 제각각 다른 규칙이 존재하는 것처럼, 우리의 언어 또한 그 언어가 사용되는 상황이나 맥락, 발화자의 의도 등에 따라 의미가 조금씩 다르게 정해진다고 본 것이다.

그는 언어에 '가족 유사성(family resemblances)'이 존재한다고 말한다. 가족끼리는 모두가 똑같이 가지고 있는 공통된 속성은 없지만, 서로 조금씩 닮은 점을 가지고 있다. 아빠와 딸의 코가 닮고, 엄마와 아들의 눈이 비슷하며, 남매끼리 입이 닮은 식으로 말이다. 비트겐슈타인은 언어도 이와 같다고 보았다. 불변하는 고정된 의미가 있는 것은 아니지만, 상황에 따라 유사하게 공유되는 의미 정도는 존재한다는 것이다.

따라서 그는 언어가 일종의 '놀이'와 같다고 보았다. 언어를 사용해 타인과 소통하고 자신을 표현하는 과정이 마치 끊임없이 이어지는 놀이를 하는 것과 같다는 이야기다. 비트겐슈타인은 인간이 이러한 언어 '놀이'에 참여함으로써 언어를 배우게 된다고 설명한다. 놀이에 참여하면서 단어와 문장의 의미가 어떻게 생겨나고 사용되는지 이해하고, 이를 통해 언어의 뜻을 조금 더 명확하게 밝힐 수 있다는 뜻이다.

비트겐슈타인이 보기에 이제 철학자가 해야 할 일은 인간과 세계의 심오한 의미를 파헤치는 일이 아니다. 철학적 문제에 올바르게 접근하기 위해선 일상의 언어가 우리의 삶 속에서 드러나는 다양한 용법을 받아들이는 데 심혈을 기울여야 하기 때문이다. 다시 말해, 비트겐슈타인은 인간과 세계의 심원한 의미를 파헤치는 것이 아닌, 일상 언어의 의미를 이해하고 분석하는 것이 철학의 임무라고 보았던 것이다.

마지막으로 비트겐슈타인은 '사적 언어'의 문제에 관해 이야기한다.《철학적 탐구》에 따르면 사적 언어란 '다른 사람은 이해 못 하지만, 나에게만 이해되는 언어'이며 '말하고 있는 사람만이 알 수 있는 것, 즉 직접적이고 사적인 그 사람의 감각을 가리키는 언어'이다. 앞서 살펴본 것처럼 언어를 사용한다는 건 일종의 언어 놀이에 참여하는 것과 다름없다. 언어 놀이가 성립하려면 그 놀이를 위해 합의된 규칙이 존재하고, 이를 따르는 사람이 있어야 한다. 바꿔 말하면, 사적인 언어 놀이가 가능하다는 것은 본인만 따를 수 있는 사적인 규칙이 존재한다는 뜻이다.

그렇다면 사적인 규칙은 존재할 수 있는가? 결론부터 말하자면 불가능하다. 개인의 규칙을 적용하여 만들어진 언어가 옳은지 그른지 이야기할 수 있는 근거가 어디에도 없기 때문이다. 그것은 그저 규칙이 바르게 또는 바르지 않게 적용된 것처럼 '보일' 뿐이다. 비트겐슈타인에 따르면 사적 언어란 존재하지 않는다. 우리는 언어와 그 사용법을 사회의 여러 상황으로부터 배워가는 것이기 때문이다.

비트겐슈타인이 사적 언어의 문제를 언급한 것은 근대 이후 제기된 수많은 철학적 논의들이 철학자 개인의 사적 경험을 토대로 이루어졌기 때문이다. 이들의 주장에 따르면 우리는 자신의 경험에 대해 확실한 지식을 가지고 있으며, 이러한 지식에는 오류가 있을 수 없다. 하지만 앞서 살펴본 바와 같이 자신의 경험만을 기반으로 하는 언어와 이론은 옳고 그름을 따질 수 없는 영역에 속한다. 그래서 이들의 이론을 온전하며 합당하다고 보기는 어렵다는 것이 비트겐슈타인의 입장이었다.

◆ 20세기에 가장 영향력 있는 인물, 그러나 더 탐구되어야 할 인물

비트겐슈타인의 철학은 크게 두 개 학파와 이론의 형성에 지대한 영향을 미쳤다. 우선 논리실증주의에의 영향을 들 수 있다. 비트겐슈타인의 전기 철학인 《논리철학논고》의 영향을 받은 논리실증주의자들은 어떠한 주장이라도 경험으로 검증할 수 있을 때 의미가 있다는 입장을 견지했다. 그들은 철학에 포함된 정서적 요소들을 모두 제거하고, 철학을 과학적인 것으로 만드는 것이 자신들의 목표이자 철학이 나아가야 할 길이라고 여겼다.

비트겐슈타인의 동료이자 스승이었던 버트런드 러셀도 비트겐슈타인의 전기 철학에서 많은 영향을 받았다. 그는 1918년에 '논리적 원자론의 철학'이라는 이름의 대중 강연을 여러 차례 진행했는데, 해당 강연의 내용 중 상당 부분이 비트겐슈타인의 아이디어에서 영감을 받았다는 사실을 언급했다. 다만 두 사람의 논의가 제1차세계대전 기간 동안 중단된 채 독자적인 형태로 작업이 이루어졌다는 점, 러셀 또한 이미 당대에 논리학 분야의 대가로 인정받은 인물로서 비트겐슈타인의 철학을 받아들이는 과정에서 자신의 분명한 관점으로 접근했다는 점 등을 감안하여 그 내용을 살펴볼 필요가 있다.

일상언어학파에 미친 영향도 빼놓을 수 없다. 우리가 살펴본 후기 철학의 대표작《철학적 탐구》에 영향을 받은 일상언어 철학자들은 이상적인 언어의 사용을 지양하고 생활에서 사용하는 일상언어를 사용함으로써 그 표현이 의미하는 바를 명확히 해야 한다고 주장했다. 초기에는 노먼 맬컴, 앨리스 앰브로즈, 프리드리히 바이스만 등이 주축이 되어 아이디어를 개발했고, 20세기 중반 옥스퍼드 대학의 철학 교수진이었던 길버트 라일, 존 랭쇼 오스틴, 허버트 라이오넬 아돌푸스 하트, 피터 스트로슨과 같은 학자들에 의해 활발히 연구되었다. 이후 일상언어 철학을 연구한 학자로는 스탠리 카벨과 존 설 등이 있으며, 비트겐슈타인을 연구한 옥스퍼드의 앤서니 클리퍼드 그레일링은 자신의 저서《비트겐슈타인》을 통해 "20세기 중반 이후의 언어철학의 성과 가운데 3분의 2는 비트겐슈타인의 작업에 바탕을 두고 있다"라고 언급하기도 했다.

물론 비트겐슈타인의 영향이 두 개 학파 혹은 몇몇 인물들에게만 국한된다고 보아서는 곤란하다. 비트겐슈타인의 철학은 영미권은 물론, 독일과 프랑스를 중심으로 하는 유럽 철학계 전반에 큰 영향을 미쳤다. 언어 게임의 아이디어는 해석학과 연관 지어져 논의되었으며, 후기 비트겐슈타인의 철학적 아이디어 일부는 프로이트의 심리학과 함께 논의되기도 했다.

누군가는 비트겐슈타인의 철학이 과대평가되었다고 주장한다. 또 다른 누군가는 그가 플라톤, 이마누엘 칸트, 프리드리히 니체 등과 더불어 철학사에 가장 많은 공헌을 한 인물이라고 이야기하기도 한다. 하지만 가장 중요한 것은 그에 대한 평가는 물론, 비트겐슈타인 철학에 대한 이해와 탐구가 모두 현재 진행형이라는 사실이다. 비트겐슈타인과 그의 철학에 대한 진정한 평가는 어쩌면 아직 내려지지 않은 것인지도 모른다. 그리고 우리는 그에 대한 온당한 평가를 보다 활발한 '놀이'의 과정을 통해 찾아내야 하는지도 모르고 말이다.

함께 읽으면 좋은 책

- 《논리철학논고》 루트비히 비트겐슈타인, 동서문화사, 2008
- 《확실성에 관하여》 루트비히 비트겐슈타인, 책세상, 2020

17

애덤 스미스
《국부론》
1776

경제 발전, 개인의 이기심에서
비롯되었나

애덤 스미스(Adam Smith, 1723~1790)

영국의 정치경제학자이자 윤리학자. 근대 경제학의 아버지로 불린다. 1751년, 27살의
나이로 글래스고 대학의 교수가 되었고, 1764년부터는 헨리 스콧의 개인 교수가 되어
유럽을 여행했다. 이때 그는 철학자 볼테르, 정치가이자 과학자인 벤저민 프랭클린 등을
만나며 견문을 넓혔고, 이는 훗날 자신의 대표작 《국부론》을 저술하는 계기가 되었다.
1778년 스코틀랜드의 관세위원회 위원으로 임명되었고, 1787년에는 글래스고 대학의
총장으로 선출되었다.

※ 주요 저서: 《도덕감정론》

애덤 스미스가 살아간 18세기의 유럽은 사회 곳곳에서 급격한 변화가 일어나던 시대였다. 봉건사회에서 근대 사회로 이행이 이뤄졌으며, 계몽주의와 근대화의 분위기가 무르익고 있었다. 17세기 영국의 청교도 혁명과 명예 혁명의 영향을 받아 18세기에는 미국 독립 혁명, 프랑스 혁명 등이 연달아 일어났고, 이를 통해 새로운 계급의 성장이 이루어졌다. 혁명을 통해 새로운 세상을 얻은 '시민'들은 이전과는 다른 눈으로 사회를 바라보았다. 수동적이며 나태한 기존의 사고방식에서 벗어나 능동적이며 근면 성실한 태도를 강조하는 근대적 사고관을 갖추게 된 것이다.

경제 변화도 두드러졌다. 새로운 계급, 즉 부르주아와 신흥자본가가 등장했기 때문이다. 이전에는 상상할 수도 없는 빠른 속도로 자본이 축적되었고, 이에 발맞춰 거대한 규모의 투자가 이뤄지기 시작했다. 정치 안정화를 위한 각종 제도가 마련되었으며, 개인의 자유와 평등에 대한 보장도 점차 확대되어갔다. 마침내 새로운 시대에 걸맞은 새로운 사회의 모습이 갖춰지게 되었다.

하지만 이전 시대의 모습도 많은 부분 남아 있었다. 가부장적인 국가관이 유지되었고, 이에 따라 과도한 규제와 통제를 바탕으로 각종 공공정책이 전개되었다. 정치 및 경제 주체들이 자신들의 이권만 도모하는 이른바 '지대 추구(rent seeking)' 행위도 빈번하게 발생했다. 물론 이로 인해 정부 자원이 극심하게 낭비되는 것은 당연했다. 국제 질서도 여전히 비합리적이었다. 반복적이며 소모적인 전쟁으로 자원 낭비가 꾸준히 일어난 것이다.

애덤 스미스는 운 좋게 세상의 이런 변화를 눈으로 확인할 수 있었다. 타운센드 공작의 아들인 헨리 스콧의 개인 교사 자격으로 유럽 각지를 여행할 기회를 얻었던 것이다. 여행을 마치고 1766년에 귀국한 그는 이후 약 10년 동안 서재에 파묻혀 한 권의 책을 쓴다. 훗날 그를 '지금까지의 역사에서 가장 위대한 경제학자'라는 찬사를 듣게 만들어준 바로 그 책 《국부론》이었다.

◆　　　　　우리는 '이기심' 덕분에
부유해질 수 있다

《국부론》을 이해하기 위해 우선 애덤 스미스의 인간관을 살펴보자. 그가 이해하는 '인간'은 다층적이고 복합적인 존재이다. 가령 그의 초기작인 《도덕감정론》에서는 인간의 본성이 상대적으로 이타적으로 그려지지만, 중장년 시기에 쓴 《국부론》에서는 이기심이 행위의 핵심 동기로 전개된다. 이는 애덤 스미스가 사회의 구조, 그리고 그 구조에서 영향받는 인간의 본성을 각기 다르게 해석했기 때문이었다. 즉 공동체에서는 인간의 본성이 이타심에서 시작되지만, 경제 세계에서는 자기애 혹은 이기심을 인간의 본성으로 봐야 한다고 여긴 것이다. 이러한 이해를 토대로 애덤 스미스는 자신의 상황을 개선하고자 하는 개개인의 노력이 사적인 부는 물론, 사회 전체의 부를 향상하는 데에도 큰 도움이 된다는 견해를 《국부론》을 통해 펼친다.

애덤 스미스는 서로에게 유용한 물건을 교환하는 것이 인간의 고유한 특징이라고 말한다. 예를 들어, 우리는 동물이 사람이나 다른 동물로부터 무엇인가를 얻고자 할 때, 상호 협의를 통해 물건을 교환하는 모습을 기대할 수 없다. 강아지는 어미에게 어리광을 부리고, 먹을 것을 얻고 싶을 때 온갖 재주를 부려 주인의 관심을 받으려고 할 뿐이다. 만약 동물이 상대로부터 무언가를 얻고 싶다면 그것을 가진 상대의 환심을 사고, 호의에 기대는 수밖에 없다는 것이다.

반면 인간은 동물과 다르다. '흥정'할 줄 알기 때문이다. 인간은 서로에게 이익이 되는 방향을 찾아갈 줄 아는 존재이다. 이러한 흥정 능력은 훗날 시장 경제 체제가 출현하는 결정적인 계기가 된다. 흥정의 기술을 활용해 모든 물건을 스스로 만들고 스스로 소비해야 하는 자급자족 체제에서 벗어날 수 있었기 때문이다. 사람들은 차츰 더 소수의 품목에 집중하게 되고, 마침내 '분업'이 일어나게 된다.

분업은 노동의 질적 측면에서도 극적인 큰 변화를 만든다. 그 변화를 보여주는 대표적인 사례가 한 사람이 옷핀을 만드는 것과 공장에서 분업을 통해 옷핀을 만드는 경우의 차이이다. 한 사람이 옷핀 만들기의 전 공정을 거치는 경우 하루에 20개를 만들기도 어렵지만, 열 사람이 분업을 통해 옷핀을 만들면 한 사람당 하루에 4,800개나 되는 옷핀을 만들 수 있다. 분업을 하면 혼자 생산 활동을 할 때보다 240배이상의 효율을 낼 수 있다는 이야기다.

애덤 스미스는 분업이 노동 생산력을 극적으로 높이는 데는 크게 세 가지 이유가 있다고 설명한다. 첫 번째는 분업이 일을 단순한 작업으로 분해해주고 그 단순한 작업을 노동자의 평생 직업으로 만들어 줌으로써 노동자의 기능을 향상시키기 때문이다. 두 번째는 어느 일에서 다른 일로 넘어갈 때 소모되는 시간을 줄여주기 때문이다. 세 번째는 노동자가 단순한 작업에 종사하는 동안 그 작업을 능률적으로 실행하는 방법을 발견할 가능성이 크다.

애덤 스미스는 분업으로 인해 생산성이 높아지고, 누구나 특별한 기술을 배울 필요 없이 노동할 수 있는 환경이 갖춰지면 모든 사람이 부를 얻을 수 있으리라 기대했다. 또한 이 사회는 상호 이익에 기초하므로, 사람들이 각자 자신의 이익을 추구하면 사회 전반이 이득을 취하는 구조가 마련된다고 보았다. 그가 보기에 우리가 저녁 식사를 기대할 수 있는 이유는 '푸줏간 주인, 양조장 주인 혹은 빵집 주인의 자비심 때문이 아니라 이익을 추구하는 그들의 생각 덕분'이다. 시장의 '보이지 않는 손'이 작동하는 시대가 도래한 것이다.

보이지 않는 손이 작동하는 시대가 되면 정부의 역할은 크게 세 가지로 한정된다. 국방, 사법 그리고 개인의 이익과는 무관한 공공사업과 공공시설의 설립 및 유지가 그것이다. 애덤 스미스는 누구도 특권을 갖지 않는 사회에서 자율적인 개인이 자신의 행복을 찾아 서로 경쟁하는 환경을 유지하는 것이 국가의 역할이라고 보았다.

국내를 기점으로 활성화된 거래는 자연스럽게 나라 사이에도 활성화된다. 광범위한 범위의 교역 및 상호 교류가 이루어지는 것이다.

애덤 스미스는 이러한 교류가 국가 간 힘의 균형을 맞추고 국제 관계의 개선을 가져오는 가장 좋은 방법이라고 여겼다. 국가와 국민 사이에 상호의존성이 증가하는 것은 물론, 세계 경제와 네트워크에 의해 각 공동체 문화의 이해가 높아지고 장기적으로는 세계 평화가 증진될 것이라고 봤다.

◆ ## 철학과 경제학을 넘어
위대한 고전이 된 책

《국부론》이 출간되고 얼마 뒤, 영국 경험론 철학의 대표자 중 한 명이자 애덤 스미스의 절친한 동료였던 데이비드 흄은 다음과 같은 내용이 담긴 편지를 보냈다. "책의 정독에 많은 주의가 요구되는 경우, 일반 독자는 큰 관심을 두지 않게 됩니다. 때문에 이 책이 빠르게 대중화되기는 어려울 것입니다. 하지만 이 책은 깊이, 확고함, 정확성에 기초하고 있습니다. 게다가 호기심을 끄는 많은 사실들에 의해 예증되고 있어서 결국에는 대중의 관심을 끌 수밖에 없을 것입니다."

데이비드 흄의 이러한 예언은 일부는 맞고 일부는 틀렸다. 우선 틀린 점은 이 책이 명성을 얻고 대중화되는 데 얼마 시간이 걸리지 않았다는 점이다. 오늘날로 따지면 30만 원이 넘는 고가에 책이 판매되었음에도 1,000권의 초판 물량이 출간 반년도 안 돼 모두 판매되었다. 2년 뒤 출산된 2판은 가격이 더 올랐는데도 금세 동이 났고, 독일과 프랑스, 러시아 등 여러 나라에서 번역판 출간도 잇따랐다.

흄의 예언 중 맞는 부분도 있었다. 바로 이 책이 깊이, 확고함, 정확성에 기초하여 오랜 기간 대중은 물론 경제학 전문가들의 깊은 관심과 애정을 받았다는 점이다. 심지어 책이 출간된 지 250년 가까운 시간이 흐른 지금도 이 이야기는 유효해 보인다. 《국부론》은 이제 단순한 철학서 또는 경제학서를 넘어 자본주의 경제 체제를 가장 잘 이해한 위대한 고전으로 평가받고 있다.

물론 애덤 스미스와 유사한 성격의 경제학 이론을 펼친 사례가 이전에 전혀 없었던 것은 아니다. 15세기 아랍 사상가 이븐 할둔은 분업과 생산성을 강조했고, '스미스 이전의 스미스'라 불리는 16세기 영국 사상가 토마스 스미스는 인간 행동의 원동력을 이기심으로 파악해 이를 기반으로 다양한 경제 정책을 펼쳐야 한다고 주장했다.

그렇다면 왜 애덤 스미스는 이들을 제치고 '근대 경제학의 아버지'란 호칭을 얻게 되었을까? 심지어 그는 한 번도 경제학 교수였던 적이 없고, 경제학이라는 용어조차 사용하지 않은 인물임에도 불구하고 말이다. 크게 두 가지 이유를 들 수 있는데, 첫 번째는 그가 시기를 잘 만났다는 점이다. 애덤 스미스는 근대 세계 경제가 막 형성되는 시기에 살았다. 너무 이르지도, 너무 늦지도 않은 시기에 태어난 덕분에 근대 경제 체제를 설명할 기회를 얻었다. 두 번째는 그가 근대 경제 체제의 특징을 가장 잘 이해하고 이를 집대성했다는 점이다. 이전에도 변화하는 경제 상황을 파편적으로 이해하는 사람은 많았지만, 애덤 스미스만큼이나 이를 명확하게 이해하고 철저히 분석한 사람은 존재하지 않았다.

물론 《국부론》에 대한 긍정적 시각만 있는 것은 아니다. 누군가는 이 책이 노동의 가치를 객관적으로 평가하지 못한 탓에 형평성의 문제가 발생했다고 지적했으며, 또 다른 누군가는 그의 이론이 생산성만 강조한 공급 위주의 경제 성장 정책에 불과하다고 비판했다. 또한 화폐의 가치와 역할을 간과했다는 비판도 뒤따랐다.

그럼에도 불구하고 그의 사상이 보여주는 근대 이후 경제 체제에 대한 이해의 탁월성만큼은 결코 무시할 수 없다. 물론 이것이 이 책을 여전히 많은 사람이 찾고 탐독하는 이유일 터다.

함께 읽으면 좋은 책

- 《**도덕감정론**》 애덤 스미스, 한길사, 2016
- 《**진보와 빈곤**》 헨리 조지, 비봉출판사, 2016
- 《**죽은 경제학자의 살아있는 아이디어**》 토드 부크홀츠, 김영사, 2009

4장

★

후대 철학자에게
큰 영향을 미친
가치 있는
철학 명저

18

미셸 푸코
《감시와 처벌》
1975

68혁명의 불꽃을 품고 열린
새로운 철학의 가능성

미셸 푸코(Paul-Michel Foucault, 1926~1984)

프랑스의 철학자. 20세기의 인문학과 사회과학 분야에서 가장 중요한 것으로 평가받는
인물이다. 다양한 저술 및 강연 활동을 펼쳤으며, 이민 노동자들을 지원하는 운동에 참
여하거나 죄수들의 생활 조건 개선을 위한 단체 창립을 주도하는 등 사회 문제 해결에도
적극적으로 참여했다.

※ 주요 저서: 《광기의 역사》 《임상의학의 탄생》 《말과 사물》 《성의 역사》

때는 1968년 3월, 프랑스에서 혁명이 일어났다. 미국의 베트남 전쟁 참전을 항의하기 위해 8명의 청년이 아메리간 익스프레스 파리 지사를 습격한 것이다. 이를 시작으로 프랑스 전역에서 대학생들의 시위와 노동자들의 파업이 일어났다. 흔히 68혁명이라 불리는 이 운동은 프랑스는 물론 유럽 전역에 많은 영향을 미쳤다. 독일, 체코슬로바키아, 스페인 등 여러 지역에서 청년들의 반정부 시위 및 반전주의 운동이 발발했다. 이때의 혁명으로 전후 프랑스의 지도자였던 드골 대통령이 자리에서 물러났으며, 독일은 기독민주당 정권이 무너지고 사회민주당 정권이 들어섰다.

하지만 이런 정치적 변화에도 불구하고 근본적인 개혁은 일어나지 않았다. 정권이 바뀌었을 뿐, 개개인의 자유에 대한 억압은 계속되었기 때문이다. 68혁명은 정치적으로 조직되지 못했고, 혁명을 주도한 대학생들과 노동자들은 기성세대를 대체할 비전을 보여주지 못했다. 게다가 과거와 같은 형태의 대규모 운동이 일어나는 경우는 현저히 줄었고, 간헐적으로 일어나는 운동 또한 대부분 소규모 파괴 운동에 그쳤다. 결국 혁명의 불길은 차츰 사그라들고 말았다.

변혁에 대한 순수성을 유지하던 소수의 지식인은 사회와 운동 전반에 새로운 인식과 행동이 요구되는 시기가 도래했다고 인정할 수밖에 없었다. 그리고 변화를 통해 다시 혁명의 가능성을 모색할 수 있으리라 기대를 품기 시작했다.

이러한 문제의식과 가능성의 전면에는 미셸 푸코가 있었다. 푸코는 68혁명의 불길이 거세게 몰아치던 시기에 튀니지의 튀니스 대학 철학과 교수로 재직 중이었다. 튀니지도 68혁명의 영향에서 자유롭지 않았다. 학생들은 처음에는 팔레스타인 형제들을 위해, 나중에는 무능하고 폭력적인 정권의 타도를 위해 제 한 몸을 희생했다. 튀니지의 68혁명을 목격한 푸코는 프랑스의 68혁명이 거의 끝나갈 무렵 프랑스로 돌아왔다. 그리고 68혁명을 계기로 기획된 뱅센 실험대학 창설에 합류한다.

뱅센 실험대학은 68혁명에 놀란 프랑스 정부가 계층 간 장벽을 허물겠다며 착수한 고등 교육 개혁의 목적으로 설립되었다. '학문 간의 벽 허물기와 학생 참여 운영, 그리고 자유'라는 원칙을 내세운 것이 특징이었다. 68정신으로 설립된 대학인만큼 68혁명에 참여했거나 그 정신에 공감하는 지식인들이 대거 교수진으로 참여한 경우가 많았다.

높은 기대 속에서 설립되었지만, 문을 연 직후부터 소요와 논란이 끊이지 않았다. 1969년 1월에는 68혁명에 대한 다큐멘터리 상영을 제한한 교육부에 항의하여 학생들이 대학을 점거하는 일이 일어났다. 얼마 뒤에는 새로 부임한 교육부 장관이 마르크스주의 일색의 커리큘럼을 핑계로 뱅센 대학의 학위를 인정해주지 않겠다고 선언했다. 푸코는 자유를 약속하더니 막상 자유를 실현하려 하자 이를 탄압하고 억압하려는 이들의 속성, 나아가 그러한 일이 일어나는 이 사회의 구조를 이해하고 싶었다.

그런 푸코의 관심을 끈 것은 지성사, 그중에서도 '과학사'였다. 그는 과학사의 연구를 통해 과학을 구성하는 담론의 체계를 찾아내고자 했다. 즉 각 시대와 사회를 지배하는 사고의 체계를 알아내고자 한 것이다. 《말과 사물》《임상의학의 탄생》《지식의 고고학》 등 푸코의 초기작은 이를 확인하기 위한 시도들이었다. 그리고 일련의 연구 활동을 통해 그는 담론 체계가 불변의 '진리'를 남은 것이 아닌, 역사적 흐름에 따라 변형되어 간다는 사실을 확인했다.

다음으로 그가 마주한 문제는 이러한 '담론 체계'가 어떻게 형성되고, 또 변형되는가 하는 것이었다. 그는 이를 확인하기 위해 각 담론 체계를 역사적으로 성립시킨 조건들을 탐구하기 시작했다. 그리고 1975년, 그 결과물 중 하나로 우리가 살펴볼 책 《감시와 처벌》을 발표한다.

◆ ## 감시와 처벌 방식의 변화를 통해 권력의 영향력과 의도를 살피다

푸코는 《감시와 처벌》을 통해 감옥의 역사와 형벌 제도의 변화를 연구했다. 그는 감옥 제도가 어떠한 이유로, 어떻게 만들어지고 널리 퍼지게 되었는지 밝혔다. 또한 이를 통해 권력이 시대에 따라 어떻게 사람들을 지배하고 통제했는지를 설명하고자 했다.

이 책은 1757년에 루이 15세를 죽이려다 미수에 그친 프랑수아 다미앵에 대한 판결문으로 시작한다.

"상기한 호송차로 그레브 광장에 옮겨간 다음, 그곳에 설치될 처형대 위에서 가슴, 팔, 넓적다리, 장딴지를 뜨겁게 달군 쇠집게로 고문을 가하고, 그 오른손은 국왕을 살해하려 했을 때의 단도를 잡게 한 채, 유황불로 태워야 한다. (중략) 몸은 네 마리의 말이 잡아끌어 사지를 절단하게 한 뒤, 손발과 몸은 불태워 없애고 그 재는 바람에 날려버린다."

이 장면은 절대주의 시대 프랑스에서 이루어진 형벌의 모습을 단적으로 보여준다. 다미앵이 국왕 시해를 시도한 중범죄자임을 고려하더라도, 처형은 지나치게 끔찍하고 잔인한 방식으로 진행되었다. 게다가 형벌의 과정은 대중들에게 공개되었다. 당사자와 가족, 지인들에게는 수치심과 모욕감을, 이를 지켜보는 사람들에게는 공포감을 심어주었다.

하지만 근대 국가가 성립된 뒤, 형벌의 방식이 크게 변화한다. 이를 보여주는 대표적인 예가 1838년에 작성된 〈파리 소년 감화원을 위한 규칙〉이다. 규칙은 단순하고 명료하다. 제소자의 일과는 '겨울 오전 6시, 여름 오전 5시에 시작'되며, 노동 시간은 '계절과 관계없이 하루 9시간'을 맞추고, '하루 중 두 시간은 반드시 교육받아야 한다'는 식으로 말이다. 마치 군대 또는 공장에서나 볼 수 있을 법한 이 규칙이 가지는 의미는 무엇일까? 바로 근대 국가에 접어들며 형벌이

'감옥'의 형태를 띠기 시작했다는 것이다. 푸코는 이러한 변화의 시사점과 의의를 다음과 같이 설명한다.

첫 번째로 우리가 알 수 있는 사실은 권력이 '더는 형벌을 구경거리로 삼지 않게 되었다'는 것이다. 이는 권력이 자신을 드러내지 않는 형태로 지배 방식을 바꾸었음을 뜻하며, 동시에 형벌이 처형 대상에 대한 동정심을 낳거나 저항을 야기하는 일을 차단하고자 그 전략을 수정했음을 의미한다. 두 번째로 알 수 있는 사실은 '신체에 대한 제제의 목적이 바뀌었다'는 것이다. 조금 더 구체적으로 이야기하면 근대 이후의 형벌은 개인의 자유를 박탈하는 방향으로 변화했다. 즉 권력은 감옥을 이용하여 자유로운 신체를 제약하고, 자신들이 원하는 방향으로 사람들을 교화하고자 한 것이다.

그는 이 책에서 18세기 영국의 철학자 제러미 벤담이 제안한 감옥의 개념을 활용해 근대 국가 권력의 작동 원리를 조금 더 알기 쉽게 설명했다. '파놉티콘'이라 불리는 이 감옥은 구조물 중앙에 위치한 소수의 감시자가 외곽에 배치된 수감자들을 한 번에 감시할 수 있도록 설계되어 있다. 감시자가 자리한 중심부는 어둡게 만들어져 수감자들이 감시자를 확인할 수 없으며, 수감자들은 종일 자신이 감시받고 있다는 느낌을 받게 된다. 벤담은 이러한 감옥의 구조를 설계하며 최소 인력으로 최대의 감시 효과가 만들어질 수 있다고 보았다.

미셸 푸코는 파놉티콘의 의미를 사회 전체로 확장하여 자신의 이론을 설명한다. 파놉티콘이 감시자의 존재와 관계없이 수감자 스스로 자신의 행동을 통제하도록 강제하는 것처럼, 사람들 스스로 자신의 행동을 통제하게 만드는 것이 근대화 그리고 권력의 가장 큰 특징이라는 것이다.

아울러 푸코는 이러한 권력의 감옥 체계가 사회 곳곳에서 작동하고 있다고 덧붙인다. 그는 특히 권력이 지식과 결탁하여 자신의 체제를 공고히 하고 있다고 말한다. 학교가 공장, 군대, 병원, 나아가 감옥과 유사한 모습을 하는 것은 결코 놀라운 일이 아니다. 권력은 자신들에게 필요한 학문만을 발전시키고, 나아가 학생들에게는 은연중에 권력의 가치관을 주입함으로써 모두를 자신의 입맛에 맞는 존재로 만들어 가고 있기 때문이다. 이처럼 근대 형벌 체계의 변화 이유를 살피는 것은 물론, 사회 곳곳에 미치는 권력의 영향력과 의도를 확인하고자 쓰인 책이 바로 푸코의 대표작 《감시와 처벌》이다.

◆ ## 후대 사상가에게 가장 큰 영향을 준
20세기의 철학자

푸코의 《감시와 처벌》은 철학은 물론, 사회과학 분야의 명저로도 손꼽히는 책이다. 1975년 출간된 직후부터 프랑스의 인문학계 및 사회과학계에서 큰 반향을 불러왔다. 이 책은 2년 뒤인 1977년에 영어로 번역되어 전 세계로 퍼져나갔고, 푸코를 당대 가장 유명한 철학자로 만드는 데 크게 공헌했다.

푸코는 지난 1984년에 세상을 떠났지만, 그를 향한 관심과 영향력은 이후에도 꾸준히 높아져 왔다. 철학은 물론, 인류학과 사회학, 언론정보학, 페미니즘, 비판 이론 등 여러 학문 분야에 영향을 미쳤으며, 그 결과 2000년대에 들어 세계에서 가장 많이 인용된 인문과학 저자로 여러 차례 언론에 소개되기도 했다.

국내 학계에 미친 영향력도 무시할 수 없다. 푸코의 사상은 1990년대 초반부터 민주 정부 수립, 소련 붕괴 등 급격한 정세 변동에 따른 마르크스 철학의 대안으로 수입되기 시작했다. 특히 국내 한 언론의 조사 결과에 따르면, 푸코는 '1990년대 한국 지식인들에게 가장 영향을 준 인물'로 선정될 정도로 당대 지식인에게 많은 영향력을 행사했다.

그렇다면 전 세계 많은 지식인이 푸코를 주목한 이유는 무엇일까? 가장 많이 언급되는 이유로 '계몽주의에 대한 푸코의 비판적 태도'를 들 수 있다. 푸코는 이마누엘 칸트를 비롯한 여러 근대 철학자들이 계몽에 취하는 태도, 즉 '이성적 능력의 확대가 개인의 자율성과 자유를 증대시켰다'는 믿음에 반기를 든다. 이들의 믿음과 달리, 푸코는 우리가 근대 사회의 권력에 의해 계산되고 조직된 방식으로 길들여지고 있다고 말한다. 이성적 능력을 신장시키는 계몽의 기획이 개개인의 자유를 억압하고 축소하는 방향으로 발전했다는 것이다.

물론 이러한 입장에 모두가 동의한 것은 아니었다. 질 들뢰즈, 브루노 라투르 등 당대 및 후대 철학자들이 푸코를 "근대와 비근대의 이분법적 사고에서 벗어나지 못한 철학자"라고 비판한 것이 대표적인 예이다. 하지만 그럼에도 불구하고 푸코의 사상이 지난 20세기 지식인들에게 미친 영향력, 나아가 현 시대를 이끌고 있는 새로운 철학자들에게 준 영감은 결코 무시할 수 없다. "푸코는 가장 완전한, 아마도 유일한 20세기의 철학자이다. 19세기에서 완전히 벗어났다는 점에서"라는 질 들뢰즈의 평가가 보여주는 것처럼 말이다.

함께 읽으면 좋은 책

- 《**광기의 역사**》 미셸 푸코, 나남, 2020
- 《**말과 사물**》 미셸 푸코, 민음사, 2012
- 《**성의 역사**》 미셸 푸코, 나남, 2020

19

게오르크 헤겔
《역사철학강의》
1837

프랑스 혁명의 정신이 낳은
프로이센의 철학자

게오르크 헤겔(Georg Wilhelm Friedrich Hegel, 1770~1831)

독일의 철학자. 독일 관념론을 완성한 것으로 평가받는다. 자연, 역사, 정신의 모든 세계
는 끊임없이 변화하고 발전하며, 이는 정반합(正反合) 구조의 변증법적 전개 원리로 설명
될 수 있다고 주장했다. 이 원리는 훗날 마르크스주의에 비판적으로 계승되어 19세기 사
회와 학문에 큰 영향을 미친다.

※ 주요 저서: 《정신현상학》 《엔치클로페디》 《법철학 강요》

때는 1789년, 혁명의 열기가 유럽을 휩쓸었다. 절대 왕정 체제를 타파하고 근대 사회의 문을 연 바로 그 사건, '프랑스 혁명'이 일어났기 때문이다. 프랑스에서 시작된 혁명은 유럽 전역으로 퍼져나갔다. 수많은 사람이 혁명의 정신인 자유와 평등, 박애를 외쳤고, 지식인들은 폭군의 사슬로부터 해방을 가져올 기회가 왔다며 혁명의 정신을 고취시켰다. 그리고 여기, 이 혁명의 정신에 매료되어 철학의 길에 접어든 인물이 있다. 독일 관념론의 완성자라 불리는 철학자 게오르크 헤겔이 그 주인공이다.

청소년 시절 헤겔은 그리스 문학과 역사를 깊이 공부했다. 특히 그는 고대 그리스의 도시 국가 폴리스(Polis)를 개인과 공동체가 조화를 이룬 이상 사회로 여겼다. 이러한 관점은 이후에 그가 자신의 철학과 역사관, 국가관을 정립할 때 중요한 역할을 하게 된다. 역사의 의미를 철학적으로 이해하는 데 집중한 헤겔은 대학 교수가 되어 '세계사 철학'이라는 과목을 가르쳤다. 이 수업 내용은 그가 세상을 떠난 뒤, 제자들에 의해《역사철학강의》라는 이름의 책으로 출간되었다.

헤겔은 인문계 중고등학교인 김나지움을 졸업하고, 튀빙겐 신학 대학에 장학생으로 입학했다. 그가 신학 대학에 입학한 것은 먼저 세상을 떠난 어머니의 소망 때문이기도 했지만, 동시에 빠르게 출세할 수 있으리라는 기대가 섞인 결정이기도 했다. 당시 독일 정부가 기독교를 통해 국민정신을 계몽하는 정책을 내세우고 있었기 때문이다.

그러나 그는 이곳에선 별다른 두각을 드러내지 못했다. 성적도 일부 과목을 제외하곤 대부분 평균 이하를 맴돌았다. 심지어 그가 받아든 졸업증명서에는 '신학과 문헌학에는 조예가 있으나 철학적 능력은 없다'는 평가가 적혀 있었을 정도였다.

대신 그는 이곳에서 자신의 인생을 바꾼 두 사람을 만난다. 자신보다 다섯 살 어린 천재 소년 프리드리히 셸링과 동갑내기 시인 프리드리히 횔덜린이다. 헤겔은 이들과 문학 토론을 하고 자유를 표방하는 학생 동맹을 결성하는 등 다양한 활동을 펼치며 내실을 쌓아간다.

대학에 입학한 다음 해인 1789년, 헤겔은 자신의 인생을 바꿀 사건을 경험한다. 바로 프랑스 혁명이 일어난 것이다. 소식을 들은 헤겔은 '영광스러운 새벽이 왔다'며 환호했고, 나아가 그 정신이 자신의 조국에서 이어질 방법이 없을지 고민했다. 그는 결국 목사의 길을 포기하고, 철학자가 되기로 결심한다. 사상 탐구의 형태로 혁명의 정신을 이어가기로 마음먹은 것이다.

그리고 1816년, 헤겔은 46살의 나이로 하이델베르크 대학의 정교수가 되었다. 학자로서 성공하기에는 다소 늦은 나이처럼 보였지만 우려에 불과했다. 헤겔은 누구보다 빠르게 명성을 얻었고, 그에 힘입어 세 번째 저서인 《엔치클로페디》를 출간했다. 이듬해에는 프로이센 제국의 사상적 중심지로 불리던 베를린 대학으로 자리를 옮기게 되었다. 명성은 더욱더 높아졌다. 강의를 듣기 위해 학생은 물론 고위직 공무원, 군인 등 다양한 계층의 사람들이 그의 강의실로 몰려들 정도로 말이다.

앞서 잠시 언급한 것처럼《역사철학강의》는 헤겔이 직접 쓴 저서가 아니다. 그가 1822년부터 1831년까지 5회에 걸쳐 베를린 대학교에서 강의한 내용을 바탕으로 만들어진 일종의 강의록이다. 강의 내용을 정리한 책이기 때문에 헤겔의 다른 저서와 달리 어렵지 않으며, 역사를 주제로 다뤄 상대적으로 쉽게 읽히는 것이 특징이다.

◆ 정반합의 과정을 거치며 완성되는 역사

《역사철학강의》의 내용을 이해하려면 우선 헤겔 사상의 기본 틀을 알아야 한다. 헤겔은 살아생전부터 '독일 관념론의 완성자'라는 칭송을 받았다. 여기서 관념론이란 '물질이 아닌 정신 또는 생각을 세계의 근원으로 바라보는 태도'를 말한다. 독일 관념론의 문을 연 것은 이마누엘 칸트였다. 칸트는 우리의 관념과는 별개로 실제 존재하는 사물 자체의 세계를 알 수 없다는 주장을 펼쳤다.

칸트의 입장은 요한 피히테, 프리드리히 셸링 등 여러 철학자를 거친 뒤 헤겔에 와서 완성되었다. 헤겔은 인간의 경험이 늘어나면 늘어날수록 우리의 관념 또한 늘어난다고 주장했다. 가령 '나무'라는 사물을 떠올려보자. 우리는 다양한 형태로 나무를 생각한다. 누군가는 가파른 언덕 위에 단단하게 뿌리 내린 나무를 생각할 것이며, 또 다른 누군가는 의자나 책상으로 쓰임새를 바꾼 나무를 상상할 것이다. 땔감으로 쓰기 위해 조각난 나무를 생각할 수도 있고, 귀중한 열매를 제공해주는 나무의 모습을 떠올릴 수도 있다.

대체 이토록 다양한 나무를 떠올리는 이유는 무엇일까? 우리는 각기 다른 경험을 통해 '나무'에 대한 생각과 지식을 얻었기 때문이다. '나무'라는 사물은 우리의 다양한 경험을 통해 얻어진 관념들의 종합이라고 할 수 있다. 헤겔은 인간의 사유가 의식에서 시작해 다양한 경험을 거치며 진보해 나아가는 과정을 '변증법'의 논리를 통해 설명한다. 그의 변증법은 정립과 반정립, 종합의 세 단계로 나타나며, 우리는 흔히 이 과정을 '정반합'이라 부른다.

나아가 헤겔은 정반합의 변증법을 역사의 흐름에 적용한다. 헤겔은 기본적으로 인간의 역사가 이성적으로 진행되어 왔다고 설명하며, 역사를 이성적으로 진행시켜온 힘을 '세계정신'이라고 일컫는다. 세계사를 '세계정신이 진리를 의식하고 추구하는 과정'으로 파악한 것이다.

세계정신은 때때로 위대한 한 명의 존재와 행동을 통해 실천되기도 한다. 고대 마케도니아 왕국의 정복 군주인 알렉산드로스 대왕, 로마 공화국의 정치가인 율리우스 카이사르, 헤겔과 동시대 인물이었던 나폴레옹 보나파르트 같은 인물 등이 대표적이다. 이들에게 세계정신이란 자기를 실현하기 위해 사용하는 일종의 도구이다. 이들은 단지 자신의 지위, 명예, 안전을 위해 행동한다. 지극히 개인적인 욕망과 충동을 따르는 것이다. 하지만 이들의 행동 뒤에는 세계정신이 자리하고 있다. 다시 말해, 위인들은 그저 자신의 개인적인 목적을 달성하기 위해 행동하지만, 그 행동을 통해 위대한 일을 수행하게 된다는 이야기다.

물론 이들이 늘 자신의 목적을 달성하는 것은 아니다. 가령 나폴레옹은 쿠데타와 전쟁 초기만 하더라도 프랑스 혁명의 정신을 계승하는 인물로 많은 유럽인의 지지를 받았지만, 결국 전쟁에서 패배하며 몰락하고 말았다. 이처럼 헤겔은 이들의 위대함은 오직 역사 속에서 볼 때만 그러할 뿐, 개인적으로는 불행한 운명을 짊어지는 경우가 많다고 설명한다. 알렉산더 대왕처럼 요절하거나, 카이사르처럼 살해되거나, 나폴레옹처럼 유형을 당하거나 하는 식으로 말이다. 이들의 삶은 대부분 악전고투였으며, 세계정신의 목적이 달성될 즈음에는 마치 알맹이 없는 열매 껍데기처럼 시들어버리고 말았다.

그렇다면 세계 역사는 어떤 형태로 시작되고 또 발전해 나갈까? 헤겔은 역사의 발전 과정을 크게 세 가지 단계로 구분한다. 첫 번째는 정신이 자연에 몰입된 단계이다. 이 단계에서는 '모든 사람이 자유로운 존재'라는 의식이 형성되어 있지 않다. 따라서 오직 지배자 한 사람만 자유로울 수 있는 상태라고 할 수 있다. 두 번째는 정신이 자연을 벗어나 의식을 갖기 시작한 단계이다. 이 단계에선 아직까지 많은 사람들이 자신을 자유로운 존재로 여기지 못해 일부만 자유를 누릴 수 있다. 마지막 세 번째는 정신이 완전히 자기의식으로 올라선 단계이다. 이 단계에선 모든 사람들이 스스로 자유롭다는 사실을 알게 되고, 그 자유를 실현하기 위한 법과 제도를 만들어나간다.

헤겔은 세계정신이 자신의 모습을 드러낼 때 역사의 종착점에 도달한다고 말했다. 그리고 그러한 역사의 최종 단계가 자신의 시대에서 실현되고 있다고 생각했다. 프랑스 혁명과 나폴레옹의 유럽 원정 등을 거치며 절대 왕정이 무너지고, 그가 세계정신의 모습이라 믿는 군주 국가가 유럽 여러 국가에서 등장했기 때문이다. 동시에 세계정신을 이해하기 위한 학문, 즉 '철학'도 종착점에 도달했다. 자신의 본모습을 드러낸, 세계정신을 인식한 철학자 헤겔이 등장한 것이다.

물론 오늘날의 관점에서 헤겔의 이러한 결론이 옳다고 보기는 어렵다. 그가 이상적이라 생각한 군주 국가는 수많은 결함을 드러냈고, 그 문제를 해결하기 위한 변증법적 과정이 이후에도 끝없이 이어졌기 때문이다.

◆ **헤겔 철학, '정'과 '반'이 되어**
후대 철학자들을 나아가게 하다

《역사철학강의》는 헤겔이 생전에 베를린 대학교에서 진행한 '세계사철학'이라는 강의의 내용을 사후에 책으로 펴낸 것이다. 그의 강의는 당대 많은 지식인에게 반향을 일으켰다. '정신'의 원리를 통해 국가와 종교, 역사 등을 아우르는 헤겔의 철학은 많은 사람을 매료시켰다. 헤겔의 철학은 학계 주류가 되었고, 독일 내 수많은 대학에서 헤겔 철학에 관한 강의가 이루어졌다.

프로이센 정부 또한 헤겔의 철학을 적극적으로 장려했다. 국가를 긍정적으로 생각하는 그의 철학이 자신들에게도 도움이 된다고 판단한 것이 그 이유였다. 여기에는 부정적인 측면도 없지 않았다. 헤겔 철학에 담긴 진보적이고 개혁적인 성격이 뒤로 밀려나게 된 것이다. 이로 인해 헤겔은 '프로이센의 국가 철학자'라 불리거나 '어용 철학자'라는 조롱을 듣기도 했다.

더 큰 문제는 헤겔이 세상을 떠난 뒤에 발생했다. 헤겔학파로 불리던 그의 제자들이 둘로 나뉘어 논쟁한 탓이다. 이들이 갈라서게 된 결정적인 계기는 헤겔과 기독교의 관계에 대한 이해 차이였다. 우선 헤겔 우파로 불리는 이들은 보수적인 태도를 견지하며 헤겔 철학과 기독교의 교의가 일치한다고 주장했다. 반대로 헤겔 좌파로 불리는 이들은 기독교와 헤겔 철학을 분리하고자 애썼다.

그리고 차츰 헤겔학파의 영향을 받아 자신의 철학을 정립한 이들이 나타나기 시작했다. 대표적인 인물로는 또 다른 독일의 철학자인 루트비히 포이어바흐가 있다. 그는 헤겔의 이성주의적 형이상학에 반대하고, 철학은 현실에 존재하는 인간에서 출발해야 한다는 학설을 주장했다. 《공산당선언》과 《자본론》의 저자인 카를 마르크스와 프리드리히 엥겔스도 헤겔의 영향을 받았다. 이들은 처음에는 헤겔 좌파로부터 큰 영향을 받았지만, 이후 이들의 입장에 맞서 자신들의 독자적인 철학을 전개해 나갔다. 헤겔 철학의 변증법적 사고관을 받아들이는 동시에, 관념론적 색채를 제거하고 그 자리에 모든 정신 현상이 물질의 작용 또는 그 산물이라고 보는 유물론적 사고관을 결합한 것이다.

세계를 지배하는 것은 헤겔이 강조한 정신이나 이성이 아닌, 비합리적 의지와 무의식, 또는 삶 자체라고 주장하는 이들도 나타났다. 아르투어 쇼펜하우어의 '맹목적 의지', 프리드리히 니체의 '힘에의 의지', 쇠얀 키르케고르의 '실존적 결단' 등이 대표적인 예이다. 이들의 철학은 헤겔의 사상에 강한 영향을 받았고, 동시에 강력한 비판자이기도 했다. 특히 실존주의 사상의 창시자인 키르케고르는 이성적 법칙이 역사를 지배한다는 헤겔의 입장에 반대했다. 그가 보기에 더 중요한 것은 역사가 어떤 법칙에 지배당하고 있느냐가 아닌, 우리 스스로 이 세계를 어떻게 살아나가야 하느냐 하는 문제였기 때문이다.

당대와 후대 철학자들의 비판에도 불구하고 헤겔 철학이 근대 및 현대 철학사에 많은 영향을 미친 것은 분명하다. 마치 자신의 철학처럼 정반합의 과정을 거쳐 더 나은 사상을 향해 나아갈 수 있도록 한 것이 바로 헤겔 철학과 그의 책 《역사철학강의》가 걸어온 길이다.

함께 읽으면 좋은 책

- 《정신현상학》 G. W. F. 헤겔, 동서문화사, 2016
- 《의지와 표상으로서의 세계》 아르투어 쇼펜하우어, 을유문화사, 2019
- 《공산당선언》 카를 마르크스·프리드리히 엥겔스, 책세상, 2018

20

아르투어 쇼펜하우어
《의지와 표상으로서의 세계》
1819

누구보다 철학에 긍정적 영향을 준 염세주의 철학자

아르투어 쇼펜하우어(Arthur Schopenhauer, 1788~1860)

독일의 철학자. 흔히 염세주의 철학자로 알려진 인물이다. 어린 시절 아버지의 뜻에 따라 상인이 되기 위한 교육을 받았으나, 1805년 아버지의 급작스러운 죽음을 계기로, 철학의 길에 들어섰다. 그의 사상은 생철학과 실존철학 등 철학의 여러 분야는 물론, 문학과 예술, 나아가 프로이트와 융으로 대표되는 현대 심리학에도 영향을 미쳤다.

※ 주요 저서: 《충족이유율의 네 겹의 뿌리에 관하여》《논쟁에서 이기는 38가지 방법》

1820년 베를린 대학의 수강 신청 기간, 동료 교수들은 새로 부임한 젊은 교수의 행동을 이해할 수 없었다. 이름도 잘 알려지지 않은 초짜 교수인 주제에 당시 누구보다 많은 팬을 거느린 스타 철학자 게오르크 헤겔과 같은 요일, 같은 시간대에 강의를 잡겠다고 나섰기 때문이다. 몇몇 선배 교수들이 나서서 그를 설득해보았지만 소용없었다. 이미 그는 말릴 수 없을 만큼 자신감이 넘치는 상태였던 것이다.

과연 결과가 어떻게 되었을까? 강연은 당연히 정원도 채우지 못한 채 폐강 수순을 밟았다. 하지만 그는 좌절하지 않았다. 단지 더 괴팍해졌을 뿐이다. 그는 폐강 사태가 자신의 등장에 위기감을 느낀 동료 교수들의 방해 때문이라고 여겼고, 헤겔의 사상은 '정신병자의 수다'에 불과하다고 험담했다. 만성적인 우울증은 점점 더 심해졌고, 어머니와의 불화를 핑계로 여성에 대한 불신과 경멸, 조롱의 시선을 보내기도 했다. 그의 이름은 아르투어 쇼펜하우어. 동서양 철학사를 통틀어 가장 유명한 염세주의 철학자이다.

대체 쇼펜하우어는 왜 이런 성격을 가지고 살게 되었을까? 사람들은 그의 삶에서 이유를 찾곤 한다. 쇼펜하우어는 1788년 지금의 폴란드 중북부에 위치한 단치히에서 태어났다. 그의 아버지는 부유한 상인이었으며, 어머니인 요한나 쇼펜하우어는 1800년대 초 독일에서 가장 유명한 여류작가로 활동하게 될 인물이었다. 두 사람의 나이는 스무 살이나 차이가 났고, 성격 또 크게 달랐다. 결국 쇼펜하우어의 아버지는 가정불화 등에 따른 우울감을 이기지 못하고 자살로 생을 마감한다.

쇼펜하우어의 아버지는 세상을 떠나기 전, 아들을 자신의 대를 잇는 상인으로 키우고자 했다. 그의 계획은 쇼펜하우어가 15세가 되던 해에 본격적으로 시작되어 쇼펜하우어에게 유럽 여행을 제안하기에 이른다. 대신 돌아온 뒤 상인이 되기 위한 교육을 받는다는 조건을 붙여서 말이다. 어린 쇼펜하우어는 신이 나서 그 제안을 받아들였고, 훗날 자신이 그 여행을 떠나지 않았더라면 고전 학습에 더 많은 시간을 보낼 수 있었을 거라며 후회하는 기색을 보이기도 했다. 어찌 됐든 쇼펜하우어는 그 여행을 통해 견문을 넓혔고, 훗날 그때의 경험을 바탕으로 자신의 철학을 전개해나간다.

그가 철학하기를 결심한 것은 아버지가 세상을 떠난 뒤 얼마 지나지 않아서였다. 그는 아버지에 대한 부채감으로 한동안 상점에서 일했는데, 날이 갈수록 흥미를 잃고 자신의 처지를 비참하게 여겼다. 이를 본 그의 어머니는 쇼펜하우어를 설득했고, 그가 인문학을 공부할 수 있는 학교에 입학하도록 도왔다.

이때부터 쇼펜하우어는 꾸준히 철학을 공부했다. 25살의 나이에 박사 학위를 받았고, 6년 뒤인 1819년에는 자신의 대표작이라 할 수 있는 책《의지와 표상으로서의 세계》를 세상에 내놓았다. 이 책이 사람들에게 주목받게 된 것은 한참이나 지난 뒤의 일이었지만, 쇼펜하우어는 책이 발간된 날부터 자신에 가득 차 있었다. 인간이 가진 거대한 문제에 해답을 제공한 사람이 바로 자신이라며 말이다.

◆ 삶은 고통과 권태 사이를 오가는 시계추와 같다

《의지와 표상으로서의 세계》는 총 4부로 구성된 책이다. 세1부와 제3부에서는 주로 '표상으로서의 세계'를 다루며, 제2부와 제4부에서는 '의지로서의 세계'에 대한 고찰이 이루어진다. 큰 틀에서 각 파트는 다음과 같은 내용으로 구성되어 있다. 우선 제1부에서는 우리가 경험하는 세계, 즉 표상으로서의 세계와 우리의 관계에 대한 논의가 진행된다. 제2부에서는 표상으로서의 세계 너머의 실재, 즉 의지로서의 세계에 관한 이야기가 다뤄진다. 제3부에서는 예술에 관한 논의가 이뤄진다. 쇼펜하우어는 예술이 의지로서의 세계의 여러 모습을 드러내는 역할을 할 수 있다고 설명한다. 마지막 제4부에서는 우리가 왜 우리 스스로의 본성으로 인해 고통받도록 운명 지어졌는지 논한다. 또한 맹목적인 의지의 충동을 초월한 금욕과 정적의 자세를 대안으로 제시한다.

그럼 책의 내용을 조금 더 깊이 살펴보자. 우리는 흔히 이 세계가 인간의 '이성'을 바탕 삼아 합리적인 방향으로 움직이고 믿는다. 하지만 쇼펜하우어가 보기에 우리는 이성보다 '욕망'이 들끓는 곳에 살고 있다. 욕망에 사로잡힌 개별 인간들이 자신의 욕망을 채우기 위해 끊임없이 투쟁하고 있다고 보았던 것이다.

물론 욕망의 종류도 다양하다. 부자가 되고 싶다고 욕망하며, 유명한 사람이 되어 사람들에게 추앙받기를 욕망한다. 부모와 자식, 연인의 사랑을 욕망하며, 평생 건강하기를 욕망한다. 하루하루 즐거운 일들이 일어나길 욕망하며, 삼시 세 끼 맛있는 음식을 욕망한다. 물론 그 욕망은 결코 채워질 줄 모른다. 작은 차를 사면 큰 차를 사고 싶고, 연봉이 10% 인상되면 20% 더 인상되기를 바란다. 마치 채우면 채울수록 늘어나는 요술 주머니처럼 말이다.

그렇다면 우리가 그토록 믿고 있는 이성은 무슨 일을 하는 걸까? 이성은 우리의 욕망을 충족시킬 방법을 알려줄 뿐, 그 방법을 실제 현실로 만들 힘은 가지고 있지 않다. 그는 욕망이 배고픔을 느낀다면 먹을 곳을 찾는 방법을 알려주고, 힘이 든다면 잠시 쉬어갈 방법을 알려줄 뿐이다. 이런 의미에서 이성은 가야 할 방향은 알지만 자신의 힘만으로는 갈 수 없는 절름발이와 같다. 또한 욕망은 걸을 수 있지만 눈이 보이지 않는 장님과 같다. 힘이 센 장님은 길을 알려줄 절름발이를 등에 업고 자신이 가고 싶은 곳을 향해 나아간다.

쇼펜하우어는 세상에 존재하는 여러 욕망 중 종족 보존의 욕망, 특히 '성욕'이 가장 강력하다고 보았다. 그는 인간의 생식기를 '의지의 초점'이라 표현하며 생식 행위가 삶에의 의지의 단적인 표현이라고 설명한다. 우리가 고상하게 여기는 사랑의 감정도 이와 다를 바 없다. 사랑이라는 감정은 그저 종족 보존의 욕망을 채우기 위한 속임수에 불과하다. 남녀가 서로를 아름답게 보도록 현혹하여 결혼하고 자식을 낳도록 몰아대는 것이기 때문이다. 우리는 우리도 모르는 새 종족 보존이라는 욕망의 노예가 되어 종족의 보존과 유지, 발전에 기여하고 있는 것이다.

그럼 대체 우리는 왜 이 세상에서 고통을 느끼게 되는 걸까? 쇼펜하우어는 그 이유를 우리가 '욕망하는 존재'이기 때문이라고 말한다. 앞서 살펴본 것처럼 욕망은 끝이 없다. 100등을 하면 10등을 하고 싶고, 10등을 하면 1등이 하고 싶다. 다시 말해, '욕망은 무한하지만 충족은 불완전하기 때문'에 우리는 평생 고통받는 것이다. 원하는 것을 이룰 때 우리는 행복을 느끼지만, 이는 잠시 잠깐의 휴식에 불과하다. 우리는 곧 심각한 권태의 상태에 빠져들거나, 여전히 이루지 못한 욕망을 채우기 위해 다시 내달리게 된다. 인간의 삶은 그저 고통과 권태 사이를 오가는 시계추 같을 뿐이다.

그렇다면 이런 고통에서 벗어나는 방법은 아예 없는 걸까? 쇼펜하우어는 "있다"라고 말한다. 물론 쉽지는 않지만 말이다. 그가 제시하는 방법은 크게 두 가지이다. 첫 번째는 아름다움을 통해 고통에서 벗어나는 방법이다. 우리는 때때로 천재적인 예술가들의 음악이나 미술 작품을 마주하며 황홀감을 경험한다. 이때 우리는 잠시나마 삶의 고통에서 해방된 것 같다고 느낀다. 하지만 이는 잠깐의 대안일 뿐, 영원한 해결책은 되지 못한다. 죽는 날까지 온종일 아름다운 그림만 보고 귀를 즐겁게 하는 음악만 들으며 살 수 있는 사람은 세상에 그리 많지 않기 때문이다.

쇼펜하우어는 서둘러 두 번째 방법을 제시한다. 바로 금욕 생활을 통해 고통에서 벗어나는 방법이다. 쇼펜하우어는 인간이 자신의 욕망을 무작정 따르지 않고, 이를 억제하겠다고 결심할 수 있다고 말한다. 남들이 보기에 이런 결심을 하고 실천에 옮기는 사람은 아무런 기쁨도 없는 삶을 사는 것처럼 보인다. 하지만 실은 그 반대다. 바다와 같이 고요한 영혼의 행복, 욕망에 휘둘리지 않는 삶에 도달했기 때문이다. 쇼펜하우어는 우리가 욕망을 끊는 것만이 참된 만족을 느끼며, 고뇌의 세계에서 벗어날 수 있는 방법이라고 설명한다. 과학과 산업의 급격한 발달을 계기로 끝없는 욕망의 굴레에 갇혀버린 근대 사회, 그리고 이 문제를 직시하고 그 해결책을 제시한 최초의 철학자가 쇼펜하우어였다.

◆ 많은 이에게 긍정적인 영향을 준 염세주의 철학자

독일의 근대 철학자 중 사후에 쇼펜하우어만큼 폭넓은 독자층과 명성을 얻은 사람은 찾기 힘들다. 철학자 중 쇼펜하우어의 영향을 가장 많이 받은 사람을 한 명만 고르자면 프리드리히 니체를 빼놓을 수 없다. 니체는 1865년 10월 라이프치히의 한 고서점에서 두 권으로 된 《의지와 표상으로서의 세계》를 발견했다. 그 책을 구매한 그는 2주 동안 매일 새벽 여섯 시에 일어나 이튿날 새벽 두 시까지 읽을 정도로 이 책에 탐닉했다. 그가 보기에 쇼펜하우어는 '천민들에게나 유행하는 지식에 개의치 않았던 정신의 귀족'이었다. 니체는 쇼펜하우어의 글을 통해 세계의 본질 혹은 본체가 이성적이거나 논리적이기보다는 어두우면서도 삶의 활기가 가득 찬 형태임을 확신하게 되었다. 쇼펜하우어의 철학은 이후 니체를 거쳐 생기론, 생철학, 실존철학, 인간학 등 철학의 다양한 분야에 영향을 미치게 된다.

쇼펜하우어의 사유는 철학 외의 분야에도 많은 영향을 미쳤다. 특히 문학계에서는 그의 사상에 깊은 영향을 받은 인물을 여러 명 발견할 수 있다. 러시아의 소설가 레프 톨스토이, 안톤 체호프, 표도르 도스토옙스키 등이 그러했으며, 프랑스의 작가 앙드레 지드, 마르셀 프루스트, 모파상, 독일의 작가 토마스 만과 헤르만 헤세, 프란츠 카프카 등이 직간접적으로 자신의 창작물이 쇼펜하우어 사상의 영향 아래 있음을 고백했다. 특히 톨스토이는 "나는 쇼펜하우어가 인간 중 가장 위대한 천재라고 생각한다"라고 밝힐 정도로 그에 대한 존경과 애정을 숨기지 않았다. 그의 서재에는 쇼펜하우어의 초상화가 걸려 있었으며, 대표작 중 하나인 《안나 카레니나》에는 아예 쇼펜하우어의 이름이 등장하기도 했다.

쇼펜하우어의 이론은 현대 심리학에도 큰 영향을 미쳤다. 인간을 움직이는 실질적인 동력이 맹목적이고도 무의식적인 욕망이라는 쇼펜하우어의 주장은 근대 정신분석학의 기본 명제와 맞닿아 있다. 지그문트 프로이트는 물론, 집단 무의식 이론을 주장한 카를 융, 자아심리학을 제창한 알프레드 아들러, 구조주의 정신분석학자인 자크 라캉 등이 모두 쇼펜하우어의 영향을 받은 사람들이다. 특히 프로이트는 쇼펜하우어가 정신분석학의 기초라 할 수 있는 '억압'을 자신보다 앞서 설명했다고 이야기한다. 누구보다 '염세적'이었던 철학자 쇼펜하우어. 오늘날 그는 그 누구보다 긍정적인 영향을 미친 위대한 인물이 된 것이다.

함께 읽으면 좋은 책

- 《충족이유율의 네 겹의 뿌리에 관하여》 아르투어 쇼펜하우어, 나남, 2010
- 《차라투스트라는 이렇게 말했다》 프리드리히 니체, 책세상, 2000
- 《안나 카레니나》 레프 톨스토이, 민음사, 2009

21

바뤼흐 스피노자
《에티카》
1677

저주받은 철학자,
지성사에 큰 업적을 남기다

바뤼흐 스피노자(Baruch de Spinoza, 1632~1677)

네덜란드에서 태어난 포르투갈계 유대인 철학자. 어린 시절 유대 철학과 신학을 공부했
으며, 전도유망한 랍비 후보자이기도 했다. 그러나 자연과학과 데카르트 철학의 영향을
받으며 자신의 독자적인 사유를 드러냈고, 이로 인해 유대인 공동체로부터 파문당했다.
렌즈 깎는 일로 어렵게 생계를 유지했지만, 꾸준히 학문 활동을 이어가며 자신의 사상을
발전시켜나갔다.

※ 주요 저서: 《신학-정치론》 《형이상학적 사상》 《지성 개선론》

"그는 밤낮으로 저주받을 것이다. 깨어 있을 때도 잠잘 때도 저주받을 것이다. 어느 누구도 그와 교제하지 말라. 그에게 호의를 보이지도 말 것이며, 한 지붕 아래 머물러서도 안 된다. 가까이 다가가서도 안 되며, 그가 쓴 책을 읽어서도 안 된다."

1656년 7월 27일, 이십 대 초반의 촉망받던 젊은이가 갑작스럽게 자신의 공동체로부터 추방당했다. 그의 이름은 바뤼흐 스피노자. 그는 왜 입에 담기조차 어려운 저주를 받은 채 공동체를 떠나야 했던 걸까?

스피노자는 1632년 네덜란드의 암스테르담에서 태어났다. 그의 가문은 원래 스페인에서 살았다. 하지만 근대가 시작될 무렵 보수적인 스페인에서는 마녀사냥이 빈번하게 일어났고, 그의 가족은 이를 피해 고향을 떠났다. 이후 유럽 곳곳을 떠돌던 스피노자의 가문은 당시 가장 개방적인 분위기를 자랑하던 네덜란드에 정착하게 되었다. 정착 후, 이들은 삶은 크게 바뀌었다. 스피노자의 아버지는 크게 성공한 무역상이 되었고, 스피노자 또한 어린 시절부터 유대교를 이끌 랍비로 낙점되었다.

하지만 평온한 삶은 오래가지 못했다. 스피노자가 유대교의 견해를 벗어나 자신의 사상을 펼치기 시작했기 때문이다. 유대인 사회는 그의 태도 변화에 당황할 수밖에 없었다. 결국 스피노자는 교회 장로들에게 불려가 심문을 받게 되었다. 장로들은 그 자리에서 스피노자가 "신은 육체를 가지고 있을 수도 있으며, 천사는 환상일지도 모른다"라거나 "구약 성경에는 영생에 관한 언급이 전혀 없다"라고 말한 것이 사실이냐고 다그쳤다. 더불어 그 생각만 굽히면 대가로 두둑한 연금을 주겠다고 회유하기도 했다. 하지만 스피노자는 자신의 태도를 바꾸지 않았다. 결국 그는 유대인 교회에서 추방당하고 만다.

스피노자는 이 결정에 아랑곳하지 않았다. 자신의 신념을 지키는 것이 더 중요하다고 믿었기 때문이다. 하지만 당장 생계를 걱정할 처지가 되었다. 유대인은 관리가 될 수 없는 데다, 파문당한 사람과 거래를 하려는 사람도 없었다. 그 와중에 누이동생마저 그를 배신했다. 스피노자의 상속권을 몰래 가로채려고 한 것이다.

불행인지 다행인지 그는 고독을 즐겼고, 물욕이 없었다. 명예를 지키기 위해 법정 다툼을 벌여 재산을 되찾았지만, 침대를 제외한 나머지 재산을 모두 누이동생에게 되돌려주었다. 그리고 자신의 이름을 '베네딕트'로 바꾸고 평생을 좁은 다락방에서 살았다. 렌즈 깎는 일로 근근이 생계를 유지해가며 말이다.

생활은 어려웠지만, 그는 소신을 굽히는 일이 없었다. 자신이 출판한 두 권의 책이 금서로 지정되었고, 책을 인쇄하거나 유포하는 자는 엄벌을 내리겠다는 명령이 선포되기도 했지만 이 일은 오히려 그를 더 유명하게 만들었다. 그 책들이 표지와 이름만 바뀐 채 팔려나가기 시작했던 것이다.

그럼에도 스피노자는 초연했다. 어느 날 한 재력가가 그에게 자신의 재산을 모두 물려주겠다고 한 일이 있었다. 그러자 그는 그중 극히 일부만 받고, 나머지는 자신의 동생에게 물려주도록 설득했다. 자신의 학문 탐구와 생활에 그렇게 많은 돈이 필요하지 않다고 생각했기 때문이다. 하이델베르크 대학교의 교수직을 거절했으며, 다음에 출판할 저서를 자신에게 바치는 조건으로 거액의 연금을 제시한 루이 14세의 제안도 마다했다.

이후《에티카》의 원고는 1675년에 완성되었지만, 스피노자가 세상을 떠난 뒤 같은 해인 1677년에 세상에 나왔다. 원제는 '기하학적 순서로 증명된 윤리학'이며, 스피노자의 저서 중 가장 유명하고 강력한 철학 논리를 담은 것으로 평가받는 작품이다.

◆ 신은 곧 자연이자 실체이며 이것을 깨달아야만 행복하다

스피노자는 르네 데카르트, 고트프리트 라이프니츠와 함께 고전적인 합리주의 철학자로 분류되는 인물이다. 그의 대표작인《에티카》는 형이상학과 윤리학에 대한 문제를 다루고 있다. 8개의 정의와 7개의 공리로부터 출발하며, 스피노자는 이들로부터 자신만의 철학을 끌어내고 있다.

《에티카》를 보다 쉽게 이해하기 위해선 데카르트의 사상을 간단히 짚고 넘어갈 필요가 있다. 다른 합리주의 철학자와 마찬가지로, 스피노자의 철학 또한 데카르트의 영향력에서 결코 자유로울 수 없기 때문이다. 데카르트는 일련의 사고를 통해 하나의 '부정할 수 없는 사실'을 발견했다. 코기토 에르고 숨(cogito ergo sum). 즉 '나는 생각한다. 그러므로 존재한다'는 사실을 말이다. 하지만 데카르트는 여기서 멈추지 않았다. 이 명제를 바탕으로 '나'와 '세계'로의 확장을 시도했다. 그가 보기에 인간은 '사유'와 '연장'이라는 두 가지 요소로 이루어져 있다. 여기서 사유는 생각하는 능력, 즉 '정신'을 일컫는 표현이다. 연장은 존재를 둘러싼 실체를 의미한다. 쉽게 말해 '봄'을 가리키는 말이다. 그가 생각하기에 인간의 정신과 신체는 독립적으로 존재한다. 우린 이런 입장을 '심신이원론'이라고 부른다.

데카르트의 이러한 주장은 이후 철학자들 사이에서 오랜 기간 논쟁의 주제가 되었다. 그의 이론이 태생적으로 한계를 지니기 때문이다. 그 한계란 다음과 같다. 우선 이 이론으로는 두 실체 사이의 연관성과 작동 원리를 설명하기가 어려워진다. 가령 누군가 나쁜 행동을 했다고 가정해보자. 그럼 이건 그 사람의 '봄'이 저지른 잘못일까, 아니면 '정신'이 저지른 잘못일까? 우린 분리된 실체 사이에서 명확한 책임을 규명하지 못한 채 딜레마에 빠지고 만다.

더불어 인간을 사유하는 고차원적 존재로 묘사하다 보니, 다른 동식물이 한낱 미물로 격하되어 버린다. 따라서 인간이 자연을 지배하는 것이 그저 당연하게 여겨질 수밖에 없다. 우리의 육체적 욕구도 마찬가지이다. 욕구는 이성적 판단을 흐리는 불필요하며 억제해야 하는 대상에 불과해진 것이다.

스피노자는 데카르트와 다른 주장을 펼쳤다. 실체가 오직 하나라고 주장했다. 그는 오직 하나뿐인 실체로 '자연'을 지목한다. 스피노자의 자연은 '모든 것의 원인이 되는 동시에 모든 것을 포괄하는 것'이다. 그러므로 스피노자의 철학에서는 자연 외의 실체가 존재할 수 없다. 만약 그렇지 않다면, 이 세상에 모든 것의 원인이 되는 실체가 여러 개 존재하는 모순에 빠져버리기 때문이다.

그렇다면 우리가 세상에서 마주하는 다양한 사물, 동식물 그리고 사람은 어떻게 존재하게 된 것일까? 스피노자는 이에 대해 '실체가 양태로 표현된다'고 말한다. 여기서 양태란 실체, 즉 자연이 표현되는 다양한 방식이다. 예를 들어 '나'라는 존재를 하나의 실체라고 생각해 보자. 실체인 나는 다양한 양태로 나타난다. 책을 읽는 나의 모습, 일하는 직장인인 나의 모습 등으로 말이다. 실체로서의 자연 또한 여러 가지 양태로 나타난다. 이 설명에 따르면 사람은 자연의 양태이며, 풀과 나무, 물고기, 고양이 같은 존재도 양태의 일부라고 할 수 있다.

이러한 논리에 따르면 신이 존재한다고 하더라도 신은 실체와 다른 무엇일 수 없다. 그렇지 않다면 앞서 우리가 살펴본 내용과 같이 모든 것의 원인 밖에 별도의 존재가 존재하는 모순이 생기기 때문이다. 실체는 신과 구분될 수 없다. 그러므로 실체는 신이자 자연이다. 스피노자의 실체론이 일원론이자 범신론으로 이해되는 이유가 바로 이것이다.

스피노자는 자신의 철학을 통해 우리가 모든 것을 전체적인 연관관계 속에서 보지 않으면 아무것도, 심지어 우리 자신조차 이해할 수 없다는 사실을 말하고자 했다. 스피노자가 보기에 인간이라는 사실이 갖는 의미를 이해하는 건 우리가 자연 속에 어떻게 녹아들어 있는

지를 이해하는 것이다. 또한 자기 자신을 이해하는 것은 언제나 그보다 더 많은 것을 이해하는 것일 수밖에 없다.

이러한 측면에서 '자유'와 '강제'라는 개념도 다르게 해석될 수 있다. 스피노자가 보기에 인간은 '실체로부터 자유롭다'거나, '실체에 의해 강제된다'고 말하는 것은 무의미하다. 왜냐하면 그의 사상 속에서 인간은 근본적으로 실체와 하나이기 때문이다. 물론 그렇다고 해서 스피노자가 개별 인간을 '아무것도 아닌 존재' 또는 '어느 것도 결정하지 못하는 존재'라고 이야기했다고 해석하는 것 또한 곤란하다. 그는 어느 정도로 자신의 본성에 근거하여 행위할 수 있느냐에 따라 개별 인간의 존재성과 자유가 달리 해석될 수도 있다고 보았기 때문이다.

윤리와 도덕 또한 이러한 이해 안에서 확인할 수 있다. 그에게 진정한 행복이란 도덕적 행위를 통해 얻게 되는 보상이 아닌 행위 그 자체이다. 스스로가 어떻게 행위하느냐에 따라 존재성과 자유가 다르게 해석되는 것처럼, 인간의 행복 또한 행위 자체로 얻어지는 것이지 천국에 가거나 사회적인 부 또는 명성 같은 부차적인 결과물을 통해 얻어지는 것이 아니다. 결과를 떠나 과정 자체를 의미 있게 여기고 그 안에서 행복을 느끼는 것. 그것이 바로 스피노자의 철학이자 윤리학이라고 할 수 있다.

철학자가 되려면
스피노자부터 공부하라

스피노자와 그의 사상은 당대는 물론, 사후에도 많은 논쟁을 불러일으켰다. 논쟁의 상당 부분은 부정적인 반응에 가까웠다. 그의 사상은 체제 전복적인 무신론적 철학으로 간주되었고, 이에 따라 그의 저서는 교황청에 의해 대부분 폐기 선고를 받아 금서로 공표되었다. 동료 철학자들의 비판도 이어졌다. 스피노자와 직접 교류하기도 했던 독일의 철학자 라이프니츠는 스피노자의 책을 '견딜 수 없을 정도로 건방진 작품'이라고 묘사했다. 프랑스의 사상가 볼테르 또한 그의 책을 '형이상학을 가장 추악하게 사용해서 만들어진 것'이라고 평가 절하했다.

물론 그렇다고 당대에 스피노자에 대한 부정적인 평가만이 존재했던 것은 아니다. 스피노자를 지지하는 사람들은 당국의 감시를 피해 그의 사상을 알려 나갔다. 일부는 조용히 스피노자의 유고집을 준비했으며, 또 다른 이들은 유럽 전역에 스피노자의 사상을 전파했다. 이들은《에티카》를 통해 내재적 신과 결정론적 세계에 대한 아이디어를 얻었고,《신학-정치론》을 통해 기독교에 대한 비판의 근거를 찾기도 했다. 이런 노력은 유럽 전역에서 급진적인 형태의 계몽운동이 일어나는 계기가 되었다. 스피노자의 사상에 고취된 이들을 중심으로 종교와 교회의 권위에 맞서는 저항운동, 시민의 자유와 평등에 관한 토론이 시작된 것이다.

스피노자의 철학은 이후에도 수많은 사람에게 영향을 미쳤다. 그

중에서 우리에게 가장 잘 알려진 인물은 독일의 철학자 게오르크 헤겔이다. 헤겔은 스피노자의 범신론적 자유주의 사상을 근대 철학에 주입한 것으로 평가받는다. 그는 '실체는 오로지 하나'라는 스피노자의 주장을 받아들였다. 그리고 스피노자의 실체에 자신의 '절대정신' 개념을 대입하고, 그 절대정신이 다양한 형태로 스스로를 드러낸다고 설명했다. 헤겔 자신도 스피노자의 영향을 부정하지 않았다. 자신을 스피노자의 제자라고 칭했으며, "철학자가 되기 위해서는 스피노자부터 공부해야 한다"라고 말했다.

프리드리히 니체와 요한 볼프강 폰 괴테도 스피노자의 철학을 높이 평가했다. 니체는 《에티카》를 처음 접한 뒤 "그는 진정한 선구자"라고 선언했고, 괴테는 "스피노자의 정신이 나의 정신보다 더 심오하고 순수하다"라고 이야기했다. 수많은 핍박과 어려움을 이겨내고 후대 철학자는 물론, 지성사 전체에 지대한 영향을 준 것이 바로 스피노자와 그와 사상이다.

함께 읽으면 좋은 책

- 《성찰》 르네 데카르트, 문예출판사, 2021
- 《데카르트 철학의 원리》 베네딕투스 데 스피노자(바뤼흐 스피노자), 책세상, 2020
- 《신학-정치론》 바뤼흐 스피노자, 책세상, 2018

22

고트프리트 빌헬름 라이프니츠
《모나드론》
1714

천재, 자신의 사상을 설명하려 《모나드론》을 쓰다

고트프리트 빌헬름 라이프니츠(Gottfried Wilhelm von Leibniz, 1646~1716)

독일의 철학자이자 수학자. 라이프치히 대학에서 법학과 철학을 공부했으며, 1663년 학사 학위 논문인 〈개체의 원리〉를 통해 모나드 개념의 첫발을 내딛었다. 당시 빠르게 발전하던 수학과 물리학, 공학에도 조예가 깊었던 그는 미적분의 기초를 세웠고 파스칼의 계산기에 자동 곱셈과 나눗셈 기능을 추가했으며, 수많은 디지털 기기의 기반인 이진법 체계를 다듬었다.

※ 주요 저서: 《변신론》 《형이상학 서설》 《인간오성신론》

이해하기도 어려운 '미적분학'을 창시한 사람, 전통적 논리학과는 다른 형태를 지닌 '수학 논리학'의 기초를 만든 사람, 심리학의 '무의식'의 개념을 떠올렸으며, 글을 쓸 때는 자신의 저술 의도와 뜻에 맞게 라틴어, 프랑스어, 독일어 등을 자유자재로 구사한 사람. 바로 17세기의 천재라 불리는 철학자 고트프리트 빌헬름 라이프니츠의 삶과 결과물이다.

라이프니츠는 30년 전쟁이 끝나기 약 2년 전인 1646년에 태어났다. 그의 아버지는 라이프치히 대학교의 공증인이자 법학 교수였고, 그의 어머니는 교수의 딸이었다. 라이프니츠는 가족의 높은 교육열 덕분에 7살이 되던 해부터 라이프치히의 명문 니콜라이 학교에 입학하는 특권을 누렸다. 그 역시 가족의 기대를 실망시키지 않았다. 8세 무렵 책으로 라틴어를 독학했고, 아버지의 논문과 라틴어 저술까지 읽기 시작한 것이다.

그는 14세에 라이프치히 대학교에 입학했다. 법학과 철학을 전공했으며, 수학과 물리학, 논리학도 공부했다. 얼마나 뛰어났는지 2년 만에 학업을 마쳤다. 그리고 법조계에서 일하기 시작했는데 뛰어난 업적에도 불구하고 단지 어리다는 이유로 박사 학위를 받지 못했다. 결국 그는 20세에 알트도르프 대학으로 자리를 옮겨 그곳에서 학위를 취득했다. 그는 이곳에서 교수직을 제안받기도 했지만 '마음속에 여러 가지 다른 생각이 있다'는 이유로 이를 거절한다.

그는 이후 마인츠의 선제후(황제의 선거권을 가진 제후) 쇤보른의 공국 법원에 발탁되며 사회생활을 시작했다. 당시 독일은 여러 소도시로 구성된 공국을 형성하고 있었으며, 구교와 신교의 갈등으로 인한 종교 전쟁의 여파로 불안한 평화만을 유지하고 있었다. 또한 이 시기에는 당시 가톨릭 국가였던 프랑스의 태양왕 루이 14세가 절대 군주의 위용을 떨치며 팽창주의 정책을 펼치는 중이기도 했다.

당시 약소국이었던 마인츠의 선제후는 루이 14세의 거침없는 확장 정책에 위기를 느껴 외교적 해법을 찾고 있었다. 그러던 중 라이프니츠를 만나 이 문제를 상의하게 되었다. 그리고 그가 위기를 타개해 줄 적임자라 여겨 자신의 권한을 위임해 파리로 파견했다. 파리에 간 라이프니츠의 전략은 루이 14세로 하여금 독일 대신 이집트로 정치적, 군사적 관심을 돌리는 것이었다. 하지만 그곳의 장관들을 설득하는 데 실패한 그는 결국 루이 14세를 알현할 기회조차 얻지 못한 채 4년을 파리에서 머물렀다.

라이프니츠가 파리에 머물던 때는 유럽 사상계가 새로운 변화의 물결을 타고 들썩이던 시기였다. 중세의 스콜라 철학과 결별하고 인간 중심, 이성 중심의 사고를 선언한 데카르트의 수학과 철학이 프랑스 사상계를 주도하고 있었다. 라이프니츠는 데카르트 철학의 오류와 보완점을 찾고, 이를 보다 논리적으로 해결할 방법을 찾는 과정에서 모나드 개념을 비롯한 사상적 아이디어를 얻게 된다.

《모나드론》은 라이프니츠가 세상을 떠나기 몇 해 전, 파리에 머물며 교류하던 몇몇 지식인들에게 자신의 사상을 설명하려는 목적으로 쓰였다. 애초 별다른 이름을 붙이지 않고 출간되었지만, 1720년에 나온 하인리히 쾰러의 독일어판에서 《모나드론》이라는 이름이 처음으로 사용되었다. 이 책은 당대 가장 유능한 지휘관으로 손꼽히는 프랑수아 외젠 공에게 헌정된 것으로 알려졌지만, 훗날 외젠 공에게 헌정된 것은 《모나드론》이 아닌 다른 책이었다는 사실이 밝혀진 것도 재미있다면 재미있는 사실이다.

◆ ## 우리는 신이 만든
최선의 세계에 살고 있다

총 90개의 짧은 문단으로 구성된 《모나드론》은 라이프니츠 철학의 유언서라고 불리는 작품이다. 그만큼 그의 사상 체계 전체가 잘 요약된 책이기 때문이다. 책의 주제는 크게 세 가지로 나뉜다. 모나드와 신 그리고 세계가 바로 그것이다.

라이프니츠는 기계론적 세계관과 목적론적 우주관을 조화시키고자 했다. 기계론적 세계관이란 모든 현상을 물질 운동의 조합으로 바꾸어 설명하려는 세계관을 말한다. 이는 근대 이후의 사상가와 과학자가 갖게 된 일반적인 사고관이다. 반면 목적론적 우주관은 일체의 우주 현상이 어떤 목적을 실현하기 위해 존재한다고 여기는 세계관을 뜻한다. 인류의 역사가 하나님의 세계를 향해 가는 과정이라고 여긴 중세적 세계관이 대표적인 예이다. 라이프니츠가 두 세계관을 조화시키고자 한 이유는 그가 살아간 시대가 아직 근대와 중세의 사고관이 공존하는 시대였기 때문이다. 라이프니츠는 이런 혼란 가운데에서 근대의 과학적 사고를 받아들이는 동시에, 여전히 많은 사람이 믿고 있는 종교적 사고관을 지켜가고자 노력했다.

그렇다면 둘의 조화는 어떻게 이루어질 수 있을까? 라이프니츠는 개별 사물들이 분할이 불가능한 물리적 기본 요소가 될 때까지 나누어 쪼개질 수 있다고 보았다. 그리고 이를 모나드(monad)라고 불렀다. 모나드는 그리스어에서 '하나'를 뜻하는 단어인 모나스(monas)에서 온 말이다. 라이프니츠는 이 용어를 1694경의 문헌에서부터 사용하기 시작했다. 그는 모나드를 '단순한 실체(substance simple)'라고 불렀으며, 우주를 구성하는 기본 요소이자 무기물적 요소, 인간의 영혼에 이르는 상이한 차원의 의식을 가지고 있다고 설명한다. 모나드는 신의 창조를 통해서만 생성되고, 신의 파괴에 의해서 소멸된다. 또한 각각의 모나드는 다른 모나드로부터 어떠한 영향도 받지 않는다. 그는 이를 '어떤 것도 내부로 들어가거나 내부에서 밖으로 나올 수 있는 창문이 없는 상태'라고 표현한다.

그렇다면 신은 모나드에 어떤 방식으로 영향을 주는 걸까? 우리는 여기서 라이프니츠의 '예정조화설'에 관한 생각을 살펴볼 수 있다. 라이프니츠는 모든 모나드가 신의 관념적 영향 아래 놓여 있다고 주장했다. 여기서 '관념적 영향'이란 신이라는 매개를 통해 세상에 존재하는 모든 모나드가 서로 영향을 주고받는 것을 의미한다. 그리고 신의 매개란 모나드가 창조되기 전부터 모든 모나드의 미래에 일어날 일이 신에 의해 모두 예정되었으며 조정되고 있음을 의미하는 말이다. 다시 말해, 라이프니츠는 모든 모나드는 신이 예정한 조화의 일부이며, 모든 사물과 모나드는 신을 통해 연결되고 소통한다고 보았던 것이다.

더불어 라이프니츠는 신의 관념 안에 무한한 수의 가능한 세계가 존재한다고 설명한다. 그리고 신은 그 무한한 경우의 수 중 하나의 세계만 선택하여 존재하도록 한다. 신은 최고의 선과 지혜를 모아 이 세계를 창조했다. 단 하나의 세계 이외에 다른 것은 결코 선택할 수 없다는 깊은 생각으로 말이다. 불완전한 우리의 눈에는 이 세계에 잘못된 것, 악한 것, 개선해야 하는 것들이 있는 것처럼 보인다. 때때로 현재보다 더 나은 세계를 원하기도 한다. 하지만 신처럼 전체를 볼 수 있는 능력이 있다면 그런 생각은 하지 않게 될 것이다. 우리는 지금 신이 선택한 최선의 조합으로 만들어진 세계를 살아가고 있기 때문이다.

◆　　　**수많은 후대 사상가들에게**
영향을 미친 책

《모나드론》을 비롯한 라이프니츠의 저작은 과학 기술의 발달을 토대로 전보다 더 나은 삶을 살 수 있을 거라고 기대한 18세기 계몽주의 지식인들에게 도덕적 근거를 제시했다. 라이프니츠는 근대적 사고로 무장한 이성적 '개인'의 역할을 발견했다. 신 혹은 절대자의 뜻을 따르는 나약한 존재가 아닌, 자신의 이성을 무기 삼아 현실을 변화시키고 완성하는 주체로 개인을 바라보기 시작한 것이다.

라이프니츠의 철학과 사유는 후대 사상가들에게도 많은 부분 영향을 미쳤다. 우선 그는 미적분학의 발명자로서 누리는 명성과는 별개로, 수리논리학의 개척자로서 논리학 분야의 새로운 지평을 열었다. 더불어 그의 제자이자 계몽철학자인 크리스티안 볼프의 사상은 이마누엘 칸트의 《순수이성 비판》이 출판되기 전까지 독일의 강단철학을 지배했다. 또한 앞서 언급한 '개인'의 발견은 이후 나폴레옹의 출현을 시대정신의 변화를 이끄는 절대정신이 등장한 것으로 해석한 게오르크 헤겔의 사유에도 영향을 미쳤다.

특정 지역이나 국가, 인종에만 한정되어 적용 가능한 것이 아닌, 보편적이며 다원적인 시각을 제공했다는 것도 《모나드론》의 의의라고 할 수 있다. 우리는 자신이 속한 민족, 국가, 지역, 인종 등에 따라 저마다 세계에 대한 상이한 체계를 가지고 살아간다. 하지만 《모나드론》에는 모든 개인이 하나의 동일한 세계에 대한 인식과 전망을 열어갈 수 있는 이론적 기반이 제시되어 있다. 자신들이 세계의 '중심'이라 여기며 살아간 근대 유럽인이었음에도 불구하고, 라이프니츠는 민족적이거나 유럽 중심적인 한정된 시각만으로 세계를 바라보지 않았던 것이다.

물론 라이프니츠의 사상에 21세기를 살아가는 우리가 공감하고 이해할 만한 '현대적' 감성만 담겨 있는 것은 아니다. 세상의 모든 존재와 사건이 완벽한 신에 의해 설계되었다는 믿음은 신의 존재 자체를 부정하는 사람들이 많은 오늘날, 일면 낡은 것처럼 느껴질 수도 있다. 하지만 시대가 가진 사상적 한계를 이해하고, 이를 근대적 사고와 통합하고자 한 그의 노력만큼은 인정할 여지가 충분해 보인다. 지금을 포함한 모든 시대에는 결국 그 시대의 한계가 존재하지만, 그럼에도 이를 뛰어넘고자 하는 사람들의 노력이야말로 세상을 한 발 더 나아가게 하는 계기가 되어주니 말이다.

함께 읽으면 좋은 책

- 《변신론》 고트프리트 빌헬름 라이프니츠, 아카넷, 2014
- 《성찰》 르네 데카르트, 책세상, 2018
- 《에티카》 베네딕투스 데 스피노자(바뤼흐 스피노자), 책세상, 2019

23

마르틴 하이데거
《존재와 시간》
1927

인간 존재의 실존적 모습을
조망하기 위한 한 권의 책

마르틴 하이데거(Martin Heidegger, 1889~1976)

독일의 철학자. 1923년부터 마르부르크 대학에서 철학을 강의했고, 1928년에는 자신이 공부했던 프라이부르크 대학의 정교수가 되었다. 정권을 장악한 나치가 프라이부르크 대학 총장을 해임한 후 후임 총장으로 취임했는데, 이 시기를 전후로 나치와 접촉하며 생애 최대의 오점을 남긴다. 사망 전까지 삶의 대부분을 프라이부르크 지역에 머물렀으며, 이곳에서 수많은 강연과 저작을 남겼다.

※ 주요 저서: 《철학에의 기여》《형이상학 입문》《동일성과 차이》《숲길》

마르틴 하이데거의 대표작인 《존재와 시간》은 1927년에 발표되었지만, 집필은 그보다 4년 앞선 1923년에 시작되었다. 이는 이 책이 세1차세계대전 직후에 벌어진 사상계의 격동을 배경으로 탄생한 작품임을 알려준다. 세계대전은 수많은 지식인의 혼란과 좌절을 불러일으켰다. 끝없는 진보와 발전을 이끌 것이라고 기대한 인간의 '이성'이 수없이 많은 사람을 고통과 죽음으로 몰아넣은 잔혹함과 퇴보의 상징으로 변해버렸기 때문이다. 이로 인해 오랜 기간 철학계의 주류를 형성한 신칸트학파가 몰락했으며, 이를 대신해 인간이라는 존재를 적나라하게 응시하고자 한 생철학과 현상학이 각광받기 시작했다. 프리드리히 니체와 쇠렌 키르케고르의 사상이 반향을 불러일으켰으며, 변증법 신학과 현대 문학의 새로운 동향이 시작되기도 했다.

하이데거는 이러한 상황 속에서 인간 존재의 '실존적' 모습을 조망하고자 이 작품을 저술했다. 이 책은 그가 마르부르크 대학교 교수 재직 시절, 1927년 독일의 철학자 에드문트 후설이 감수한 《철학 및 현상학 탐구 연보》 제8권을 통해 처음으로 발표되었고, 얼마 뒤에는 단행본 형태로 출판되었다. 《존재와 시간》은 하이데거 철학의 전반부를 대표하는 저술로 손꼽히며, 일반적인 철학 저술과는 달리 출간 당시부터 대중의 수많은 관심을 불러일으킨 것 또한 특징이다.

이 책의 제6판까지는 '전편'이라는 표시를 넣어 '후편'이 이어질 것을 암시했으나, 1953년에 발간된 제7판부터는 이 표시가 삭제되어 사실상 미완성인 채 완결된 작품으로 남았다. 하이데거는 애초 《존재와 시간》을 2부로 나누어 각각 세 편씩 총 여섯 편의 논문을 수록할 예정이었다. 하지만 하이데거가 최종적으로 발표한 책에는 제1부 1편에 해당하는 '현존재에 대한 준비적인 기초 분석'과 제1부 2편에 해당하는 '현존재와 시간성' 부분만이 쓰여 있을 뿐이다. 당시 마르부르크 대학교의 철학부 학장은 니콜라이 하르트만 교수의 후계자로 하이데거를 추천하기 위해 그에게 미비한 논문이나마 출간할 것을 권유했으나, 하이데거는 이를 거부하고 1부 3편마저 삭제했다. 해당 편의 주제인 '시간과 존재'에 적합한 언어를 찾지 못했다는 것이 당시 그가 내세운 이유였다. 이후 제1부 3편에 해당하는 '시간과 존재'는 하이데거의 다른 작품인 《사유의 사태》에 수록되어 발표되었고, 2부의 내용은 《칸트와 형이상학의 문제》 같은 하이데거의 여러 저작에서 그 개념을 살펴볼 수 있다.

죽음에서 피어나는 '본래적 삶'

《존재와 시간》은 존재의 의미에 대한 물음을 고찰하기 위한 '존재론적 야심'에서 기획된 저술이다. 도대체 존재론이란 무엇일까? 이를 알아보기 위해서는 먼저 '존재자'와 '존재'라는 단어의 의미를 살펴볼 필요가 있다. 우선 '존재자'란 그저 존재하고 있는 것을 말한다. 이 설명에 따르면 당신이 지금 읽고 있는 이 책도, 이 책을 읽을 수 있도록 빛을 내주는 형광등도, 창문 밖에 보이는 저 나무도 모두 '존재자'라고 할 수 있다. 반면 '존재'란 각각의 존재자가 가진 고유한 성격을 일컫는 말이다. 존재론은 이중 '존재'에 집중하는 학문이다. 다시 말해, 존재자가 '존재한다'는 것의 의미를 근본적으로 되묻고, 이를 통해 인간과 세계의 전체적 구조를 다시금 고찰하려는 철학적 시도를 우리는 존재론이라고 할 수 있다.

그렇다면 어떠한 존재자가 스스로 '존재'의 의미를 묻고 이해할 수 있는가? 하이데거는 지구상의 존재자 중 오직 '인간'만이 자신의 존재를 묻고 이해할 수 있다고 이야기한다. 스스로의 존재 이유와 삶의 목적 등을 고민하며, 이를 통해 자기 자신을 되돌아보거나 진정한 자신을 확인해 나가려 노력하기 때문이다. 하이데거는 이처럼 자기 자신을 살필 수 있는 존재자를 '현존재(Da-Sein)'라 일컬으며, '인간은 스스로 자기 자신의 존재를 떠맡는다'고 강조한다.

물론 인간이 모두 자신의 존재를 물으며 살아가는 것은 아니다. 아니, 오히려 대부분 인간은 그러한 질문 없는 '비본래적 삶'을 산다. 비본래적 삶이란 타인 또는 사회가 시키는 대로 살아가는 삶을 말한다. 남들이 선망하는 좋은 학벌과 직장만 갈구하는 삶, 남들이 정해놓은 삶의 궤적을 따라 의심하지 않고 사는 삶 따위를 이야기하는 것이다. 그저 '남들이 하라는 대로' 혹은 '그저 주어진 대로' 살아가며, 하루하루 무사한 것에만 안도하거나 남을 따라 행동 또는 사고하는 경우도 많다.

　이와 더불어 하이데거는 우리가 무수히 많은 존재와 관계하며 살아간다고 이야기한다. 부모님의 보살핌을 받기도 하고, 친구와 연인을 만나기도 하며, 스승을 만나 가르침을 받기도 한다. 하이데거는 이처럼 수많은 존재와 관계 맺으며 살아가는 인간을 '세계 안의 존재'라고 불렀다. 자신을 둘러싼 여러 존재와 부대끼며 함께 일하고, 웃고, 행복해하며, 슬퍼하는 삶. 그것이 바로 하이데거가 말하는 '세계 안의 존재'에 담긴 의미이다.

　물론 이러한 '관계' 속에서도 비본래적인 삶의 태도를 찾아볼 수 있다. 승진이나 계약, 합격 등 자신의 성공이나 목적 달성에 도움이 되는 경우만을 가려서 관계 맺는 '도구적 관계 맺음'이 대표적인 예이다. 이런 관계는 종이에 무언가를 쓰기 위한 펜이나 못을 박기 위한 망치 같은 도구를 사용하는 것과 다르지 않다. 오로지 자신의 목적을 달성하기 위한 용도로만 관계를 맺고 활용하는 것이기 때문이다. 이는 굳이 하이데거의 설명이 아니더라도, '비본래적'이라는 표현 외에는 달리 설명할 길 없는 관계에 불과하다.

　하이데거는 우리가 이러한 삶에서 벗어나야 한다고 역설한다. 비본래적 삶이 아닌 '본래적 삶'을 살고자 노력해야 한다는 것이다. 그렇다면 우리는 어떻게 본래적 삶을 살 수 있을까? 물론 이는 적당한 결심이나 노력으로 가능한 범주의 일은 아니다. 세상의 온갖 유혹, 수시로 밀려드는 불안과 공포를 뿌리친 채 자기 주관대로 사는 것은 결코 쉬운 일이 아니기 때문이다.

　그렇기에 하이데거는 아주 극단적인 상황을 제시한다. 바로 '죽음'과 직시해야 한다고 말한 것이다. 죽음은 누구도 피할 수 없다. 누구나 그 사실을 알고 있음에도 타인의 죽음은 외면하거나 막연하게 받아들이는 경우가 대부분이다. 하지만 그 죽음이 자신에게 다가오면 상황이 달라진다. 누구에게도 기대지 못한 채 홀로 죽음과 마주해야 하기 때문이다. 하이데거는 이처럼 자신에게 주어진 결말인 죽음을 직시할 줄 아는 인간을 '고독자'라고 부른다. 고독자는 스스로를 되돌아본다. 그리고 자신이 추구하고자 하는 삶의 가치와 방향을 확인하게 된다. 죽음을 마주함으로써 삶의 종말이 아닌 새로운 삶을 시작하는 계기를 얻게 되는 것이다.

하이데거는 이처럼 죽음을 직시한 이들은 '양심의 소리'를 듣게 된다고 말한다. 여기서 양심의 소리란 사회가 제시하고 강요하는 도덕 법칙을 말하는 것이 아니다. 도덕 법칙에 억지로 자신의 삶을 일치시키려는 사람은 오히려 일상에 매몰된 삶을 살게 될 가능성이 없다. 그보다는 본래의 자기를 일깨워주는, 그리하여 본래적 삶을 살게 해주는 소리가 바로 '양심의 소리'라고 할 수 있다. 이 소리에 귀 기울일 때, 인간은 비로소 내적인 변혁을 이루게 된다.

끊임없이 피어오르는 불안, 자신의 의지를 벗어난 현실이 역설적으로 자기 자신의 존재와 자유의 의미를 깨닫게 만드는 계기가 되는 것. 그리고 이를 통해 진정한 자기 자신을 발견하게 되는 것. 그것이 바로 현존재의 '본래적 삶'이자 하이데거가 촉구한 진정한 삶이라 할 수 있을 것이다.

본래적 삶을 외친
철학자의 비본래적 삶

하이데거와 그의 대표작《존재와 시간》은 20세기 초중반 지성계에 가장 많은 영향을 미친 것으로 평가받는다. 장 폴 사르트르의 실존주의와 한스 게오르크 가다머의 철학적 해석학, 장 프랑수아 리오타르의 포스트모더니즘, 자크 데리다와 미셸 푸코, 질 들뢰즈의 후기 구조주의, 헤르베르트 마르쿠제와 위르겐 하버마스의 비판 이론, 한나 아렌트의 정치철학 등 수많은 철학적 조류가 하이데거 철학의 영향을 받아 탄생했다.

하지만《존재와 시간》이 보여준 영향력은 저자인 하이데거의 생전 행적으로 인해 얼마간은 빛이 바랜 것이 사실이다. 바로 그가 당시 독일을 장악한 '나치'와 연관된 행적을 보였기 때문이다. 특히 그가 프라이부르크 대학의 총장으로 취임한 1933년 5월의 연설은 이후에도 많은 논란을 일으켰다. 당시는 히틀러가 이끄는 국가사회주의당, 일명 나치가 3월 총선거에서 288석을 얻으며 정권을 완전히 장악한 시기였다. 그는 자신의 취임식에서 '독일 대학의 자기주장'이라는 주제로 연설했다. 연설의 주 내용은 학생들이 지식 추구뿐만 아니라 노동과 군사 훈련에 적극적으로 동참해야 한다는 이른바 '3대 봉사'에 관한 것이었다.

누군가는 다음과 같은 속사정이 있다고 이야기하기도 한다. 그가 당시 나치에 협조해 총장이 된 것은 나치에 의해 파면당한 전임 총장 묄렌도르프의 부탁 때문이었으며, 총장에 취임한 뒤부터는 나치의

의도와는 정반대의 행보를 보였다는 것이다. 실제로 총장으로 재직하는 동안 하이데거는 대학 내 반유대주의 현수막의 설치를 금지하고 도서관 내 유대인 저자들의 장서를 불태우려는 시도를 막기도 했다. 사사건건 나치 당국과 부딪히던 그는 결국 약 10개월 만에 총장직에서 물러나게 된다.

그럼에도 불구하고 그가 나치즘에 동조했거나, 최소한 방관했다는 사실만큼은 부정할 수 없어 보인다. 나치 당국에 동료 교수를 반체제 인사로 고발했으며, 총장에 취임한 해의 또 다른 연설에서 "오직 히틀러 총통만이 독일의 진정한 현실이자 법"이라고 발언했기 때문이다. 논란은 현재 진행형이다. 하이데거의 일기를 담은 2014년 출간작 《검은 노트》에 나치즘과 반유대주의, 심지어 대량 학살을 암시하는 표현 등이 담겨 있던 탓이다.

누구보다 본래적인 삶을 추구한, 그러나 20세기의 여느 누구와도 다르지 않은 '비본래적 삶'을 살아간 인물이 어쩌면 《존재와 시간》의 저자 하이데거였을지도 모른다.

함께 읽으면 좋은 책

- 《**칸트와 형이상학의 문제**》 마르틴 하이데거, 한길사, 2001
- 《**형이상학이란 무엇인가**》 마르틴 하이데거, 서문당, 1999
- 《**숲길**》 마르틴 하이데거, 나남, 2020

24

아우구스티누스
《고백록》
400년경

신학자가 된 말썽쟁이,
중세 사상의 토대를 만들다

아우구스티누스(Aurelius Augustinus, 354~430)

중세 초의 신학자이자 성직자, 주교. 중세 유럽이 기독교적인 사상의 틀을 갖추는 데 결정적인 공헌을 한 인물이다. 이해를 추구하는 신앙을 강조했으며, 이는 훗날 신학을 학문적으로 접근한 스콜라 철학에도 큰 영향을 미쳤다.

※ 주요 저서: 《신국론》 《삼위일체론》

아우구스티누스는 마지막 고대 철학자이자 최초의 중세 철학자로 불리는 인물이다. 여기서 '중세'는 흔히 로마가 멸망한 476년부터 약 1,400년까지, 1,000년에 가까운 시기를 일컫는 말이다. 중세의 가장 큰 특징은 기독교라는 종교 또는 가치관이 서양 세계를 지배했다는 것이었다. 기독교는 출현 초기만 하더라도 많은 박해를 받는 종교였다. 하지만 4세기 초 로마를 통치한 콘스탄티누스 황제 때부터 상황이 크게 바뀌었다. 그는 기독교를 합법화하고 장려했으며, 죽기 전에는 세례까지 받으며 기독교가 국교화되는 길을 열어주었다. 콘스탄티누스 황제 이후의 로마 지도자들은 대부분 기독교 신자가 되었고, 나중에는 급기야 로마 정부가 나서서 기독교 이외의 종교를 억압하는 상황까지 발생했다.

아우구스티누스는 기독교가 공인된 뒤인 354년 오늘날 알제리에 위치한 타가스테라는 지역에서 태어났다. 아버지는 로마의 관리였으며, 어머니는 깊은 신앙을 가진 기독교인이었다. 그는 어린 시절부터 어머니의 신앙에 많은 영향을 받았다. 훗날 어머니를 회상하며 "나는 젖을 빨기 시작한 것과 동시에 그리스도의 정신에 젖어 들었다"라고 이야기했을 정도로 말이다 아우구스티누스가 철학의 길에 빠져든 건 마르쿠스 툴리우스 키케로의 책《호르텐시우스》를 읽고 난 뒤였다. 이 책의 원본은 오늘날에는 남아 있지 않지만, 감성에 대한 이성의 승리를 주된 내용으로 삼은 것으로 알려진다. 책을 읽고 크게 감명을 받은 아우구스티누스는 철학을 공부하는 한편, 자신의 흥미를 끈 종교인 마니교에 몸담게 되었다.

이 시기 아우구스티누스는 방탕하게 생활했다. 이런 사람이 훗날 기독교의 위대한 신학자이자 철학자가 되리라고는 상상도 할 수 없을 정도였다. 폭력을 일삼는 학생들과 어울려 다녔고, 이미 십 대에 자신보다 신분이 낮은 여자와 동거하며 아이까지 낳았다. 심지어 얼마 뒤 더 좋은 가문의 여자와 결혼하겠다며 그 여성을 떠나버리기까지 했다.

그러던 중 아우구스티누스에게 삶을 뒤바꿀 결정적인 계기가 생긴다. 밀라노의 주교인 성 암브로시우스를 만난 것이다. 암브로시우스 주교는 훗날 서방 4대 교부로 불리게 되는 인물로 언변이 뛰어나고, 수사학과 철학에도 능한 인물이었다. 어느 날 우연히 암브로시우스의 강론을 들은 아우구스티누스는 큰 감동을 받는다. 그리고 고민 끝에 세례를 받기로 결심한다. 그는 결심의 순간을《고백록》에 기록해 두었는데, '모든 걱정으로부터 벗어난 듯 평안하고 밝은 빛이 마음속에 가득 찼고, 가지고 있던 의혹의 그늘도 깨끗하게 사라졌'고 기록한다.

그는 이후 기독교의 중심 사상가로 활동했다. 게다가 한동안 기독교의 라이벌 종교인 마니교에 몸담았기 때문에 이들의 교리를 체계적으로 반박하는 데에도 능했다. 말썽만 부리는 철부지에서 기독교 사상 전반을 책임지는 신학자이자 철학자로 하루아침에 탈바꿈한 것이다.

아우구스티누스는 43살이 되던 397년부터 약 4년에 걸쳐《고백록》을 집필했다. 그는 이 책을 통해 자신의 삶을 고백하고 참회했다. 그리고 기독교의 정신과 기독교적인 삶에 관해 말하고자 했다. 기독교를 통해 자신의 삶이 바뀐 것처럼, 누군가 자신의 삶과 사유를 들여다봄으로써 그의 삶 또한 변화하길 바랐다.

◆　신이 만든 세상에 '악'이 존재하는 이유

《고백록》은 아우구스티누스가 자신의 탄생부터 히포 교회의 주교가 되기까지 자신의 삶을 기록한 책이다. 이를 통해 우리는 아우구스티누스가 자신의 사상적, 신학적 체계를 세워나가는 과정을 확인할 수 있을 뿐 아니라, 그동안의 내적 갈등과 극복 과정을 상세하게 확인할 수 있다.

아우구스티누스는 이 책을 통해 스스로의 삶을 솔직하게 이야기했다. 구태여 타인의 삶을 폭로하거나 평가하는 것이 아니라 제 삶을 돌아봄으로써, 자신은 물론 인간이라는 존재 자체를 파악하고자 했다. 이를 위해 아우구스티누스는 지난날 자신이 했던 잘못을 고백하고 참회했다. 책임감 없었던 지난날의 연애는 물론, 소년 시절 학문을 싫어하고 놀기를 즐겼던 일, 누군가의 물건을 훔치거나 몰래 가지고 나왔던 일, 심지어 젖먹이 시절 젖을 달라고 보채며 울었던 일까지 모조리 말이다.

물론 그가 자신의 참회 혹은 구원을 목표로 삼고 이런 솔직한 고해성사를 한 건 아니었다. 그는 스스로의 경험을 통해 기독교, 나아가 자신이 살아가는 서양 사회 전체가 가진 문제를 확인하고 그 답을 찾고자 했다. 아우구스티누스가 특히 관심을 가진 건 악(惡)의 문제였다. 악의 문제는 기독교의 탄생 초기부터 많은 사람이 고민해온 주제였다. 성경에 따르면 하나님은 분명 선하고 전능한 분이다. 하지만 그런 존재가 만든 세상은 늘 고통과 절망으로 점철된 '악'만 가득한 것처럼 보였다. 당대에 기독교와 경쟁하던 여러 종교 역시 이러한 모순을 지적하며 꾸준히 비판을 이어가고 있었다.

그렇다면 이 문제에 대해 아우구스티누스는 어떤 해답을 내놓았을까? 의외로 그가 내놓은 답은 간단했다. 바로 '이 세상에 악은 존재하지 않으며, 악처럼 보이는 건 그저 선의 결핍에 불과하다'는 것이다. 아우구스티누스는 신이 만든 이 세상에서는 어느 것도 악하지 않다고 주장한다. 심지어 남의 것을 훔치거나, 누군가를 때리는 행위도 말이다. 하지만 절도, 약탈, 구타 같은 행위가 모든 사람에게 선한 영향을 미친다고는 할 수 없다. 다시 말해, 그 행위를 하는 사람에게만 선한 '작은 선'이라고 볼 수 있다. 반면, 이런 행위를 하지 않기로 결심하고 이를 실천한다면 그 사람은 '더 큰 선'을 행했다고 할 수 있다. 왜냐하면 이 행동은 다른 사람에게도 선한 영향을 주기 때문이다.

그렇다면 신은 도대체 왜 이런 구조를 만들었을까? 굳이 왜 신은 인간이 '덜 선한' 행동을 할 수 있도록 했냐는 말이다. 이와 관련해 아우구스티누스는 인간의 '자유 의지'에 주목한다. 그에 따르면 신은 우리에게 자유 의지를 주었다. 가령 당신은 이 책을 읽을지 말지, 구매할지 구매하지 않을지 스스로의 의지로 자유롭게 선택할 수 있다는 이야기다. 아우구스티누스는 이러한 자유 의지를 갖는 것이 좋은 일이라고 생각했다. 자유 의지로 인해 우리는 도덕적으로 행동할 가능성을 얻게 되었기 때문이다. 하지만 자유 의지를 가졌기에 우리는 악을 행하기로 결정할 수도 있다. 누군가를 때리고 괴롭히거나, 도둑질을 하고, 심지어는 죽일 수도 있다는 것이다.

아우구스티누스는 이것이 우리의 감정이 이성을 압도했기 때문에 벌어지는 일이라고 설명한다. 우리는 종종 돈과 물건, 육체적 욕망 따위에 굴복한다. 신과 신의 계명으로부터 멀리 벗어나는 행동을 하는 것이다. 아우구스티누스는 이런 일이 없도록 이성이 욕정을 통제해야 한다고 보았다. 우리는 동물과 달리 이성을 가지고 있다. 만약 신이 우리에게 무조건 선을 행하도록 했다면 우리는 다른 존재에게 어떠한 해도 끼치지 않고 살아갈 수 있었을 것이다. 하지만 이 경우 우리에겐 굳이 이성이 필요하지 않았을 것이다. 항상 자동으로 좋은 일만 선택할 수 있다면, 어떻게 행동할지 생각할 수 있도록 도와주는 이성은 쓸모가 없을 것이기 때문이다. 아우구스티누스는 이런 경우보다 우리 스스로 선택할 수 있도록 이성을 부여받은 편이 훨씬 낫다고 주장했다.

물론 그렇다고 해서 의문이 모두 해소되는 것은 아니다. 신에게 '이성'을 부여받은 인간이라면 항상 작은 선보다는 큰 선을 택하는 것이 합당해 보이니 말이다. 하지만 우리는 큰 선보다는 자신에게만 큰 이익을 가져다주거나 심지어 타인에게 해로움을 안기는 작은 선을 택하는 경우가 많다. 아우구스티누스는 그 이유를 성경에 담긴 '원죄' 개념에서 찾는다. 최초의 인간인 아담이 저지른 죄로 인해 후손인 우리 인간이 끊임없이 작은 선을 택할 수밖에 없다는 것이다.

그렇다면 어떻게 해야 우리는 더 큰 선을 향해 나아갈 수 있을까? 아우구스티누스는 인간 혼자 힘만으로는 불가능한 일이라고 말한다. 그가 보기에 우리는 신을 통해서만 작은 선에 집착하는 잘못에서 벗어날 수 있다. 우리에게 이성을 부여해준 신을 따라야만 그야말로 '완전한 선'을 행할 수 있다는 것이 아우구스티누스의 신학이자 믿음, 철학이었다.

◆ 신의 나라의 승리로 마무리되는 인간의 역사

아우구스티누스의《고백록》에 담긴 진솔한 삶의 고백은 후대에까지 영향을 미쳤다. 이 책은 여러 시대에 걸쳐 수많은 사람에게 널리 읽혔다. 사본도 여러 가지가 있는데 지금까지 남아 있는 판본 중 일부는 6세기경 만들어졌을 정도로 오래된 것으로 알려진다.

후대의 신학자들은 물론 여러 분야의 인물들도 이 책의 영향을 받았다. 영국의 신학자 헨리 채드윅은《고백록》을 '서구 문학의 최고 작품 중 하나'라고 평가했으며, 장 자크 루소와 레프 톨스토이는《참회록》을 쓰며 자신의 삶을 고백하고 참회했다. 하지만 아우구스티누스가 서양 세계에 미친 영향력을 확인하기 위해선《고백록》을 넘어 그의 사상 전체를 살펴봐야 한다. '서양철학은 플라톤의 각주이듯, 기독교 신학은 아우구스티누스의 각주'라는 평가가 있을 정도로 기독교 전체에 큰 영향을 미친 것이 바로 아우구스티누스의 사상이기 때문이다.

아우구스티누스의 사상을 확인하기 위해 우리가 함께 살펴보아야 할 책 중 하나가 바로《신국론》이다. 이 책은 413년부터 427년 사이에 쓰였다.《신국론》에는 아우구스티누스의 차별화된 관점인 '선형적 역사관'이 담겨 있다. 이 책에 따르면 인류의 역사는 '신의 나라'와 '땅의 나라'가 벌이는 투쟁의 기록이다. 우선 땅의 나라는 우리가 발 딛고 살아가는 이곳을 말한다. 땅의 나라는 불완전하고, 잔인하며, 오만한 곳이다. 이곳에 사는 우리는 높은 부를 쌓고, 좋은 정치 제도를 갖추면 자신의 삶이 충만해질 거라고 믿는다. 하지만 이런 생각은 우리의 착각에 불과하다. 부와 현실의 정치는 진정한 행복과 충만함을 담보하지 않기 때문이다.

아우구스티누스는 진정한 구원과 행복이 오로지 신의 나라에서만 이루어질 수 있다고 설명한다. 신의 나라에서 사람들은 신의 은총에 의한 구원만을 원한다. 그 안에서 진정한 행복, 참된 삶이 가능하다는 사실을 알게 되었기 때문이다. 그리고 역사는 결국 신의 나라가 승리하는 것으로 끝을 맺는다.

선형적 역사관은 인간의 등장으로 시작해 신의 나라가 승리하게 되는 과정까지를 하나의 일회적 역사로 보는 관점이다. 이 사고관을 바탕으로 아우구스티누스는 신의 나라를 준비하는 곳, 즉 '교회' 안에만 구원이 존재한다고 생각했다. 교회, 그리고 교회를 이끄는 교황이 절대적인 권력을 가지는 중세 시대의 사상적 토대를 만든 인물이 바로 아우구스티누스였다.

함께 읽으면 좋은 책

- 《신국론》 아우구스티누스, 분도출판사, 2004
- 《삼위일체론》 아우구스티누스, 분도출판사, 2015
- 《참회록》 장 자크 루소, 동서문화사, 2016

25

토마스 홉스
《리바이어던》
1651

사제의 아이는 어쩌다
시민과 성직자의 '적'이 되었을까?

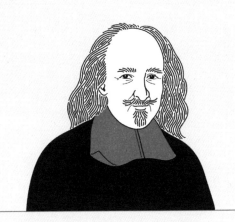

토마스 홉스(Thomas Hobbes, 1588~1679)

영국의 정치철학자이자 사회계약론자. 근대 자유주의의 맹아를 제공한 것으로 평가받는
인물이다. 자연 상태를 만인의 만인에 대한 투쟁 상태로 규정했으며, 이를 극복하기 위
해 구성원끼리 사회적인 계약을 맺고 국가에 권력을 이양한다는 주장을 펼쳤다.

※ 주요 저서: 《시민론》 《인간론》

전쟁이 끊이지 않던 1588년의 영국, 맘스베리 근처의 작은 마을에서 예정일보다 3개월이나 일찍 한 아이가 태어났다. 그의 이름은 토마스 홉스. 스페인의 무적함대가 영국을 침략하려고 마을 가까이에 당도 했다는 소문에 놀라 조산한 아이였다. 성직자를 아버지로 둔 이 아이는 커서 왕과 귀족을 옹호하고 시민과 성직자를 배척하는 이론을 펼치게 된다. 홉스가 이런 태도를 보이게 된 데는 이유가 있다. 정답부터 말하자면 '아버지' 때문이었다. 사람의 인격이나 가치관이 형성되는 데 영향을 미치는 것은 어느 하나만을 이유로 들 수는 없지만, 홉스의 아버지는 그의 아이에게 너무 큰 영향을 끼쳤다. 그것도 안 좋은 방향으로 말이다.

홉스의 아버지는 예배를 위한 기도문과 성경을 겨우 읽는 수준의 하급 사제였다고 알려진다. 종교인임에도 불구하고 카드 게임을 좋아하는 데다 술을 절제하지 못했다. 게다가 성격도 무척이나 급해서 주변 사람들과 툭하면 다투기까지 했다. 결국 홉스의 아버지는 교회에서 쫓겨나게 되었고, 이후 가족을 내팽개친 채 어디론가 도망가버리고 만다.

이 사건은 역설적이게도 홉스에게 기회가 되었다. 홉스의 가족을 돕기 위해 찾아온 삼촌이 그의 재능을 발견한 덕분이다. 부유한 장갑 제조업자였던 삼촌은 홉스의 영특함을 단번에 알아봤고, 그를 유명 사립학교에 보내주었다. 홉스는 그곳에서 자신의 재능을 마음껏 발휘했다. 결국 그는 14살이 되던 해에 옥스퍼드 대학에 입학해 형이상학과 논리학, 신학, 자연학 등 다양한 학문을 접하게 된다.

하지만 홉스는 대학에서 공부에 별 흥미를 못 느낀 듯하다. 졸업 후 곧바로 귀족 가문인 캐번디시 가에 들어가 가정 교사 생활을 시작했으니 말이다. 참고로 이곳은 홉스의 평생직장이 되었다. 무려 70여 년 동안 이 집안의 비서이자 가정 교사로 생활했던 것이다.

1610년 홉스는 당대 귀족들의 교육 방식에 따라 자신의 학생과 함께 유럽 곳곳을 여행했다. 이때의 경험은 훗날 홉스의 사상에도 많은 영향을 미쳤다. 당시 유럽 대륙은 종교 전쟁으로 어수선한 시기였다. 전쟁은 기독교에 대한 사람들의 믿음을 흔들어 놓았다. 참된 신앙과 올바른 삶을 외치던 이들이 외려 수많은 사람을 가난과 죽음으로 몰아넣었기 때문이다. 혼란 속에서 사람들은 살아남기 위해 '만인의 만인에 대한 투쟁'을 이어갔다. 그리고 홉스는 이런 광경을 직접 마주하며 세계와 인간의 본질에 대해 고민했다. 훗날 자신의 대표작이 될 《리바이어던》의 사상적 실마리를 얻은 것도 이 시기이다.

영국도 어수선하기는 마찬가지였다. 1603년 대영제국이라 불릴 만큼 강력한 영국을 만든 엘리자베스 1세가 사망한 탓이다. 일부는 왕당파가 되어 여전히 강력한 왕이 필요하다고 주장했고, 또 다른 일부는 의회파가 되어 의회 중심의 시민 계급이 권력을 가져야 한다고 외치기 시작했다. 홉스는 자신이 모시는 귀족 계급의 편에 서서 왕에게 절대 권력을 줘야 한다고 목소리를 높였다. 하지만 이 시기 왕당파의 주장은 점점 근거를 잃어갔다. 왕권신수설, 즉 왕의 권리가 신에게서 나왔다는 이들의 주장이 종교 전쟁으로 인해 차츰 빛이 바래가고 있었기 때문이다. 게다가 이 시기는 과학 분야의 눈부신 발전으로 절대 진리나 다름없었던 성경마저 힘을 잃어가고 있었다. 여러모로 왕권신수설이 사람들의 지지를 얻기 어려운 시대가 도래한 것이다.

1640년 결국 홉스는 프랑스로 망명을 선택한다. 권력을 잡은 의회가 자신을 왕권옹호자로 몰아붙이며 처벌결의안을 통과시켰기 때문이다. 결국 홉스는 의회가 찰스 1세를 체포해 시민들 앞에서 공개 처형하고, 올리버 크롬웰이 공화정을 선포한 영국의 혁명기를 줄곧 프랑스에서 보내게 된다. 이곳에서 그는 자신이 마주한 혼란을 잠재울 수 있는 사상적 근거를 찾기 위해 노력했다. 그리고 1651년, 그 결과물을 한 권의 책으로 내놓았다. 바로 우리가 오늘 살펴볼 책 《리바이어던》이다.

◆ 무질서를 끝내기 위해 우리는 '계약'했다

책을 펼쳐보기 전, 《리바이어던》의 표지부터 살펴보자. 표지의 그림은 이 책에 담긴 철학을 가장 잘 표현한 작품으로 손꼽는다. 그림에는 한 명의 거인이 있다. 그는 왕관을 쓰고 양손에 칼과 지팡이를 쥐고 있다. 칼과 지팡이는 각각 왕과 교황의 권력을 상징하는 물건이다. 앞에

그려진 도시와 교회는 이 거인에 비하면 왜소하기 짝이 없다. 이 인물이 바로 홉스에 의해 묘사된 현세의 신 '리바이어던'이기 때문이다

리바이어던의 몸은 수천 명의 작은 사람들로 구성되어 있다. 홉스는 마치 우리 몸이 작은 세포로 이루어진 것처럼, 국가는 국민으로 이루어져 있다고 생각했다. 그림을 조금 더 자세히 살펴보자. 사람들이 모두 리바이어던을 우러러보고 있다는 사실을 확인할 수 있다. 이는 리바이어던이 사람들의 존경과 두려움을 동시에 받는 존재임을 표현한 것이다.

아래에 그려진 그림도 의미심장하다. 왼쪽에는 성과 왕관, 대포와 총칼, 전쟁터의 모습이 그려져 있으며, 오른쪽에는 교회와 교황의 모자, 신학의 철학 논법이 새겨진 창, 종교재판의 장면이 그려져 있다. 왼쪽과 오른쪽은 각각 왕국과 교회를 떠받치는 여러 장치를 의미한다. 다시 말해, 왕국과 교회를 모두 아우르며 서 있는 존재가 바로 리바이어던이라는 뜻이다.

홉스는 왜 책의 제목을 '리바이어던'이라고 지었을까? 리바이어던은 원래 성경에 나오는 사나운 바다 괴물의 이름이다. 〈욥기〉에는 리바이어던이 '입에서는 불길을 내뿜고 날카로운 작살로도 가죽조차 뚫을 수 없는 바다 괴물'로 묘사되어 있다. 홉스는 막강한 힘을 지닌

이 괴물이야말로 국가가 지닌 속성을 잘 나타낸다고 생각했다.

물론 성경에 묘사된 괴물 리바이어던과 홉스가 설명하는 국가 리바이어던이 완전히 똑같다고 볼 수는 없다. 우선 괴물 리바이어던은 하나님이 만들었고, 사람의 목숨을 위협하는 존재이다. 반면 국가 리바이어던은 사람이 만들었고, 사람의 목숨을 지켜주는 존재다. 실제로 국가는 리바이어던처럼 구성원들에게 한없이 엄격하지만, 바로 그 힘 덕분에 사회와 인간을 보호할 수 있다. 다시 말해, 국가의 강력한 힘은 구성원들이 보호받기 위해서 그들 스스로 만든 것이라는 이야기다.

그럼 본격적으로 책의 내용을 살펴보자. 《리바이어던》 또는 홉스를 논할 때 자연스럽게 떠오르는 문장이 하나 있다. 바로 '만인의 만인에 대한 투쟁'이다. 홉스는 국가가 성립되기 전의 상황인 '자연 상태'를 묘사하기 위해 이와 같은 표현을 사용했다. 아무런 제약 없이 사람들을 두면 각자의 이기심과 욕심으로 인해 극단적인 경쟁을 벌이게 된다고 보았기 때문이다. 그는 인간의 본성에서 비롯된 분쟁의 원인을 크게 경쟁심과 불신, 공명심이라는 세 가지 마음 때문이라고 파악한다. 경쟁심으로 인해 이익을 얻으려 약탈자가 되고, 불신하는 마음을 가지고 있어서 자신의 안전을 확보하려 침략자가 되며, 공명심 때문에 명예를 지키고자 공격자가 된다는 것이다. 인간이라면 누구나 세 가지 마음을 가지고 있기에 모두를 다스리는 공통의 권력이 존재하지 않는 한 전쟁 상태에 빠진다는 것. 이것이 바로 '만인에 대한 만인의 전쟁'이라는 문장에 담긴 의미이다.

홉스는 사람들이 이러한 상태를 구성원 사이의 '사회계약'을 통해 해결하게 된다고 보았다. 그의 이론에 따르면 국가는 사람들 사이의 계약으로 형성되었다. 또한 권력은 신이 아닌 구성원들이 계약을 통해 주권자인 왕에게 위임한 것이다. 따라서 왕은 법의 규제를 받지 않으며, 누구도 그에게 책임을 물을 수 없다. 어느 누구도 아닌 그들 스스로 권력을 위임한 것이기 때문이다.

왕은 법을 만들어 무질서를 바로잡으며, 사람들에게 옳고 그름의 기준을 정해준다. 내 것과 네 것의 기준을 정하며, 전쟁을 선포하거나 폭력을 사용할 수 있는 군대의 지휘관이 되기도 한다. 또한 국가를 운영하는 기관들의 최고 대표자로서 권리를 지니고 있다. 홉스는 이처럼 권력을 위임받은 왕은 절대 권력을 가지게 되며, 이러한 권력 중 하나라도 빠지면 사회는 대혼란, 즉 '자연 상태'로 돌아갈 수밖에 없다고 설명한다.

반대로 시민이 가진 권리는 협소하기만 하다. 홉스는 시민은 누구나 개인의 이익보다는 국가 전체의 관점에서 생각하고 행동해야 한다고 말한다. 시민에게는 권력자의 명령인 '법'에 복종하는 의무가 부여되며, 이 의무대로 사는 것만이 시민의 유일한 자유에 해당한다.

물론 권력이나 국가도 영원불멸한 것은 아니다. 게다가 외부의 폭력은 물론, 내부의 혼란 때문에 멸망할 수 있다. 이는 대부분 국가가 왕의 권리를 제대로 확립하지 못해서 생겨난 일이다. 시민들의 잘못을 바로잡을 법을 만들지 못하거나, 왕의 권력을 일부 나누거나 빼앗으려고 하는 경우 등이 대표적이다. 왕에게는 절대 권력을, 시민에게는 절대 복종을 요구한 것이 바로 홉스의 사상이었다.

성직자도
결국 '시민'일 뿐이다

《리바이어던》은 총 4부로 이루어진 작품이다. 이중 앞에서 다룬 내용은 1부와 2부에 해당하는 내용이며, 3부와 4부는 홉스가 중요하게 생각한 또 다른 주제인 '기독교의 폐단과 성직자들이 나아가야 할 방향'을 다룬다. 홉스는 교회의 권력이 국가를 움직일 만큼 큰 영향력을 행사함에도 불구하고, 무지와 부패로 인해 많은 이들의 삶을 혼란에 빠뜨리고 있다고 지적했다. 홉스가 보기에 교황과 성직자들은 그저 개별 국가의 시민일 뿐이다. 하지만 이들은 자신을 하나님의 대리자라고 자처하며 주권자인 왕의 권력을 탐했다. 정해진 법을 온전히 따르지도 않았고, 세금마저 내지 않았다. 국가가 제공하는 안전과 평화는 남들과 똑같이 누리면서 말이다.

여전히 교회의 영향력이 큰 시기에 이런 책이 나왔으니 유럽 전체가 들썩일 수밖에 없었다. 교회 권력자들은 홉스를 무신론자로 규정하고 그가 이 책을 통해 신성 모독을 했다고 비판했다. 의회파의 인사들 또한 홉스를 비난했다. 시대가 어느 때인데 아직까지 절대 왕권을 지지하느냐며 손가락질한 것이다. 심지어는 왕당파 인물들도 비난의 행렬에 동참했다. 왕에게 권력이 집중되어야 한다고 주장하는 것처럼 보이는 이 책의 내용이 사실은 그렇게 나라를 이끌지 못한 현실의 왕에 대한 지적에 불과하다면서 말이다. 결국《리바이어던》은 금서로 지정되고 말았다. 홉스의 모교인 옥스퍼드 대학에서는《리바이어던》을 불태워버렸고, 누구라도 이 책을 읽다가 걸리면 벌금을 물어야 했다.

물론 오늘날의 관점에서 보더라도 홉스의 주장이 완벽하다거나 전혀 문제가 없는 것은 아니다. 홉스가 전제 군주론이 필요하다는 주장의 근거로 제시한 '자연 상태에서의 이기적이며 폭력적인 인간'은 설득력이 부족하며, 그 대안으로 본 '강력하며 절대적인 군주' 역시 홉스 개인의 생각일 뿐 그 필요성을 공감하기는 어렵기 때문이다.

하지만 그의 사상은 자신의 시대가 마주한 문제점을 직시하고, 그 해결책을 제시했다는 데에 의의가 있다. 그가 주장한 사회계약설은 이후 존 로크, 장 자크 루소 등 여러 근대 사상가들에게 영향을 미쳤다. 홉스의 영향을 받은 두 사람의 주장은 이후 전개된 시민 혁명의 주요한 이론적 토대가 되었다. 자칫 낡게만 느껴지는 홉스의 책이 여전히 많은 이에게 가치 있는 작품으로 평가받는 이유가 여기에 있다.

함께 읽으면 좋은 책

- 《시민론》 토마스 홉스, 서광사, 2013
- 《통치론》 존 로크, 까치, 2022
- 《사회계약론》 장 자크 루소, 문예출판사, 2013

5장

★

철학의 역사에
길이길이 남을
불멸의
철학 명저

26

소크라테스
《소크라테스의 변론》
기원전 4세기

질문 때문에 고소당한
질문하는 철학의 시초

소크라테스(Socrates, 기원전 470~399)

고대 그리스의 철학자. 공자, 석가모니, 예수와 함께 세계 4대 성인으로 손꼽히기도 한
다. 평생 철학적 문제에 관한 토론을 이어나갔고, 이러한 교수법을 바탕으로 플라톤을
비롯한 수많은 철학자를 양성했다. 시인 멜레토스, 민주정의 권력자 아니토스 등 그를
시기하고 질투하는 사람들에 의해 기소당하여 결국 기원전 399년, 71세의 나이로 사형
당하며 생을 마감했다.

《소크라테스의 변론》은 제목 그대로 소크라테스가 재판에 회부된 뒤 자신을 변론하는 과정을 다룬 책이다. 소크라테스는 늘 투지와 열정이 넘치는 사람이었다. 젊은 시절에는 30년간 이어진 펠로폰네소스 전쟁에 참전하여 스파르타와 동맹국들을 상대로 싸웠고, 중년이 된 뒤부터는 아테네 곳곳을 돌아다니며 사람들에게 질문을 던졌다. 그는 늘 자신이 아는 것이 없다고 말했지만, 이 말을 곧이곧대로 받아들이기는 어려웠다. 질문은 늘 날카로웠고, 상대의 논리에서 빈틈을 찾아내는 능력 또한 누구보다 탁월했기 때문이다.

소크라테스가 이런 행동을 한 이유는 사람들이 스스로의 무지를 깨닫게 해주기 위해서였다. 소크라테스가 보기에 우리는 아는 것이 너무나 적었고, 그럼에도 모든 것을 안다고 자신만만했다. 소크라테스는 사람들이 스스로 안다고 생각하는 것을 실제로는 알지 못한다는 사실을 끊임없이 증명했다. 용기에 관해 물었고, 아름다움에 대해 질문했으며, 정의(正義)를 정의(定義)했다. 대화가 끝날 때쯤이면 사람들은 깨달았다. 자신이 아는 것이 없다는 사실을 말이다.

물론 소크라테스의 이런 행동을 모두가 좋아한 것은 아니었다. 사람들의 반응은 극명하게 나뉘었다. 누군가는 소크라테스야말로 참

지식인이라며 그를 추앙했고, 또 다른 누군가는 자신이 당한 굴욕을 잊지 않겠다며 그를 시기하고 질투했다.

소크라테스를 미워한 사람 중에는 특히 소피스트로 활동하는 인물들이 많았다. 소피스트는 고액의 수업료를 받고 연설 방법을 가르치는 일종의 과외 교사다. 그런데 소크라테스는 학생들을 무료로 가르쳤다. 가르침을 달라는 학생들에게 자신은 아는 것이 없어서 가르칠 것도 없다고 거절하기 일쑤였지만, 사람들이 찾아와 그의 대화를 엿듣는 것까지 막을 수는 없는 노릇이었다. 수많은 사람이 자신의 무지를 깨달았고, 그러면 그럴수록 모든 것을 '안다'고 가르치는 소피스트들을 향해 비난의 화살이 날아들었다. 그들의 입장에서 보면 소크라테스는 자신들의 밥줄을 끊는 경쟁자이자 자신들을 비난받게 만드는 철천지원수였던 셈이다.

소크라테스를 고발한 아니토스도 소크라테스를 아니꼽게 보는 인물 중 한 사람이었다. 그는 민주파의 핵심 인물이자 펠로폰네소스 전쟁 당시 스파르타에 대항하여 필로스를 지키기 위해 파견된 아테네의 삼단 노의 함대 사령관이었다. 성품 또한 온건해서 꽤 많은 아테네인의 지지를 받는 인물이기도 했다. 하지만 어느 날 아니토스는 소크라테스가 파놓은 질문의 함정에 빠지게 되었고, 자존심에 큰 상처를 입었다. 그날 그는 소크라테스를 향해 '조심하라'고 충고하며 자리에서 물러났다. 아테네에서는 남을 이롭게 하기보다는 해롭게 하기가 훨씬 쉽다는 점까지 강조하면서 말이다.

그리고 그 충고는 현실이 되었다. 아니토스를 포함해 소크라테스가 던지는 질문의 매운맛을 본 여러 사람이 그를 재판에 넘겨버린 것이다. 그리고 잘 알려진 것처럼, 재판이 끝난 뒤 소크라테스는 사형에 처해진다. 당연히 그를 믿고 따르던 제자들은 혼란과 좌절에 빠질 수밖에 없었다. 플라톤 역시 그런 제자 중 하나였다. 한동안 방황하던 플라톤은 새로운 결심을 하게 된다. 바로 소크라테스의 사상과 대화를 글로 적어 세상에 남기기로 한 것이다. 어떠한 저술이나 일기도 남기지 않은 스승을 대신해서 말이다. 《소크라테스의 변론》은 플라톤의 이러한 결심이 담긴 초기 대화편 중 하나이다.

◆ 철학하지 못하는 삶 대신 죽음을 선택하다

기원전 399년, 소크라테스를 고소한 사람들이 내세운 죄목은 '아테네의 청년들을 부패하게 했다'는 것과 '나라에서 인정하는 신을 섬기지 않았다'는 것이었다. 소크라테스의 날카롭고 명료한 질문 때문에 자존심에 상처를 입었기 때문이라고 말할 수는 없는 노릇이었기 때문이다. 물론 이들도 소크라테스가 이 재판으로 인해 영원히 돌아올 수 없는 곳으로 떠나기를 바라지는 않았다. 다만 오만방자한 (것처럼 그들 눈에 비친) 소크라테스가 자숙하고 사과하는 모양새를 갖추길 바랐던 것뿐이다.

당시 재판은 오늘날의 민사 소송에 해당하는 '송사'와 형사 소송에 해당하는 '공소'로 이루어져 있었다. 소크라테스의 재판은 이중 '공소'에 해당했다. 재판에 넘겨진 죄목 중 하나가 '나라가 믿는 신을 섬

기지 않는다'는 것이었기 때문이다. 재판이 열리면 아테네 시민들을 대표하는 배심원단이 구성되었는데, 공소에는 총 500명의 배심원이 참가했다. 배심원단은 1차 투표를 통해 유죄 또는 무죄를 결정했고, 유죄가 확정되면 2차 투표를 통해 어떤 벌을 내릴지 확정했다. 당시 아테네에는 장기 징역형이 없었으므로 죄인 대부분은 벌금형이나 공민권 박탈, 추방령, 사형 중 하나의 벌을 받게 되었다.

소크라테스를 사랑하는 사람들은 그가 재판에 나가 적당히 사과하고 무죄 또는 가벼운 벌을 받고 돌아오길 바랐다. 하지만 소크라테스의 생각은 달랐다. 자신의 목숨이 걸린 자리에서까지 철학을 하기로 결심한 것이다. 그는 배심원 앞에 나갔다. 그리고 고소인들이 내세운 두 가지 죄목 다 논의할 가치조차 없다고 일축했다. 소크라테스는 여기에 더해 자신이 세상에서 가장 현명한 사람이라는 신탁을 받은 이유에 관해서도 설명했다. 남들은 아무것도 모르면서 자신들이 뭐든 안다고 생각하지만, 소크라테스 자신만큼은 모른다는 사실을 아는 '무지의 지'를 가지고 있으므로 이들보다 최소한 하나는 더 알고 있다는 것이다.

소크라테스의 위대함을 익히 아는 오늘날의 우리야 그의 말에 고개를 끄덕일지 모르지만, 그날 재판에 모인 사람들 입장에서 소크라테스의 발언은 너무나 당혹스러웠다. 아니, 오만하고 건방져 보였다. 기껏 고개 숙일 기회를 줬더니 허리를 꼿꼿이 세우며 자신들을 또다시 가르치고 있었으니 말이다. 결국 1차 투표에서 유죄 판결이 내려졌고, 2차 투표에서도 소크라테스의 태도는 달라지지 않은 채 최고형인 사형을 구형받게 된다.

그의 곁을 지키던 사람들은 소크라테스에게 서둘러 도망치기를 권했다. 하지만 이번에도 소크라테스의 생각은 달랐다. 사형 판결을 수용하기로 한 것이다. 그가 이런 선택을 한 데는 크게 두 가지 이유가 있다. 우선 그는 자신이 자신의 목숨을 지키기 위해 아테네를 떠나 철학하지 못한 채 살아간다면 그 삶은 아무런 의미가 없다고 보았다. 지혜를 사랑하는 활동, 즉 '철학'하는 것이 자신 삶의 이유이자 목표라고 여긴 것이다.

죽음에 대한 그의 독특한 생각도 영향을 미쳤다. 그는 죽는다는 것은 둘 중 하나라고 생각했다. 아무것도 아니어서 죽은 자가 아무 감각도 갖지 않게 되거나, 혼이 다른 곳으로 이동하게 되는 것이라고 말이다. 그는 특히 죽음이 후자의 경우라면 자신이 만나고 싶은 철학자들과 만나 실컷 이야기를 나눌 수 있게 될 거라고 기뻐했다고 한다. 그에게 죽음이란 우리가 일반적으로 생각하는 '고통스럽고 잔인한 것'이 아니었다. 소크라테스는 그를 따르던 사람들이 모인 자리에서 눈을 감았다. 플라톤은 자신의 저서《파이돈》에서 그의 마지막 순간을 다음과 같이 기록한다.

"이것이 우리 동지의 최후가 되었습니다. 우리가 당대에 알게 된 사람들 가운데서 가장 훌륭하였으며, 그 밖에도 가장 지혜로웠으며 가장 올발랐다(정의로웠다)고 우리가 말해야 할 그런 분의 최후 말입니다."

질문하는 사람, 철학의 문을 열다

서양철학은 소크라테스 이전과 이후로 나뉜다는 이야기가 있을 정도로 소크라테스의 철학 사상이 갖는 의미는 남다르다. 특히 그의 독특한 철학 방식이라고 할 수 있는 '문답법'은 소크라테스의 철학을 이해하는 실마리가 될 뿐만 아니라 이후 서양철학의 주요한 사상 전개 방식이 되었다. 그의 철학의 특징과 의의는 크게 세 가지로 설명할 수 있다.

우선 소크라테스는 '질문하는 철학'을 시작한 인물이다. 그는 '답'을 가르치고자 한 대부분 사상가와 달리 '질문'을 던지는 방식으로 철학했다. 소크라테스는 용기와 훌륭함이란 무엇인지, 올바름과 탁월함은 어떻게 얻어지는 것인지, 경건함이란 어떤 의미인지, 예술적 능력은 어디에서 오는지 등 다양한 궁금증에 대해 상대방에게 질문을 던지고 스스로 답을 찾아가도록 유도했다. 이러한 방식을 소크라테스가 최초로 시도한 것이라고 할 수는 없겠지만, 이를 가장 적극적으로 사용하고 발전시킨 인물이라는 데에는 이견이 없다.

두 번째 의의는 '무지에 대한 자각'을 들 수 있다. 소크라테스는 사람들에게 늘 아무것도 알지 못한다고 말했다. 심지어 델포이 신탁이 소크라테스를 가장 현명한 사람이라고 선언했음에도 불구하고 말이다. 이는 소크라테스 개인을 넘어선, 인간 존재의 무지를 인정한 자세라고 볼 수 있다. 물론 이러한 행동은 후대 철학자들로 이어져 인간이 더 나은 세계로 나아가고자 하는 밑거름이 되었다.

마지막 세 번째 특징은 '올바름에 대한 추구'이다. 그는 수차례의 토론 과정에서 끊임없이 올바름, 즉 '선'에 대한 질문을 던졌다. 옳은 것을 알았을 때 올바른 행동을 할 수 있다고 믿어 덕과 앎을 동일시했으며, 자신을 포함한 모든 사람이 참된 덕을 깨닫고 이를 통해 선을 추구해야 한다고 말했다. 이러한 삶의 태도는 훗날 스토아학파 등 여러 사상가에 의해 계승, 발전되었다.

소크라테스의 삶과 사상은 그가 세상을 떠난 뒤 후계자인 플라톤에게로 이어졌다. 소크라테스의 일화를 담은 여러 대화편이 저술되었으며, 플라톤의 사상 또한 많은 부분 소크라테스에게서 영향을 받았다. 이후에 플라톤은 '서양철학의 아버지'라 불릴 만큼 서양철학사에 지대한 영향을 미치게 된다. 소크라테스가 쏘아 올린 수많은 질문이 2,000년 넘는 서양철학사의 크고 긴 흐름을 만들어낸 것이다.

함께 읽으면 좋은 책

- 《에우티프론/소크라테스의 변론/크리톤/파이돈: 플라톤의 네 대화편》 중 〈에우티프론〉〈크리톤〉, 플라톤, 서광사, 2003
- 《고르기아스/메넥세노스/이온》 중 〈고르기아스〉, 플라톤, 서광사, 2018

27

플라톤
《국가》
기원전 4세기

플라톤,
스승에게 새 생명을 부여하다

플라톤(Platon, 기원전 428/7~기원전 348/7)

고대 그리스의 철학자이자 사상가. 또 다른 고대 그리스의 철학자인 소크라테스의 제자이자 아리스토텔레스의 스승이며, 대학의 원형이라고 할 수 있는 고등 교육기관 '아카데메이아'의 설립자이기도 하다. 아테네의 명문가에서 태어났지만 젊은 시절 소크라테스를 만나 철학에 입문했다. 정치학, 윤리학, 형이상학, 인식론 등 수많은 철학 분야의 발전에 기여했으며, 서양철학 전반에 미친 영향 또한 지대하다.

※ 주요 저서: 《크리톤》 《향연》 《파이돈》 《테아이테토스》 《티마이오스》

플라톤의 스승이자《소크라테스의 변론》의 실제 주인공인 소크라테스의 삶과 죽음은 플라톤의 삶과 철학에 큰 영향을 미쳤다. 소크라테스는 당시 아테네의 많은 젊은이들이 따르는 철학자였다. 그는 아무런 저술도 남기지 않았지만 도시 곳곳에서 사람들과 대화를 나누고, 이를 통해 자연스럽게 자신의 영향력을 행사했다. 소크라테스는 자신이 가르칠 것은 아무것도 없다고 말하며 사람들에게 끊임없이 '질문'을 던졌다. 질문을 통해 대화를 나누는 상대방이 스스로 안다고 생각한 것을 실제로는 얼마나 모르고 있는지 확인하게 해주기 위함이었다.

이런 방식은 많은 이들에게 깨달음을 주었지만 동시에 시기와 질투를 낳았다. 자신의 무지를 깨닫고 인정한다는 것은 예나 지금이나 실로 어렵고 자존심 상하는 일이기 때문이다. 결국 소크라테스는 아테네의 청년들을 부패하게 하고, 나라에서 인정하는 신을 믿지 않는다는 죄목으로 사형을 선고받게 된다.

소크라테스가 세상을 떠난 뒤, 플라톤은 일련의 저술을 통해 소크라테스에게 새로운 삶을 부여하고자 했다. 소크라테스가 생전에 남긴 철학과 사유를 텍스트를 통해 만나볼 수 있도록 하려고 했던 것이다. 하지만 중기와 후기 저작을 거치며 플라톤의 책에 등장하는 소크라테스는 소크라테스 자신의 철학이 아닌 다른 이의 철학을 이야기하는 인물로 변화한다. 즉 플라톤의 사유와 학설을 대변하는 인물로 소크라테스가 등장하게 된다.

참고로 《국가》는 소크라테스가 아닌 플라톤 자신의 철학이 온전히 담긴 저작으로 평가받는다. 그는 50세가 넘어서 이 책을 완성한 것으로 보인다. 철학적으로 가장 완숙했던 시기의 플라톤을 만날 수 있는 작품이 바로 이 책 《국가》이다.

◆ 플라톤이 생각하는 '정의란 무엇인가'

《국가》는 형이상학, 인식론, 윤리학, 정치학, 심리학, 교육학 등 방대한 분야를 다루고 있는 책이다. 훗날 사람들은 이 책에 '올바름에 관하여'라는 부제를 붙였는데 이는 플라톤이 《국가》를 통해 논의하고자 한 주제가 바로 올바름, 즉 '정의'에 관한 이야기였기 때문이다. 플라톤이 말하는 '정의'란 우리가 일반적으로 상상하는 민주적 혹은 사회적 정의를 일컫는 말은 아니다. 그가 말하는 '정의'란 국가를 구성하는 여러 계층 그리고 개인의 혼에 내재된 요소들 사이의 관계가 조화를 이룬 '올바른 상태'를 말한다.

이야기는 소크라테스를 비롯한 여러 사람이 케팔로스의 집에 모이는 것에서 시작한다. 모임에 참석한 사람들은 '올바름이란 무엇인가'를 주제로 토론한다. 케팔로스는 '정직과 빚을 갚는 것'이 올바름이라 말하며, 트라시마코스는 '강자의 이익'이 올바름이라고 주장하는 등 각자 자신의 의견을 내놓는다. 소크라테스는 일부 주장이 논리적으로 옳지 않음을 증명한 뒤, 우선 국가에서의 올바름을 밝히고 이를 바탕으로 개인의 올바름을 따져보자고 제안한다.

참석자들의 동의를 얻은 소크라테스는 국가가 탄생하는 이유를 '사람이 혼자서는 살아갈 수 없기 때문'이라고 주장하며, 이를 해결하기 위해 함께 모여 살아가는 것을 국가라고 부르겠다고 말한다. 이어서 그는 자신이 상상하는 국가의 모습을 설명하기 시작한다. 국가에 필요한 최소한의 인원과 자원, 의식주를 해결할 방법, 외국과의 교역 형태, 국가를 지키기 위한 전사 양성의 필요성 등 많은 분야에 걸쳐서 말이다.

이어서 소크라테스는 사람들에게 명령하는 사람, 전투하는 사람, 생업에 종사하는 사람으로 분류한다. 그의 설명에 따르면 사람들은 특별한 이유가 없는 이상 자신이 태어난 부류에서 평생을 살아가게 된다. 만약 태어난 아이가 그 부류에 어울리지 않는다는 사실을 확인했다면? 그는 과감히 다른 부류로 편입되어야 한다. 아울러 재산과 처자를 공유하고, 공동생활을 하는 것. 그것이 소크라테스가 제시하는 올바른 수호자의 생활 모습이다.

소크라테스는 더 나아가 철학자에 의한 통치를 주장한다. 철학자가 대체 어떤 사람인지 설명하기 위해, 소크라테스는 플라톤의 핵심 사상 중 하나인 이데아론을 제시한다. 그는 이데아 개념을 설명하기 위해 '동굴의 비유'를 들려준다. 그 내용은 다음과 같다.

우리 눈앞에 동굴이 하나 있다고 상상해보자. 동굴 입구에는 커다란 횃불이 켜져 있고, 안에는 어릴 때부터 온몸이 묶인 채 살아온 죄수들이 있다. 이들은 손발은 물론 얼굴까지 고정된 채로 평생을 살아왔다. 묶인 방향은 횃불을 등진 쪽이다. 평생 동굴 밖을 보지 못한 채로 살아온 것이다. 죄수들과 횃불 사이에는 길이 하나 있는데, 이곳을 수많은 사람이 오가며 동굴 벽면에 그림자를 드리운다. 게다가 그중 몇몇은 동물의 모형까지 운반하며 그림자를 만들기도 한다. 평생을 벽만 본 채 살아온 이들은 자신들이 보고 있는 그림자가 실재한다고 믿는다. 왜냐하면 자신들이 평생 본 것이 바로 이 그림자이기 때문이다.

그러다 죄수 중 한 명이 잠시 풀려나게 된다. 그는 생전 처음으로 횃불을 보게 되었고, 평생 그림자 형태로만 본 물체가 무엇인지 확인한다. 자신이 그동안 믿어온 것이 모두 거짓이라는 사실을 알게 된 것이다. 동굴을 헤매던 그는 밖으로 나온다. 처음에는 태양 빛에 눈이 부셔 아무것도 볼 수 없었지만, 시간이 흘러 죄수는 차츰 모든 것을 볼 수 있게 된다. 거짓된 세계가 아닌 '진짜' 세계를 본 것이다.

얼마 뒤, 죄수는 원래 자리로 돌아온다. 동굴로 끌려와 다시 온몸이 묶이게 된다. 진실을 알게 된 죄수는 옆자리의 사람들에게 우리가 보는 그림자는 모두 거짓이며 진실은 저 뒤에 있다고 외친다. 하지만 이야기를 들은 죄수들은 그가 불쌍하기만 하다. 잠시 풀려나는가 했더니 돌아와서는 헛소리만 지껄이고 있기 때문이다. 이제 죄수들은 구속을 풀어주고 밖으로 나가도 좋다고 해도 절대로 움직이지 않는다. 그들은 그 자리에서 만족하며 평생을 살아갈 것이다. 자신들이 그동안 본 그림자만 바라본 채로 말이다.

여기서 태양은 '존재' 또는 '지식'을 가리키는 말이다. 또한 그림 자는 '비존재' 또는 '현상'을 가리킨다. 동굴 밖으로 나간 사람이 보게 된 세상은 가짜가 아닌 '진짜' 세상이다. 이 세상을 플라톤은 '이데아 의 세계'라고 부른다.

이데아란 사물과 사고가 지닌 완전 불변한 본질을 말한다. 플라 톤에 따르면 세상에 존재하는 모든 것에는 각각의 이데아가 있다. 책 의 이데아가 있고, 연필의 이데아가 있으며, 자동차의 이데아가 있다 는 말이다. 우리가 일상에서 마주하는 것들은 이데아를 베낀 복사물 에 불과하며, 이러한 이데아의 세계는 정신적 능력인 '지성'을 통해 인식할 수 있다.

이데아는 추상적인 개념에도 적용된다. 특히 '좋음의 이데아'는 궁극적이며 모든 철학적 탐구의 목표가 되는 이데아이다. 플라톤은 좋음(선)의 이데아를 태양에 빗대어 설명한다. 태양이 우리가 보는 것 을 가능하게 해주고 모든 동식물이 성장할 수 있도록 도와주는 것처 럼, 좋음의 이데아도 우리가 마음의 눈을 통해 실재의 본성을 보고 이 해할 수 있도록 해준다는 것이다. 만약 좋음의 이데아가 없다면, 우리 는 그저 어둠 속에서만 헤매게 될 것이다.

이데아론에 관한 설명까지 마친 그는 마지막으로 훌륭한 국가와 그렇지 못한 국가들을 순서대로 확인한다. 그가 생각하는 올바른 국 가의 순서는 철인정치, 명예정치, 과두정치, 민주정치, 참주정치 순이 다. 그리고 다시 올바른 사람이 행복한가, 아니면 올바르지 못한 사람 이 행복한가를 고민한 끝에 '올바른 사람만이 행복할 수 있다'는 결론 에 다다른다.

서양철학은 플라톤 철학의
각주에 불과하다

《국가》는 출간 이후 2,400여 년 동안 끊임없는 논쟁의 대상이 되어왔다. 현실에 적용하기 어려운 과감한 제안이 상당수 담긴 탓이다. 그럼에도 《국가》에 대한 논쟁이 지속적으로 이루어졌다는 것은 이 책이 그만큼 인간의 본성과 국가 구조 및 운영에 대한 우리의 관심을 적나라하게 보여주고 있음을, 이 책의 효용성과 가치가 현재에도 여전히 유지되고 있음을 보여주는 증거이기도 하다.

오늘날 사람들이 《국가》를 비판하는 대부분 근거는 다음과 같다. 그가 지향하는 궁극적인 국가, 즉 '철인정치 체제'는 독재 정권을 옹호하는 반민주적이며, 반자유적 성격을 지녔다는 것이다. 플라톤 철학을 적극적으로 비판한 현대 철학자인 칼 포퍼는 플라톤을 '자유의 적이자, 열린사회의 적'이라 규정하기도 했다. 물론 오늘날의 관점에서 플라톤의 철학을 살펴본다면 이러한 비판을 할 수도 있지만, 플라톤이 살아간 2,400년 전의 관점에서 본다면 《국가》에 대한 위와 같은 비판은 다소 과한 측면이 있다. 그가 철인 통치자를 그린 것은 독재 정권을 옹호하기 위함도 아니었으며, 당시 아테네의 주요 정치 체제였던 민주정은 그 나름의 문제점을 드러내던 시기였기 때문이다.

《국가》라는 한 편의 저작뿐만 아니라 이 책을 저술한 플라톤의 영향력에 관한 언급 또한 빼놓을 수 없다. 후대 철학자인 앨프리드 노스 화이트헤드는 "서양철학은 모두 플라톤 철학의 각주에 불과하다"라는 말을 남겼다. 그만큼 서양철학 전반에 대한 플라톤의 영향력이 지대하다는 것이다. 모든 사물과 대상의 근거가 이데아에 있다는 이데아론은 신의 존재를 정당화하기 위해 애쓴 중세 철학자들의 주요한 사상적 모티브가 되었다. 또한 감성보다 이성을 강조하는 플라톤 철학의 기본 구조는 중세는 물론 근현대에 이르기까지 주류 서양철학의 기초로 자리 잡았다. 플라톤은《국가》단 한 편으로 시대를 뛰어넘는 서양철학의 근간을 마련한 인물이 되었다.

함께 읽으면 좋은 책

- 《플라톤의 프로타고라스/라케스/메논》중 〈메논〉, 플라톤, 서광사, 2010
- 《에우티프론/소크라테스트의 변론/크리돈/파이돈》중 〈파이돈〉, 플라톤, 서광사, 2003
- 《테아이테토스》 플라톤, 숲, 2017

28

아리스토텔레스
《정치학》
기원전 4세기

아카데메이아의 정신,
서양철학의 기틀을 닦다

아리스토텔레스(Aristotle, 기원전 384~322)

고대 그리스의 철학자. 서양철학의 아버지라 불리는 플라톤의 제자이며, 마케도니아 왕
국의 정복 군주인 알렉산더 대왕의 스승이기도 하다. 물리학, 형이상학, 생물학, 논리학,
수사학, 정치학, 윤리학 등 광범위한 주제로 책을 저술했으며, 그만큼 많은 분야의 학문
적 체계를 세우는 데에 일조한 인물이다.

※ 주요 저서: 《자연학》 《천체에 관하여》 《생성과 소멸에 관하여》 《니코마코스 윤리학》 《형이상학》

아리스토텔레스는 플라톤의 제자이자 서양철학의 기틀을 닦은 것으로 평가받는 인물이다. 스승 플라톤이 아테네의 유력가에서 태어났던 것처럼, 아리스토텔레스는 대대로 의술을 업으로 삼아온 집안에서 태어났다. 특히 그의 아버지는 마케도니아 왕국의 주치의로 활동했을 정도로 실력 있는 인물이었다.

당시는 아들이 아버지의 가업을 이어받는 경우가 많았다. 정치인의 아들은 정치인이 되고, 목수의 아들은 목수가 되는 식으로 말이다. 이대로라면 아리스토텔레스의 직업은 철학자가 아닌 의사가 되었을 것이다. 하지만 아리스토텔레스는 그보다 문화적으로 발전한 아테네에서 더 다양한 경험을 해보길 원했다. 아리스토텔레스의 소망을 들은 가족들은 그를 아테네에 보내기에 앞서 그가 무엇을 해야 할지 신탁부터 받아보기를 권했다. 그리고 그 자리에서 아리스토텔레스는 "철학을 공부하라"라는 대답을 듣게 된다.

그는 18세에 당대 최고의 철학 교육 기관이었던 플라톤의 '아카데메이아'에 입학했다. 그리고 그곳에서 20년 동안 공부했다. 아리스토텔레스는 아카데메이아에서 공부하는 것에 만족했고, 스승인 플라톤을 깊이 존경했다. 플라톤 또한 아리스토텔레스를 높이 평가했다.

'책벌레'나 '아카데메이아의 정신' 같은 별명을 붙여주었을 정도로 말이다. 하지만 아리스토텔레스처럼 뛰어난 사람이 평생 남의 가르침에 동의만 하며 살 수는 없는 노릇이었다. 결국 그는 '스승보다 진리가 우선'이라는 입장을 앞세워 자신의 독자적인 학설을 펼치기 시작한다.

플라톤이 세상을 떠나고 얼마 뒤, 그는 아카데메이아를 떠났다. 자신이 아니라 플라톤의 조카가 아카데메이아의 2대 원장으로 임명되었기 때문이다. 그리고 왕자 시절의 알렉산드로스 대왕을 7년 동안 가르쳤다. 《플루타르크 영웅전》에 따르면 어린 알렉산더는 아리스토텔레스의 가르침에 깊은 감명을 받은 나머지 "저는 권력이나 영토를 넓히는 일보다는 선(善)을 아는 데에서 남들보다 뛰어나고 싶습니다"라고 말했다고 한다. 물론 그가 왕이 된 뒤 행한 일들을 보면 그 말은 단순히 인사치레였던 것 같지만 말이다.

아테네로 돌아온 아리스토텔레스는 '리케이온'이라는 학원을 세웠다. 그와 그의 제자들은 항상 나무가 우거진 가로수 길을 산책하며 토론한 덕분에 멀리 걸어 다닌다는 의미의 '소요학파'라는 별명을 얻기도 했다. 아리스토텔레스는 광범위한 조사를 통해 얻은 자료를 바탕으로 글을 쓰는 걸 선호했다. 그의 대표작인 《정치학》 역시 그리스의 158개 도시 국가를 조사한 뒤에 쓴 작품이다.

사회적 동물이 살아갈 최선의 공동체를 찾아라

《정치학》은 국가의 형성과 구조, 바람직한 국가의 형태 및 통치 기술 등을 담은 책이다. 이 책의 원제는 폴리티카(Politika)로 '폴리스에 관하여'라는 의미를 가지고 있다. 폴리스란 아리스토텔레스가 살던 당시에 존재하던 도시 규모의 국가를 일컫는 말이다. 고대 그리스의 폴리스는 지금의 국가들과 비교하면 아주 적은 수의 인구와 영토를 가지고 있었다. 대부분의 폴리스에는 2,000명에서 1만 명 사이의 시민이 거주했으며, 최대 규모였던 아테네에도 유권자를 기준으로 약 3~5만 명 정도가 거주했을 것으로 추산(여성, 노예 등 모든 주민을 포함할 경우 약 25~30만 명으로 추측)된다. 영토의 면적은 아테네를 기준으로 약 1,700제곱킬로미터였으며, 이는 십만 제곱킬로미터가 넘는 우리나라와 비교하면 약 60분의 1 수준에 불과하다.

그렇다면 아리스토텔레스는 이곳 폴리스에서 어떤 정치가 이루어져야 한다고 보았을까? 그는 국가 구성의 최소 단위인 '가족'에서부터 논의를 시작한다. 가족 내에는 크게 세 가지 관계가 존재한다. 부모와 자식, 남편과 아내, 주인과 노예의 관계가 그것이다. 이중 부모는 자식을 지배하며, 남편은 아내를, 주인은 노예를 지배한다. 아리스토텔레스의 관점에서 이들이 지배하고, 지배당하는 것은 지극히 당연한 일이다. 그가 보기에 피지배자인 자식과 아내, 노예는 지배자인 부모와 남편, 주인과 비교하면 정신적 혹은 신체적으로 열등한 존재이기 때문이다.

아리스토텔레스는 가정 내 지배 문제와 더불어 '재산' 문제를 함께 다뤘다. 그가 이 문제를 굳이 《정치학》에서 다룬 이유는 재산의 소유 여부가 도시 국가의 정치에도 중요한 역할을 한다고 보았기 때문이다. 아리스토텔레스에 따르면 재산은 사람들에게 여유를 만들어준다. 반면 재산이 없는 사람들은 먹고사는 일에 매달리느라 정치적인 이슈를 깊이 고민하고 연구할 시간을 가지기 어렵다. 그러므로 올바른 정치를 하기 위해서는 어느 정도의 재산을 갖춰야 한다는 것이 아리스토텔레스의 생각이었다.

가족 문제를 다룬 아리스토텔레스는 본격적으로 '국가'에 대한 논의를 시작한다. 국가는 대체 어떤 형태로 운영되는 것이 바람직할까? 아리스토텔레스에 따르면 국가는 왕정과 참주정, 귀족정과 과두정, 혼합정과 민주정이라는 총 여섯 가지 형태로 나뉜다. 특히 이 중에서도 왕정과 참주정은 양극단에 위치한 정치 체제에 가깝다. 왕정은 신에 가까울 정도로 완벽한 철인 왕이 통치하는 형태이며, 참주정은 선동가가 대중을 선동하여 왕이 된 뒤 자기 자신만을 위해 통치하는 경우를 말하기 때문이다.

아리스토텔레스는 가장 이상적인 통치 형태로 왕정과 귀족정을 지목했다. 반면 참주정과 민주정, 과두정에 대한 평가는 매우 부정적이다. 참주정은 통치자가 자신의 이익만을 위해 권력을 휘두르기 때문이고, 민주정과 과두정은 각각 가난한 사람과 부자들의 이익만 고려하는 통치를 하기 때문이다. 그런데 만약 왕정과 귀족정이 실현 불가능한 상태라면 어떻게 해야 할까? 아리스토텔레스는 그 대안으로 '혼합정'을 제시한다. 그는 가난하거나 부유한 사람이 아닌 다수의 중

간 계급이 통치하는 형태로 다른 국가 형태가 지닌 단점을 보완할 수 있다고 여겼다. 극단적인 처지에 놓인 소수의 사람들보다 균형 잡힌 상태에 있는 다수의 사람들이 통치할 때 더 올바른 결정이 나올 수 있다고 여겼기 때문이다.

아리스토텔레스는 인간이 살아가는 데 국가의 존재가 매우 중요하다고 여겼다. 이러한 관점에는 아리스토텔레스 특유의 인간에 대한 이해가 깔려 있다. 그는 인간을 사회적인 동물로 정의한다. 인간은 신체적으로 연약하여 혼자 살아가기보다는 공동체를 이루고 살아가는 것이 유리하며, 동물과 달리 상호 소통이 가능해 공동체를 이룰 때 함께 성장할 수도 있다는 것이 그 이유이다. 그리고 이러한 안정과 성장이 가능한 최선의 공간을 국가, 즉 '폴리스'라고 정의했다. 더불어 국가를 형성한 인간은 최선의 실현을 위해서라도 공동체의 운영과 결정에 참여할 수밖에 없다. 곧, 정치를 할 수밖에 없는 존재가 바로 우리 '인간'인 것이다.

◆ 서양의 학문 체계를 세운 인물, 아리스토텔레스

아리스토텔레스는 당시까지 이어진 고대 그리스의 학문을 집대성한 인물이다. 그가 연구한 분야는 믿을 수 없을 만큼 방대하다. 윤리학, 형이상학, 논리학, 미학 등 철학의 여러 분야는 물론, 정치학, 경제학, 시학 등의 인문 및 사회과학 분야, 생물학, 기상학, 천문학 등의 자연

과학 분야가 모두 포함(알려진 바에 따르면 아리스토텔레스는 생전에 무려 400권이 넘는 책을 저술했다)되어 있기 때문이다.

아리스토텔레스의 철학은 그가 죽은 뒤에도 제자들에 의해 이어졌다. 그를 이어 소요학파를 이끈 테오프라스토스는 식물학과 자연과학자들의 이론에 관한 역사가 담긴 책을 저술했다. 에우데모스는 수학과 천문학의 역사를 정리했으며, 아리스토크세누스는 음악 이론에 관한 연구를 이어갔다. 이밖에도 지리학과 정치학을 연구한 디카이아르코스, 자연철학에 헌신한 스트라토 역시 아리스토텔레스의 영향 또는 가르침을 받은 인물이다.

그의 사상적 영향력은 고대에만 머물지 않았다. 중세 후기의 대표적인 철학자 토마스 아퀴나스는 아리스토텔레스의 이론을 기반으로 신의 존재를 증명했다. 사회계약설을 주장한 근대의 철학자 토마스 홉스, 존 로크, 장 자크 루소 등은 아리스토텔레스 철학의 영향을 받아 자신의 정치 이론을 전개했다. 더불어 독일의 대표적인 철학자 이마누엘 칸트, 게오르크 헤겔, 카를 마르크스 등도 아리스토텔레스로부터 받은 영향을 부정하지 않았다.

물론 그렇다고 해서 아리스토텔레스의 철학과 그의 책《정치학》이 시대적 한계를 완전히 극복한 작품이었다고 볼 수는 없다. 앞서 살펴본 것처럼 노예의 존재나 아내의 종속적 지위를 자연의 본성에 따른 것으로 해석하는 등 오늘날이라면 동의하기 어려운 논의와 전제가 곳곳에 깔려 있기 때문이다. 더불어 그의 제자이자 정복 군주였던 알렉산드로스 대왕이 도시 국가, 즉 '폴리스'의 한계를 넘어 세계 제국을 건설하던 시점에도 이를 넘어서는 사고를 하지 못했다는 점은 이 책이 지적받아야 할 한계이기도 하다.

하지만 반대로 시대를 앞선 혜안이 이 책 곳곳에 담겨 있다는 점도 부정할 수 없다. 중산 계급이 공동체를 이끌어야 한다는 주장, 다수를 차지하는 이들 중산 계급이 무너지면 공동체가 붕괴한다는 주장 등은 오늘날의 정치, 경제 상황 및 이를 해결하려는 여러 이론과도 맞닿아 있다.

아리스토텔레스의 저서 중 현재까지 전해지는 것은 50편 정도의 내부 강의용 저술뿐이다. 하지만 그럼에도 그가 후대로 이어지는 서양의 사상 및 학문적 기반을 닦아놓았다는 데에는 이견의 여지가 없다. 《정치학》의 저자 아리스토텔레스야말로 당대 누구보다 뛰어난 연구자이자 이론가로 서양 문명사에 지대한 영향을 미친 것이 분명하기 때문이다.

함께 읽으면 좋은 책

- 《니코마코스 윤리학》 아리스토텔레스, 숲, 2013
- 《에우데모스 윤리학》 아리스토텔레스, 아카넷, 2021
- 《플라톤의 국가·정체》 플라톤, 서광사, 2005

29

이마누엘 칸트
《순수이성비판》
1781

인내와 노력이 만든
서양철학사의 변화

이마누엘 칸트(Immanuel Kant, 1724~1804)

프로이센의 철학자. 독일 관념철학의 기반을 확립한 것은 물론, 근대 계몽주의를 정점에 올려놓은 것으로 평가받는다. 르네 데카르트, 바뤼흐 스피노자, 고트프리트 빌헬름 라이프니츠 등으로 대표되는 합리주의와 프랜시스 베이컨, 존 로크, 데이비드 흄 등으로 대표되는 경험주의를 종합했으며, 인식론과 형이상학, 윤리학, 미학 등 서양철학의 많은 분야에 이정표를 남겼다.

※ 주요 저서: 《실천이성비판》《판단력비판》으로 이어지는 3대 비판서, 《형이상학 서설》《윤리형이상학 정초》《영원한 평화》

돈도 빽(?)도 가진 것 없는 사람이 성공하려면 어떻게 해아 할까? 방법은 오로지 두 가지뿐이다. 처음부터 누구도 무시할 수 없는 천부적인 재능을 타고 태어나거나, 꽤 괜찮은 재능을 멋지게 갈고닦으며 될 때까지 버티는 것이다. 만약 전자의 경우에 해당한다면 크게 문제없겠지만, 후자의 경우라면 이야기가 다르다. 신경 쓸 게 한둘이 아니기 때문이다. 당장 생계를 해결하기 위해 고군분투해야 하는 건 물론이고, 가진 재능의 빈틈을 부지런히 채워야 한다. 사람들이 언제 그 재능을 알아봐줄지도 모른 채로 말이다. 여기 그 불안의 시간을 참고 견디며 역사상 누구보다 위대한 철학자로 거듭난 사람이 있다. 바로 독일의 18세기 철학자 이마누엘 칸트이다.

칸트는 1724년 오늘날 러시아 칼리닌그라드 지역이자 프로이센 왕국의 발상지이기도 한 쾨니히스베르크에서 태어났다. 그의 아버지는 가난한 마구 상인이었는데 칸트가 22세가 되던 해에 세상을 떠났다. 당시 대학에 다니던 칸트는 급히 일자리를 구할 수밖에 없었다. 당장 자신과 가족의 생활비를 충당해야 했기 때문이다. 어느 시골 귀족 집안에 들어간 그는 이후 9년 동안 가정 교사 생활을 이어갔다. 칸트는 그 가운데에서도 공부를 놓지 않았고, 31세에 박사 학위를 받게 되었다. 당시로써는 꽤 늦은 나이에 학위를 받는 경우였지만 칸트는 크게 개의치 않았다. 자신의 길을 걸어가고 있다는 믿음 덕분이었다.

물론 그렇다고 해서 단번에 상황이 나아질 리는 없었다. 칸트는 학위를 받은 후에도 정교수직을 얻지 못해 15년 동안이나 사(私)강사 생활을 했다. 사강사란 대학이 아닌 수강생들에게 강의료를 받는 일종의 비정규직 교수를 말한다. 불확실한 자리이다 보니 매번 원하는 내용을 강의할 수도 없었다. 그는 이 기간에 철학은 물론 수학, 물리학, 지리학, 역사학 등 주어진 주제에 맞춰 강의해나갔다.

그리고 1770년, 칸트는 46세의 나이에 쾨니히스베르크 대학의 정식 교수가 되었다. 오랜 노력과 기다림을 보상받게 된 것이다. 당시 그는 일종의 교수 취임 논문인 〈감성계와 지성계의 형식과 원리들〉을 발표했는데, 이것이 비판철학에 관한 그의 첫 번째 관심 표명이었다고 일컬어진다. 비판철학이란 자연과학을 만들어내는 인간의 이론적 능력과 실천적 능력을 종합적으로 비판하고 검토하여 올바른 도덕의 존재 양식이나 새로운 형이상학의 가능성을 제시하고자 하는 학문이다.

칸트는 프랑스의 합리주의 철학자 르네 데카르트와 영국의 경험주의 철학자 데이비드 흄의 영향을 받아《순수이성비판》을 기획하게 되었다. 여기서 합리주의란 '인간의 이성을 지식의 중요한 근원 및 검증 수단으로 보는 철학적 견해'이고, 경험주의는 '지식의 바탕을 경험에서 찾는 철학적 견해'이다. 합리주의 철학자임을 자처했던 칸트는 반대편에 선 흄의 철학을 접하게 된 뒤 강력한 인상을 받았던 것으로 보인다. 그는 흄을 두고 '나를 독단의 선잠에서 깨어나게 해준 사람'

이라며, 흄의 철학을 접한 이후로 자신의 탐구가 새로운 방향을 향해 나아갈 수 있었다고 회고했다.

이후 비판철학, 그중에서도 인간 인식의 작동 원리에 관한 문제에 천착한 그는 1781년 드디어 자신의 첫 번째 비판서인 《순수이성비판》을 출간한다. 자신의 또 다른 책 《실천이성비판》 《판단력비판》과 함께 서양철학 역사상 최대의 역작으로 불리는 3대 비판서의 첫 번째 작품이 세상의 빛을 본 것이다.

◆
칸트,
경험과 이성을 종합하다

《순수이성비판》은 철학의 여러 분야 중 '인식론'의 문제 해결에 집중한 작품이다. 인식론이란 우리가 인식하는 근거, 즉 '앎의 근거'가 무엇인지 탐구하는 학문을 말한다. 칸트가 살아간 18세기 철학의 인식론은 크게 합리주의와 경험주의라는 두 갈래 경향으로 나뉘었다. 합리주의 철학자들은 인간의 '이성'을 토대로 우리의 앎이 완성될 수 있다고 믿었으며, 경험주의 철학자들은 인간의 '경험'을 통해 우리의 앎이 더욱 깊어질 수 있다고 믿었다.

두 입장은 각자 나름의 장점이 있지만, 동시에 명확한 한계를 보여주기도 한다. 우선 합리주의는 술어가 주어의 개념에 포함된 이른바 '분석판단'을 지식 획득의 주된 방식으로 여긴다. 분석판단은 명제 자체를 분석하는 것만으로도 판단이 가능하다는 특징을 가진다. 일종의 동어 반복에 해당하기 때문이다. '백조는 하얗다' '흑돼지는 검다' 같은 문장이 대표적인 예이다. 이러한 방식은 확실한 지식을 토대로 한다는 장점이 있지만, 그 안에서 새로운 지식을 얻기는 어렵다는 단점을 동시에 지니고 있다.

반면, 경험주의는 술어가 주어에 연결되어 있지만 전적으로 주어의 개념 밖에 놓인 '종합판단'을 통해 지식을 얻는다. 종합판단을 통해 어떠한 주장의 참 또는 거짓을 판별하려면 명제 외부의 추가 정보나 확인이 필요하다. 가령 '모든 물리학자는 안경을 끼고 있다'는 문장을 떠올려보자. 이 문장이 참인지 거짓인지 경험을 통해 확인하려면, 우리는 모든 물리학자가 안경을 끼고 있는지 확인하는 절차를 거쳐야 한다. 그렇기에 종합판단은 지식을 넓히는 데에는 도움이 되지만, 이를 검증하거나 반증하기 위해서는 관찰이 필요하다는 한계를 지닐 수밖에 없다.

칸트는 이러한 두 판단 방식의 한계를 극복한 '선험적 종합판단'의 개념을 제시했다. 지식을 확장하는 동시에 선험적으로도 참일 수 있는 판단이 존재한다고 본 것이다. 참고로 '선험적'이란 말은 칸트 철학의 근본 개념 중 하나로 '경험에 앞서서 선천적으로 가능한 인식 능력'을 일컫는다. 그는 이러한 예로 수학과 물리학을 든다. 가령 1+1=2라는 등식을 생각해보자. 칸트는 우리가 이 등식이 필연적으로 '참'이라는 사실을 안다고 주장한다. 동시에 이 등식은 세계에 대한 정보를 제공하기 때문에 오롯이 분석적이라고 볼 수는 없다고 말한다. 그는 자신의 책《순수이성비판》을 통해 어떻게 이러한 선천적 종합판단이 가능한지 설명하고자 했다.

칸트는 이 책을 통해 이른바 '코페르니쿠스적 혁명'을 시도한다. 니콜라우스 코페르니쿠스가 태양이 지구 주위를 도는 것이 아니라 지구가 태양 주위를 돈다는 새로운 이론을 제시한 것처럼, 자신은 인식론의 영역에서 새로운 관점을 제시하겠다는 것이다. 그는 우리가 지각하는 세계가 우리와 독립해서 존재하는 것이 아닌, 지각자의 마음의 성질에 의존하여 존재하는 것이라고 주장한다. 인간은 대상을 있는 그대로 인식하는 것이 아니며, 자신이 인식 가능한 모습으로 지각한다는 거다.

그럼 대상에 대한 인간의 인식 과정은 어떻게 될까? 칸트는 세계에 대한 우리의 경험이 두 가지 요소를 함께 가지고 있다고 보았다. 시작은 '감성'이다. 이는 우리가 특정 사물을 직접 인식하는 능력을 말한다. 이러한 직접적 인식을 그는 '직관'이라고 부른다. 이렇게 들어온 정보는 '지성(오성)'을 통해 개념화된다. 칸트는 인간이 사물을 인식하기 위해서는 따로 배우거나 경험하지 않아도 시간과 공간에 대한 개념을 가지고 있어야 한다고 보았다. 구체적인 연장(일정한 공간을 차지하고 있음을 뜻하는 용어)과 존재하는 시간이 없다면 인간의 인식 또한 불가능하다고 보았기 때문이다.

칸트는 이러한 인식 체계의 규명을 통해 철학의 또 다른 분야인 형이상학의 한계와 범위도 함께 규정하고자 했다. 형이상학이란 사물의 본질이나 존재의 근본 원리를 탐구하는 학문이다. 형이상학자들은 때때로 초경험적인 것을 이성으로 확인하고자 했는데, '신이 존재하는가'와 같은 질문이 대표적인 예이다. 칸트는 이를 비판했다. 초경험적인 것들은 참인지 거짓인지 확인할 수 없기에 학문적으로 '탐구'해야 할 영역에 해당하지 않는다고 보았다. 그는 형이상학이 이러한 질문에서 벗어나 이성의 인식 체계를 묻고 답하는 학문이 되어야 한다고 설명한다. 인간의 이성이란 사물을 분류하고 정리할 수 있을 뿐, 현상 너머의 본질에는 이를 수 없기 때문이다.

◆ ## 서양철학을 뒤흔든 철학자
그리고 3대 비판서

칸트는 근대 철학은 물론, 서양철학사 전체를 기준으로 보아도 가장 위대한 철학자 중 한 명에 손꼽히는 인물이다. 심지어 빌헬름 폰 카울바흐라는 20세기의 철학자는 "이성이 무엇인지 보여주기 위해 자연은 칸트를 낳았다"라는 평가를 했을 정도이다.

칸트의 철학은 우리가 살펴본 《순수이성비판》을 포함해 《실천이성비판》과 《판단력비판》으로 이어지는 3대 비판서를 기본 골격으로 삼는다. 《순수이성비판》은 인간 인식의 문제를, 《실천이성비판》은 윤리의 문제를, 《판단력비판》은 심미적 체험의 세계와 생명체의 세계를 다루는 것이 특징이다.

그렇다면 대체 칸트의 철학은 서양 사상사에 어떤 변화를 불러왔을까? 독일의 칸트 연구자인 오트프리트 회페는 칸트가 미친 영향을 크게 네 가지로 나누어 설명한다. 첫 번째는 독일 관념론의 발전이다. 칸트로부터 시작된 독일 관념론 사조는 요한 고틀리프 피히테, 프리드리히 셸링, 게오르크 헤겔 등으로 이어졌다. 피히테는 자신의 철학이 칸트의 연장선이라 보고 그의 철학을 보완하는 데에 주력했다. 셸링은 칸트의 주관적 관념론이 지닌 한계를 지적하며 낭만주의적 관념론을 제시했다. 마지막으로 헤겔은 다시 셸링의 철학을 비판하며 이른바 '객관적' 관념론을 주장했다.

두 번째는 신칸트주의의 탄생이다. 신칸트주의는 칸트의 철학을 토대로 인간의 정신과 삶, 행위와 문화에 대한 논의를 전개했다. 1870년대부터 1920년대까지 거의 반세기 가까이 유럽의 강단 철학을 지배했으며, 특히 칸트의 《순수이성비판》에 주목해 과학주의적 철학을 전개한 것이 특징이다.

세 번째는 현상학과 실존주의에 남긴 업적이다. 이들은 주로 칸트가 주장한 '초월성' 개념을 재해석해 자신들의 독자적인 사상에 접목했다. 에드문트 후설, 카를 야스퍼스, 마르틴 하이데거 등이 대표적인 예이다.

네 번째는 20세기 중반 이후의 여러 사상 및 철학자에게 미친 영향이다. 피터 프레더릭 스트로슨, 윌프리드 셀러스 등 분석철학 계열의 철학자는 물론, 미국의 자유주의 정치철학자인 존 롤스, 비판 이론을 이어받은 프랑크푸르트학파의 철학자 위르겐 하버마스 등 수많은 사상가가 칸트의 영향을 직간접적으로 받았다.

오늘날의 관점으로 보았을 때 칸트의 철학은 결코 완벽하다고 볼 수 없는 것이 사실이다. 다른 철학자들의 이론과 마찬가지로, 그의 철학에서도 많은 오류와 시대적 한계가 발견되기 때문이다. 그럼에도 그의 이름은 오랜 기간 철학사에 언급될 것으로 보인다. 최소한 철학이라는 학문이 지구상에서 완전히 사라지기 전까지는 말이다.

함께 읽으면 좋은 책

- 《실천이성비판》 이마누엘 칸트, 아카넷, 2019
- 《판단력비판》 이마누엘 칸트, 아카넷, 2009
- 《형이상학 서설》 이마누엘 칸트, 아카넷, 2012

30

토마스 아퀴나스
《신학대전》
1485

완성작보다 위대한
미완성작을 쓰다

토마스 아퀴나스(Thomas Aquinas, 1225~1274)

중세 기독교의 대표적인 신학자이자 스콜라 철학자. 아리스토텔레스에 대한 12권의 주석서를 비롯하여 방대한 양의 신학 저작 및 논문을 남겼으며, 그 공로를 인정받아 사후 49년 뒤인 1323년 '그가 철학적으로 해결한 문제의 수만큼 기적을 행한 것'이라는 평가를 받으며 성인으로 추대되었다. 이로부터 약 500년 뒤에는 그의 철학을 계승한 토미즘 사상이 가톨릭의 공식 철학으로 인정되었다.

※ 주요 저서: 《그리스인의 오류에 관하여》《군주정에 관하여》

1273년 12월 6일, 성 니콜라우스 축일에 미사를 드리고 나온 신학자가 급작스레 절필을 선언했다. 그의 이름은 토마스 아퀴나스. 당대 도미니코 수도회의 가장 대표적인 인물이었다. 그의 곁을 지키던 수사들은 당황할 수밖에 없었다. 기독교 역사상 절대 고전이 될 만한 책의 완성을 앞둔 사람의 뜬금없는 선언 때문이었다. 사람들은 시간이 될 때마다 그를 찾아가 설득했지만 아퀴나스의 표정은 늘 단호했다. 누군가 절필의 이유를 물을 때마다 그는 다음과 같이 대답했다. "내가 쓴 것들은 그날 내가 본 진리에 비하면 한낱 지푸라기에 지나지 않는다네" 그가 쓰고 있던 책의 제목은 《신학대전》. 미완성으로 남았음에도 기독교 철학 사상 가장 위대한 작품으로 손꼽히는 책이었다.

　《신학대전》을 이해하기 위해 먼저 토마스 아퀴나스가 살아간 당시의 철학 논쟁에 대해 살펴보자. 아퀴나스가 살아간 시기를 우리는 '스콜라 철학'의 시대라고 부른다. 스콜라 철학이란 인간의 이성을 바탕으로 기독교의 문제를 이해하고자 한 중세 철학의 흐름을 말한다. 스콜라 철학이 시작된 9세기 무렵부터 신학자들 사이에선 '보편 논쟁'이 일어났다. 보편 논쟁이란 보편적 개념을 뜻하는 보편자(普遍者)가 존재하는지, 만약 보편자가 존재한다면 어떤 존재 형식을 갖는지 등에 관한 물음을 두고 벌어진 논쟁이다. 여기서 보편자란 인간, 코끼리 같은 종(種)이나 갈색, 원형 같은 속성(屬性)을 지칭하는 표현이라고 할 수 있다. 보편자와 반대되는 표현은 특수자(特殊者)다. 희중, 건휘 같은 개별 인간이나 갈색 문, 둥근 컵 같은 개별 대상을 뜻한다고 볼 수 있다. 이 논쟁에서 보편자가 실재한다고 주장하는 사람을 실재론자라고 부르고, 보편자는 실재하지 않으며 그저 붙여진 이름에 불과하다고 주장하는 사람을 우리는 유명론자라고 부른다.

그렇다고 보편 논쟁이 스콜라 철학의 시대에 갑자기 '짠' 하고 나타난 것은 아니었다. 고대 그리스에도 이와 유사한 논쟁이 있었다. 바로 플라톤과 그의 제자 아리스토텔레스의 견해 차이가 그것이다. 우리가 앞서 살펴본《국가》의 이데아 사상은 보편자가 있다고 보는 실재론에 가깝다. 반면 제자인 아리스토텔레스는 보편자가 개별 사물 안에 있다고 보는 유명론적 관점을 취했다.

중세 초기의 신학자들은 대부분 실재론에 가까운 태도를 보였다. 이들은 이 세계에 이성이 파악할 수 있는 객관적인 도덕성이 존재한다고 주장했다. 또한 우리가 사는 세상도 신이 만든 보편적 개념 아래에서 만들어졌다고 설명했다. 하지만 시간이 지나며 이러한 주장에 반기를 드는 사람들이 생겨나기 시작했다. 이러한 설명만으로 해결되지 않는 문제들이 세상 곳곳에서 눈에 띄었기 때문이다. 아퀴나스도 이러한 의문을 갖는 사람 중 한 명이었다. 그는 당시에 새롭게 주목받은 아리스토텔레스의 철학을 바탕으로 신과 신앙의 존재 이유를 증명하고자 했다.

아퀴나스의 대표작인《신학대전》은 그가 40세 되던 해인 1266

년에 저술을 시작한 작품이다. 자신의 고향인 이탈리아에서 저술에 착수한 그는 3년 뒤인 1269년 파리 대학으로 돌아와 교수로 일하면서 꾸준히 작품을 써 내려갔다. 하지만 저술을 시작한 지 약 7년 뒤인 1273년, 그는 다시 이탈리아로 돌아온 지 얼마 지나지 않아 《신학대전》을 포함한 모든 책의 절필을 선언한다. 전해지는 바에 따르면 이날 그가 무언가 신에 대해 신비로운 체험을 했기 때문이었다.

그런데 그는 대체 왜 이 책의 저술을 시작했을까? 그 답은 이 책의 라틴어 이름인 '숨마 테올로지에(Summa theologiae)'에서 찾을 수 있다. 여기서 '숨마(summa)'란 요약, 절정, 가장 중요한 부분을 뜻하고, '테올로지에(theologiae)'라는 단어는 신학을 의미한다. 즉 이 책의 제목은 '신학이라는 학문의 요약' 또는 '신학의 가장 중요한 부분'이라는 의미를 지닌다. 아퀴나스는 신학을 공부하는 학생들을 위해 신학의 가장 중요한 부분을 소개하고자 이 책을 썼다. 학생들에게 일종의 '신학 교과서'를 제공하겠다는 목표를 가지고 《신학대전》의 저술을 시작했던 것이다.

◆ ## 신의 존재를
인간의 '이성'으로 증명하다

《신학대전》은 총 2,669개의 짧은 논문으로 구성된 작품이다. 아퀴나스는 이 책을 '구원의 역사'와 같은 순서로 구성하고자 했다. 구원의 역사란 신이 인간을 창조하고, 그렇게 창조된 인간이 자신의 선행과

덕을 바탕으로 신에게 돌아가 행복, 즉 '구원'을 누리게 된다는 내용이 담긴 기독교적 세계관을 말한다. 아퀴나스는 구원의 역사와 책의 구성을 일치시킴으로써 이 작품 자체가 구원의 과정을 다루는 것은 물론, 이를 읽는 신학도들이 더욱 올바른 형태로 교육받을 수 있는 토대를 마련하고자 했다.

본격적으로 《신학대전》의 내용을 살펴보자. 아퀴나스는 우선 신앙과 이성의 관계를 설명한다. 그는 둘 사이의 상생과 조화를 강조한다. 오직 신앙만이 중요하다고 보는 맹목적 자세를 거부했으며, 인간의 이성만 강조하는 극단적인 합리주의도 배척했다. 이유는 다음과 같다. 우선 그는 신이라는 존재를 인간이 이해함에 있어 이성만 사용하여 답을 얻기란 아예 불가능하다고 주장한다. 왜냐하면 신은 인간의 본성 너머에 존재하는 '초월적' 존재이기 때문이다. 물론 그렇다고 신앙만 가지고 신을 이해하기도 어렵다. 이성 없는 신앙은 이해 없는 맹목에 불과할 뿐이니 말이다.

토마스 아퀴나스는 이어서 우리가 어떻게 신의 존재를 알 수 있는지에 대해 답한다. 그는 '신이 존재한다'는 명제는 그 자체로는 명백하지만, 불완전한 인간의 인식 능력으로 이를 이해하기는 어렵다고 말한다. 그렇다면 인간은 어떻게 해야 신의 존재를 증명할 수 있을까? 그는 인간이 쉽게 경험할 수 있는 이곳, '피조물의 세계'에서 신이라는 존재의 증명이 시작되어야 한다고 이야기한다. 신이 창조한 결과물을 바탕으로 그 결과의 원인인 신을 추론해 보자는 것이다. 아퀴나스는 이러한 방식이 인간의 경험에 근거한다는 점에서 신의 존재를 이해할 수 있는 길이 되리라 믿었다.

아퀴나스는 총 다섯 가지 논증을 통해 '신의 존재'를 증명했다. 첫 번째는 '운동의 변화'를 통한 논증이다. 무언가 움직이는 사물을 볼 때, 우리는 그 물체가 스스로 움직이는 것이 아니라는 사실을 알고 있다. 내가 종이를 넘기고 있으므로 책의 다음 페이지가 나타나며, 배드민턴의 셔틀콕을 힘껏 쳐야 상대방을 향해 날아가는 것처럼 말이다. 움직이는 모든 것은 자신이 아닌 다른 무언가에 의해 움직여진다. 그리고 이를 거슬러 올라가다 보면 자신은 움직이지 않지만, 다른 것을 움직이게 만드는 것이 있게 마련이다. 토마스 아퀴나스는 이를 '부동(不動)의 동자(動者)'라고 부르며, 이것이 바로 '신'이라고 설명한다.

두 번째는 '능동 원인'을 통한 논증이다. 그 무엇도 스스로의 원인이 될 수는 없다. 그러므로 모든 원인은 다른 무엇에 의해 원인이 주어진 것이며, 이 무엇 또한 다른 무언가에 의해 원인이 주어진 것이라고 볼 수 있다. 그런데 이런 원인의 원인, 그 원인의 원인을 이어가는 과정이 무한하게 이어질 수는 없다. 모든 것에는 반드시 끝이 있기 마련이다. 따라서 우리는 세상에 존재하는 것들의 근본 원인이 되는 무언가를 상정할 수밖에 없다. 그것은 바로 '신'이다.

세 번째는 '우연성과 필연성'을 통한 논증이다. 세상에는 생성되었다가 소멸하여 사라지는 것이 수없이 존재하는데, 대부분 '우연히' 존재하는 것처럼 보인다. 저 산과 바다, 나무와 꽃, 강아지와 고양이, 심지어는 나까지도 말이다. 아퀴나스는 이처럼 우연히 존재하는 것들을 존재하게 만드는 '필연적' 존재가 있다고 말한다. 물론 그 존재 또한 '신'이다.

네 번째는 '단계 또는 등급'을 통한 논증이다. 우리는 어떤 사물을 보고 다른 무언가보다 더 좋거나 더 나쁘다고 말한다. "나는 장미보다 수선화가 더 예뻐"라는 식으로 가치의 '등급'을 매긴다는 뜻이다. 그런데 우리는 도대체 무엇을 근거로 이런 판단을 내리는 걸까? 아퀴나스는 이를 비교할 수 있게 해주는 '절대적인 기준'이 있다고 주장한다. 선함, 질서, 조화, 아름다움 등 절대적인 가치를 제공하는 존재, 그것이 바로 '신'이라는 것이다.

마지막 다섯 번째는 '지적 목적성'을 통한 논증이다. 이 세상에서 일어나는 모든 것들은 어떤 목적을 향해 나아가고 있는 것처럼 보인다. 인간은 물론이며, 심지어 이성이나 합리적인 사유 능력을 갖추지 못한 동식물도 마찬가지다. 하지만 이러한 질서와 방향성을 그저 운명이나 우연으로 돌리기는 어려워 보인다. 오히려 세상의 모든 존재가 합리적인 목적을 향해 나아가도록 만드는 지적 존재가 있다고 믿는 것이 훨씬 합리적인 설명이다. 물론 그 지적 존재란 바로 '신'일 것이다.

토마스 아퀴나스에게 완전한 선(善)은 '행복'이다. 그리고 이러한 궁극적인 행복은 신과 온전히 하나가 되어 신이 가진 무한한 선을 영위할 때 가능하다. 물론 이것을 안다고 해서 우리가 모두 궁극적인 행복에 다가갈 수 있는 것은 아니다. 앞서 살펴본 것처럼 우리는 결코 완전한 존재가 아니니 말이다. 하지만 그렇다고 인간이 그저 무력하거나 나약하기만 한 존재는 아니다. 이성을 토대로 가장 보편적이고 올바른 좋음이 무엇인지 알 수 있고, 이를 목표로 스스로 행복을 향해 나아갈 수 있는 존재이기 때문이다. 이런 '나아감'의 과정에서 인간은 진정한 행복을 얻을 수 있다. 달성할 수 없는 목표를 향해 끊임없이 나아가는 존재, 진정한 행복을 평생 갈망하며 살아가는 존재가 바로 우리, 인간이다.

◆ 신학적 견해를 넘어선 절대 고전

아퀴나스가 세상을 떠난 뒤 수많은 사람이 《신학대전》을 연구했다. 1924년부터 1994년까지 약 70여 년 동안 《신학대전》 전체를 풀이한 책만 90여 종에 가까우며, 1부만 연구한 경우는 그 두 배가 넘는 218종에 이른다.

아퀴나스에 대한 온당한 평가가 그의 사후에 바로 이루어진 것은 아니었다. 오히려 그가 세상을 떠난 지 3년째 되던 해인 1277년에는 신앙심을 강조하던 학자들과 성직자들이 다수 모여 토마스 아퀴나스를 성토했다. 신앙을 무시한 채 이성만을 강조했다는 것이 그 이유였다. 결국 이 시기에 아퀴나스의 주장 수백 가지가 '유죄'라고 결론 내려졌고, 한동안 그의 사상에 관해 연구와 토론이 금지되는 일이 벌어지기도 했다.

하지만 얼마 뒤부터 아퀴나스에 대한 재평가가 이루어져야 한다는 목소리가 터져나왔다. 시작은 그가 몸담았던 도미니코 수도회였다. 1278년 밀라노에서 열린 도미니코 수도회의 총회에서 관련한 이야기가 언급되었고, 1314년 런던에서 열린 도미니코 수도회의 총회에서는 본격적으로 "토마스 아퀴나스의 사상이 새롭게 평가되어야 한다" "그의 사상은 마땅히 수도회의 학교에서 가르쳐져야 한다"라는 주장이 제기되었다.

도미니코 수도회의 주장은 시간이 갈수록 많은 사람의 공감을 얻기 시작했다. 가르멜 수도회에서는 아퀴나스의 사상을 익히고 그의 가르침을 따르려는 사람들이 생겨났고, 1288년경에는 《신학대전》의 2부 내용을 쉽게 배울 수 있는 요약판이 익명으로 출판되었다. 그리고 1323년 7월 18일, 마침내 토마스 아퀴나스는 '성인'의 칭호를 얻게 되었다. 그의 철학이 가진 탁월성과 훌륭함을 수많은 신학자가 인정한 것이다.

이후 토마스 아퀴나스의 영향력은 시간, 공간은 물론 신학적 견해 차이를 넘어 세계 곳곳으로 퍼져나갔다. 동유럽의 동방 교회, 종교 개혁 이후 분리된 프로테스탄트 교회 모두 그의 견해를 받아들였다. 또한 크리스토퍼 콜럼버스에게 포르투갈의 서쪽에 무엇이 있는지 탐험하라고 조언한 디에고 데 데자, 아메리카 원주민에 대한 폭력을 비판하며 이들을 보호하고자 노력했던 에스파냐의 바르톨로메 드 라 카사, 교회 일치 운동을 한 이브 콩가르, 예수회 설립자인 이냐시오 데 로욜라 등 수많은 학자 및 정치가, 사회운동가가 아퀴나스의 영향을 받았다고 고백했다. 한 사람의 사상과 이론이 자신의 시대는 물론, 기독교의 성장과 발전에 지대한 영향을 미치게 된 것이다.

함께 읽으면 좋은 책

- 《대이교도대전》 토마스 아퀴나스, 분도출판사, 2015
- 《신학요강》 토마스 아퀴나스, 길, 2020
- 《존재자와 본질》 토마스 아퀴나스, 길, 2021

참고문헌

1. G. W. F. 헤겔, 《역사철학강의》, 권기철, 동서문화사, 2016

2. 강순전 외, 《서양의 고전을 읽는다 1》, 휴머니스트, 2006

3. 강신주, 《철학 VS 철학》, 오월의 봄, 2016

4. 고트프리트 빌헬름 라이프니츠, 《모나드론 외》, 배선복, 책세상, 2019

5. 고현석, 〈J. S. 밀 〈자유론〉의 현대적 의미〉, 대학지성 In&Out, 2021. 4. 4

6. 고현석, 〈마키아벨리 『군주론』 읽기〉, 대학지성 In&Out, 2021. 10. 4

7. 군나르 시르베크·닐스 길리에, 《서양철학사 1》, 윤형식, 이학사, 2016

8. 김경희, 《마키아벨리》, 아르테, 2019

9. 김광수, 《애덤 스미스》, 한길사, 2015

10. 김상환, 《왜 칸트인가》, 21세기북스, 2019

11. 김선욱, 《한나 아렌트의 생각》, 한길사, 2017

12. 김원식, 《하버마스 읽기》, 세창미디어, 2015

13. 김인서, 《루소의 에밀》, 웅진지식하우스, 2019

14. 김중현, 《루소가 권하는 인간다운 삶》, 한길사, 2018

15. 김호기, 〈현대사회 '체계와 생활세계'로 양분…'계몽의 옹호자' 자처〉, 경향신문,
    2016. 8. 23

16. 김환영, 〈김환영의 CEO를 위한 인문학-역사를 만든 '죽은 백인 남자들'(14) 존 로크〉,
    포브스, 2017. 4. 23

17. 김환영, 〈페미니즘의 어머니, 프랑켄슈타인의 할머니〉, 중앙선데이, 2012. 2. 19

18. 나이절 워버턴, 《철학의 역사: 소크라테스부터 피터 싱어까지》, 정미화, 소소의책,
    2019

19. 나이절 워버턴, 《한 권으로 읽는 철학의 고전 27》, 최희봉·박수철, 지와사랑, 2011

20. 니콜로 마키아벨리, 《군주론》, 권혁, 돋을새김, 2015

21. 루트비히 비트겐슈타인, 《논리철학논고/철학탐구/반철학적 단장》, 김양순,
    동서문화사, 2012

22. 르네 데카르트, 《성찰》, 양진호, 책세상, 2018

23. 마르틴 하이데거,《존재와 시간》, 전양범, 동서문화사, 2008

24. 마이클 샌델,《정의란 무엇인가》, 김명철, 와이즈베리, 2014

25. 메리 울스턴크래프트,《여권의 옹호》, 손영미, 연암서가, 2014

26. 메리 울스턴크래프트,《여성의 권리 옹호》, 문수현, 책세상, 2018

27. 미셸 푸코,《감시와 처벌》, 오생근, 나남, 2020

28. 박병철,《비트겐슈타인철학으로의 초대》, 필로소픽, 2015

29. 박서현,《데카르트의 방법서설》, 웅진지식하우스, 2019

30. 박신철,《헤겔의 역사철학강의》, 웅진지식하우스, 2019

31. 박영도,〈공론장의 구조변동, 그 새로운 맥락〉, 시민과세계(창간호), 2002. 2

32. 박정수,〈['비정상인들'을 위한 '감시와 처벌' ①] 인민재판이 어쨌다고?〉, 비마이너, 2018. 5. 14

33. 박찬국,《사는 게 고통일 때, 쇼펜하우어》, 21세기북스, 2021

34. 박찬국,《삶은 왜 짐이 되었는가》, 21세기북스, 2018

35. 박찬국,《초인수업》, 21세기북스, 2014

36. 박홍규,〈루소, 민주주의 스승인가 전체주의 창시자인가〉, 신동아, 2003. 6. 25

37. 버트런트 러셀,《러셀 서양철학사》, 서상복, 을유문화사, 2019

38. 베네딕투스 데 스피노자(바뤼흐 스피노자),《에티카/정치론》, 추영현, 동서문화사, 2011

39. 사사키 다케시 외,《절대지식 세계고전》, 윤철규, 이다미디어, 2015

40. 서정욱,《라이프니츠 읽기》, 세창미디어, 2015

41. 스티븐 내들러,《죽음은 최소한으로 생각하라》, 연아람, 민음사, 2022

42. 신성림,《사르트르의 실존주의는 휴머니즘이다》, 웅진지식하우스, 2019

43. 아르투어 쇼펜하우어,《의지와 표상으로서의 세계》, 홍성광, 을유문화사, 2019

44. 아우구스티누스,《고백록》, 김희보·강경애, 동서문화사, 2016

45. 안광복,《처음 읽는 서양철학사》, 어크로스, 2017

46. 애덤 스미스,《국부론》, 유인호, 동서문화사, 2012

47. 양운덕,《미셸 푸코》, 살림출판사, 2003

48. 오트프리트 회페,《임마누엘 칸트》, 이상헌, 문예출판사, 1997

49. 오하나,《홉스의 리바이어던》, 웅진지식하우스, 2019

50. 요한네스 힐쉬베르거,《서양 철학사 (상) (하)》, 강성위, 이문출판사, 2022

51. 윌 버킹엄 외,《철학의 책》, 이경희·박유진·이시은, 지식갤러리, 2011

52. 유대칠,《아퀴나스의 신학대전》, 웅진지식하우스, 2019

53. 윤선구, 〈라이프니츠 『단자론』〉, 서울대학교 철학사상연구소, 2004

54. 이경원, 《파농》, 한길사, 2015

55. 이기범, 《루소의 에밀 읽기》, 세창미디어, 2016

56. 이동기, 〈아렌트는 아이히만에 속았다〉, 한겨레21, 2015. 1. 27

57. 이마누엘 칸트, 《순수이성 비판 서문》, 김석수, 책세상, 2019

58. 이병창, 《현대 철학 아는 척하기》, 팬덤북스, 2016

59. 이상욱, 〈이상욱 박사의 인문학 산책(32): 존 스튜어트 밀의 『자유론』(On Liberty)- 자유에는 의무와 책임이 따른다〉, 김천일보, 2019. 8. 6

60. 이영미, 《위대한 식재료》, 민음사, 2018

61. 이종은, 《존 롤스》, 커뮤니케이션북스, 2016

62. 이종환, 《플라톤 국가 강의》, 김영사, 2019

63. 이진우, 《니체》, 아르테, 2018

64. 이한구, 《칼 포퍼의 『열린사회와 그 적들』 읽기》, 세창미디어, 2014

65. 이희경, 〈고전 인물로 다시 읽기 41: '검은 피부 하얀 가면' 프란츠 파농〉, 서울신문, 2012. 1. 16

66. 임지현, 〈프란츠 파농의 '민족주의'〉, 동아일보, 2000. 1. 30

67. 장 자크 루소, 《에밀》, 이환, 돋을새김, 2015

68. 장 자크 루소, 《인간 불평등 기원론》, 고봉만, 책세상, 2018

69. 장 폴 사르트르, 《실존주의는 휴머니즘이다》, 박정태, 이학사, 2008

70. 장재형·최재훈, 《마흔에 읽는 니체》, 유노북스, 2022

71. 조대호, 《클래식 클라우드 009 아리스토텔레스》, 아르테, 2019

72. 조태성, 〈아렌트는 아이히만을 비웃었다 "차~암 평범하셨네요."〉, 한국일보, 2016. 1. 29

73. 존 로크, 《관용에 관한 편지》, 공진성, 책세상, 2008

74. 존 로크, 《통치론》, 권혁, 돋을새김, 2020

75. 존 스튜어트 밀, 《공리주의》, 서병훈, 책세상, 2018

76. 존 스튜어트 밀, 《공리주의》, 이종인, 현대지성, 2020

77. 존 스튜어트 밀, 《자유론》, 박문재, 현대지성, 2018

78. 주광순, 〈아리스토텔레스의 『정치학』 읽기〉, 세창미디어, 2020

79. 채인택, 〈마르크스 5월 5일로 탄생 200주년… 자본주의 각성제론 여전히 효력〉, 중앙일보, 2018. 5. 2

80. 최진기·서선연, 《최진기의 교실밖 인문학》, 스마트북스, 2016

81. 카를 마르크스·프리드리히 엥겔스,《공산당 선언》, 이진우, 책세상, 2018

82. 클라우스 뒤징,《헤겔과 철학사》, 서정혁, 동과서, 2003

83. 탁양현,《미국 철학의 현대적 기원, 분석철학》, e퍼플, 2019

84. 프란츠 파농,《검은 피부, 하얀 가면》, 노서경, 문학동네, 2014

85. 프랭크 틸리,《틸리 서양철학사》, 김기찬, 현대지성, 2020

86. 프리드리히 니체,《차라투스트라는 이렇게 말했다》, 장희창, 민음사, 2004

87. 프리드리히 니체,《차라투스트라는 이렇게 말했다》, 정동호, 책세상, 2000

88. 플라톤,《국가, 올바름을 향한 끝없는 대화》, 송재범, 풀빛, 2005

89. 플라톤,《에우티프론/소크라테스의 변론/크리톤/파이돈: 플라톤의 네 대화편》, 박종현, 서광사, 2003

90. 플라톤,《플라톤의 국가·정체》, 박종현, 서광사, 2005

91. 피터 싱어,《동물 해방》, 김성한, 연암서가, 2012

92. 하상복,《하버마스의『공론장의 구조변동』읽기》, 세창미디어, 2016

93. 한국철학사상연구회,《다시 쓰는 서양 근대철학사》, 오월의봄, 2012

94. 한기철,《위르겐 하버마스, 의사소통적 행위 이론》, 커뮤니케이션북스, 2022

95. 한기철,〈왜 다시 하버마스인가?〉, 대학지성 In&Out, 2022. 8. 7

96. 한나 아렌트,《예루살렘의 아이히만》, 김선욱, 한길사, 2006

97. 한나 아렌트,《정신의 삶》, 홍원표, 푸른숲, 2019

98. 한나 아렌트,《한나 아렌트의 말》, 윤철희, 마음산책, 2016

99. 한윤정,〈"전체적이고 균형 잡힌 푸코의 사유는 국내에 소개된 적 없다"〉, 경향신문, 2010. 12. 7

100. 허경,《미셸 푸코의『광기의 역사』읽기》, 세창미디어, 2018

101. 홍성우,《존 롤즈의『정의론』읽기》, 세창미디어, 2015

102. 황광우·홍승기,《고전의 시작: 서양철학》, 생각학교, 2014

103. 황정규,〈노동자 해방 사상 사회주의의 정수,『공산당 선언』〉, 사회주의자, 2017. 5. 26

위대한 철학 고전 30권을 1권으로 읽는 책

초판 1쇄 인쇄 2022년 11월 2일
초판 1쇄 발행 2022년 11월 14일

지은이 이준형
펴낸이 이경희

펴낸곳 빅피시
출판등록 2021년 4월 6일 제2021-000115호
주소 서울시 마포구 월드컵북로 402, KGIT 16층 1601-1호

ISBN 979-11-91825-65-7 04900
979-11-91825-50-3(세트)